中国比较文学学会文学人类学研究会
CCLA-INSTITUTE OF LITERARY ANTHROPOLOGY

文学人类学研究

【第六辑】

LITERARY ANTHROPOLOGY
STUDIES

徐新建　主编

李 菲　执行主编

谭 佳　梁 昭　副主编

社会科学文献出版社
SOCIAL SCIENCES ACADEMIC PRESS (CHINA)

本集刊由教育部人文社科重点研究基地四川大学
中国俗文化研究所资助出版

文学人类学前沿

作为表演者的普罗米修斯——
走向后人类主义文化?*

〔美〕伊哈布·哈桑**

龙琪翰　译***

摘要：伊哈布·哈桑采用了假面剧的形式，将论文的前言、文本、异文本、神话文本等作为假面剧的角色。伊哈布·哈桑为唐娜·哈拉维、罗西·布拉伊多蒂和凯瑟琳·海尔斯等的相关研究建立了框架，特别是他对自然－文化通联、科技与艺术互渗、人文主义与后人类精神之间的传承的洞见，基本奠定了当前后人类话语的基调。后现代主义文化是近现代人们行为的根基，而宇宙本身对世人的影响更为巨大。然而，联结了宇宙与文化、神界与凡间、天与地、神话与现实的普罗米修斯，或许能证明他本身就是一个有瑕疵的高级意识形态、人类命运的一个象征。

关键词：普罗米修斯　后人类主义　后人文观念　天火　技术

---

* 这篇文章最初是哈桑于 1976 年 11 月 17 日至 20 日在威斯康星大学密尔沃基分校二十世纪研究中心举办的"后现代表演国际研讨会"发表的主旨演讲。它出现在由米歇尔·贝纳蒙和查尔斯·卡拉梅洛编辑、科达出版社（威斯康星州麦迪逊）出版的《表演：后现代文化中的存在与戏剧》一书中。我们感谢贝纳蒙教授和威斯康星大学密尔沃基分校二十世纪研究中心允许其发表在《佐治亚评论》上——原刊注。
原文标题："Prometheus as Performer：Toward a Posthumanist Culture?"，文章来源：《佐治亚评论》第 4 期第 31 卷（1977 年冬），第 830 ~ 850 页；出版单位：佐治亚大学系统董事会代表佐治亚大学和《佐治亚评论》。感谢中国社会科学院李河教授推荐译稿和对笔者的诸多指导——译者注。
** 伊哈布·哈桑（Ihab Hassan），著名文学评论家，1925 年出生于埃及开罗，埃及裔美国人，哲学博士，曾任教于伦斯勒理工学院，后转到卫斯理大学，被公认为后现代主义论争中最多产和最有影响的批评家之一，代表作有《后现代转向》《当代美国文学》《奥尔菲斯的解体》等，其中《后现代转向》于 2015 年 8 月被译为中文。2015 年在美国威斯康星州密尔沃基辞世，享年 89 岁。
*** 龙琪翰，英国伦敦大学皇家霍洛威学院文学学士，研究方向为古代文史。

阿尼玛的五幕大学假面剧

他经历过生生死死，在这里见证过许许多多。

—— 《韦达经》

人类永恒的躯体是想象，也就是神本身。

—— 布莱克

世界永恒的奥秘在于其可理解性。

—— 爱因斯坦

业未竟，身躯倦，鬓已秋。

—— 毛泽东

我从女人的眼睛里得出这样一个信条：她们的眼睛里闪耀着生命之火。

—— 莎士比亚

角色及出场顺序

前言：开场并提前对无为做出解释的人

神话文本：执着于普罗米修斯故事的人

文本：承担旁白叙述任务的人

异文本：只引用各种权威学者话的人

上下文：佯装历史学家的人

元文本：热衷评论文本和批评同僚的人

后文本：试图总结无为但却徒劳无功的人

副文本（没有发声）：不时通过其评论打破现有的框架并自成一派的人

前　言

女士们先生们，这场假面剧将尝试把后现代主义的行为放在一个广泛的、经得起推敲的前提下。关于这些行为，本文会很少提及；关于后现代主义，提及得甚至会更少。这场假面剧将更倾向于反映一个新兴文化的样貌。你可以称之为后现代主义文化，或者直接忽略。但它仍然是我们行为的根本，并且（对伟大的汤姆·艾略特的祝福）仍然是未被定义的。

简而言之，如果说后现代主义文化是近现代人们行为的根基，那么有一个根基对世人的影响更为巨大：宇宙本身，包括一切过去发生的、现在发生的以及将要发生的事物。简直太牛了！但是谁又能代表宇宙呢？不能，谁都不能，甚至泰坦巨神普罗米修斯也不能。然而，联结了宇宙与文化、神界与凡间、天与地、神话与现实的普罗米修斯，或许能证明他本身就是一个有瑕疵的高级意识形态、人类命运的一个象征。

前言已经说得够多了，这场假面剧将分为五个场景。

第一幕　从神话到政治：单面性和多面性的问题

神话文本

（以一种与原型产生共鸣的声音）

普罗米修斯是拉匹特斯之子、泰坦巨人叛变者以及欺骗者。关于他的故事有诸多版本，但是主要的故事情节都差不多：他站在新奥林匹亚诸神（宙斯等）一边对抗他自己阴暗的族类。然而，这位先驱者却永远无法独善其身。

有人说他用泥土和水创造了人类，也有人说他只是为人类盗取天火。这火种或是从炼金神赫淮斯托斯那儿盗的，又或是取自太阳神阿波罗的太阳。无论如何，普罗米修斯盗取天火后将其藏于茴香柄中。但是此火并非寻常之火，它象征着知识、想象力、文字、药物以及各种艺术。盗来的火种成了红色的禁果。我们把一切都归咎于犯罪。"普罗米修斯的双重本性一直是公认的；正如柯勒律治所说，他是赎罪者与恶魔的混合体"（丹尼斯·多诺霍《盗火贼》）。

但是，欺骗者的双重性不仅仅体现在神学层面，也表现在政治学和认知论上。这种双重性想要成为一体。就此而言，苏格拉底是我们的权威："这是一个神的礼物……神让它从其住所降临，通过普罗米修斯，或像他一样的神，连同火焰的光芒一起传递给人类。"这种礼物，苏格拉底在《菲利普斯》中指出，是关于所有事物都有单面性和多面性以及有限与无限结合的一种认知。

因此，单面性和多面性进入了西方的认知。

文本

（强有力地说）

感谢神话文本，你通过哲学带领我们从神话走向政治。你的普罗米修斯形象反映了我们的单面性与多面性，人类的普适意志及其分裂的意志，以及人类在极权主义（酷刑）和无政府主义（恐怖主义）这两个方面进行血腥的游戏的现实。以致分歧、融合与解体随处可见。一方面是不同的神话，另一方面是意识形态与政治结构的分歧。因此，马歇尔·麦克卢汉越是宣扬"地球村"，巴克明斯特·富勒越是宣扬"地球飞船"，或诺曼·布朗越是宣扬"人类的神秘共同体"，雅克·德里达及其同僚就越坚持"延异"和碎片的形而上学。

唉，这一消息似乎对德里达更有利。因为我们这个星球一直被意识形态、宗教、阶级、种族、语言、性别以及年龄搞得支离破碎。地球分离成不同的族群、国家、省份、部落、家庭以及个体，很快就会成为如同任意原子一样支离破碎的形态。难道有着精密数理公式的原子分离成更小的粒子是偶然的？这是谁的杰作？难道是宇宙之息？

毫无疑问，趋同和分歧不过是同一现实、同一过程的两个方面。极权主义和无政府主义互相召唤。而且，人类之间的合作与交流越是倾向于全球化，个体间越是会坚持他们的个性，且会发现彼此深层次的、模糊的误解的必要性。但是，这就是我们于天地间的期望吗？抑或是我们短暂享受自我本质的瞬间？

诗人、哲学家、科学家与玄学家们让我们可以有更多期待。他们相信个人与社会之间，以及宇宙与现实之间有着更为深度的联系。就像布莱克在他的名为"美国"的预言中所说：

他们预见到一个迈向无限期望，超越苦难折磨的时刻。

就如惠特曼所说：

> 他们歌颂着一个人类意识形态分歧以及外部矛盾被治愈的预言。
> 这是一个和而不同、天下大同的时代。

你认为只有一个至高无上的存在吗？

也许不尽其数。

一切皆有可能。

这就是普罗米修斯意识的工程吗？不，这个工程的问题远远超出我们的想象。

异文本

（随声附合道）

文本与神话文本，请听听"圆视觉"的其他声音，这些声音从不同程度上谈论了具体和普遍。

黑格尔在《精神现象学》中说：

> 这个简单的力量（政府之魂）允许社区发展以及扩展到其成员当中，并且让其成员能以维持生计及自给自足。政府之魂发现这是其实现方式或生存之道……但与此同时，这股力量也是集体之力，包含了否定他本身的部分……让他们明白他们的生命存在于集体当中。

德日进在《人的未来》中说：

> 如果说在自然界向更高意识的发展过程中有什么明显的特征，那就是这种意识是通过增加分化来实现的，在此过程中出现了越来越强大的个性特征……换句话说，在一个融合的宇宙中，每一个元素都实现了完整性，而不是直接单独完成。但是通过融入一个更高的意识极中，每个元素可以单独与所有其他元素接触。

雅克·莫诺在《偶然性与必然性》中说：

> 具有相同性能的变构酶分子的重量为 10~17 克，比电子继电器少

一百万倍。这个天文数字提供了一些关于"控制论"（即存在价值论）能力的概念，细胞配备了成百上千个这样的微观实体，所有这些都比麦克斯韦·西拉德－布里渊之妖（物理学假想的能探测并控制单分子运动的机制）聪明得多。

虽然黑格尔与德日进和莫诺不是同一领域的，但他们所说的难道没有异曲同工之妙吗？

文本（厉声说道），实际上你说得太模糊了，甚至太神秘了。在让我们理解后现代主义文化的过程中并没有太超自然的东西。这个过程主要依赖于人类主观意识逐渐地了解自然与历史的进程，依赖于去物质化的生活以及对于存在的思考。因此，我们不需要像黑格尔所想的那样等到人类历史的尽头，再去见证现实与宇宙、奴隶与主人、个体与国家的结合。我们中的每一个人都可以通过梦想、希望以及语言形成自己的宇宙观。人和动物的区别是什么？就如莫诺所说，人类不过是地球上能自我开悟的最杰出的生物罢了。我是说最有能力通过语言抽象地表达自己，以及通过自主意识崛起。

对于你，神话文本，我必须说，普罗米修斯可能是一个对于意识上挣扎于单面性以及多面性的模糊隐喻。但是我更倾向于从更狭义的视角来看他的挣扎。他的意识是想象与科学、神话与技术、语言与数学相交之地。或者说，普罗米修斯预示着天地相交。至此之后，后现代主义才看见了曙光。

【没有人回答文本，第一幕结束。】

第二幕　从拉斯科到亨利·亚当斯：历史的拼贴

上下文

（艰难地进入历史话题）

请允许我来发表一下看法，年轻人，在讨论中需要不怎么急躁的观点，这对你很重要。后人类主义似乎是时代突然产生的一个变体。事实上，想象与科学、技术与神话的结合点，在拉斯科洞穴的火光中就已经产生。但是，不同于神话文本，比起神话而言我更关心历史。从毕达哥拉斯到中世纪的炼金术士，再到欧洲文艺复兴时期，一个丰富的封闭传统对科学和神话都敞开了大门。

神话文本

（插话道）

在历史上有太多的知识封闭于大众，这是多么的不明智啊！为什么普罗米修斯的火种让人类失败？是因为它是被偷取的，未经授权，超出了人类虔诚的范围吗？或是因为这份礼物本身就缺乏智慧的元素？在柏拉图的对话中，普罗泰戈拉讲述了埃庇米修斯如何把神的礼物挥霍地赐予动物，却没有留给人类任何礼物。正当埃庇米修斯为此事感到困惑时——

普罗米修斯过来检查他的工作。他发现其他动物似乎什么都有了，唯独人类赤身裸体，居无定所，没有武器……因此，普罗米修斯由于没有给予人类任何礼物与救赎感到愧疚，便从赫淮斯托斯和雅典娜那里偷了艺术天赋与火种……这样，人类可以得到足够的资源确保他们能活下来，唯独没有政治智慧。因为政治智慧被宙斯所保留，普罗米修斯再也没有权力进入宙斯居住的城堡当中……（特别强调）。

上下文

（思考了一下中断，然后决定忽略它）

欧洲的封闭传统包括圣阿尔伯特·马格纳斯、帕拉塞尔苏斯、乔尔丹诺·布鲁诺这些"新普罗米修斯"的作者，维克托·弗兰肯斯坦博士，在转向浅薄的东西之前，对他们进行了深入的研究。令人惊讶的是，这种封闭的传统影响了一些杰出的科学家，不是在小说中，而是在历史上。我们都知道，开普勒在 1609 年写下了瓦伦斯坦的占星术，并阐述了《新星》（被阿瑟·库斯勒的《巧合之根源》所引用）：

在可见的天空中，万事万物皆被地球和自然的官能以某种隐蔽的方式所感知。人类自然灵魂的尺寸还没有一个点大，在这一点上，整个天空的形状和特征都有可能被雕刻出来，仿佛要比它大上百倍。

即便是伟大的牛顿，他早年时期也花了大量的时间在炼金术和浮士德式的追求上。凯恩斯爵士写道，"他最深层次的本能是一个谜。"对于这个神秘的牛顿，乔治·伦纳德在《变形》中也说过：

> 他著作的几百万字保留了下来，其中很多章节都与炼金石有关，这些丹药与石头不仅会让金属变形，也会给予使用者魔力，能看到很远，命令他人为自己办事，或是得到永恒的青春。

但是关于将科学、想象、技术与艺术完美结合起来的人，要数文艺复兴时期的著名艺术家——达·芬奇。弗洛伊德和瓦莱丽都对达·芬奇很感兴趣。他们认为达·芬奇的意识接近于统一的意识，或许，甚至是意识的一种极端表现。因此，沙特克说：

> 就在这个时候……西方人的意识分裂成了逻辑上的因果和感知的两种形态。这两种当代最伟大的认知方式在回顾现代欧洲思想史时所说的却恰恰相反。他们断言，事实上，四百年的经验迫切而坚决地告诫我们不要分裂思想。

在 20 世纪的同一转折点，亨利·亚当记录了他自己关于心意合一的感知。引用他在 1900 年的原话，他在《教育篇》中写道：

> 哥白尼与伽利略在 1600 年代突破了许多科学领域的瓶颈；哥伦布在 1500 年左右举世闻名。但是，最接近于 1900 年工业革命的是公元 310 年君士坦丁大帝改信了基督教，这个事件是发生在感知层面且不符合逻辑的；这是一种如同十字架一样神秘的能量……

元文本

（简短的、合乎逻辑的、近乎谨小慎微的）

神话、哲学以及历史都非常好，但是我们能说一些重要的时刻吗？不要让观众感到困惑。因此，请允许我总结一下这场假面剧的内容。到目前为止，据我所知，从我那慷慨激昂的同事的口中，他们想表达：

1. 宇宙是在不停变化与发展的，后现代文化是其发展中的一个进程，他们的代表神是普罗米修斯；

2. 普罗米修斯本身是一个意识中挣扎于单面性与多面性、宇宙与文化、普适性与现实性的有缺陷的意识体；

3. 对于后现代主义本身，其最接近于普罗米修斯双面性的是想象与科学、神话与技术、天与地合二为一的特性；

4. 然而，这种双面性却有很长的历史；想象的语言与科学的语言在历史上经常被伟大的思想所融合；

5. 因为想象与科学都是变化的媒介，价值观的熔炉，代表与变化的模式，它们之间的借鉴与交流可能是后现代主义最看重的文化与意识中最重要的元素。

【文本、神话文本、上下文冷漠地点点头表示同意；这一幕结束】

第三幕　当代文化

文本

（很高兴再次提出）

恐怕人文主义者就如依比米西亚人一样；想象力与科学、神话与技术在当代文化中的惊人融合往往使他们无法理解。现代伟大的思想家，像马克思、尼采、弗洛伊德、萨特、列维·施特劳斯、海德格尔和胡塞尔等这样的权威，也没能很好地阐明这一问题。然而，越来越多的证据表明，英国科学家兼小说家查尔斯·珀西·斯诺和文学批评家弗兰克·雷蒙德·列维斯就"两种文化"的辩论（一种是抽象而虚幻的技术爱好者文化，以男性原则为主导；另一种美妙且接地气的阿卡迪亚人文化，以女性原则为主导）正逐渐过时。因为经过诸多挫折和矛盾的发展，意识会逐渐将其合二为一。

这套理论进入现代文化的证据体现在以下四个领域：

1. 科学与艺术的创新进程；

2. 实践科学的新兴领域；

3. 科学技术与艺术主题和形式的融合；

4. 对于心意合一的存在研究。

最近一篇题为《超越阿卡迪亚斯和技术爱好者》的文章（发表在1976年春季的《马萨诸塞评论》上）对这些问题进行了表层的探讨。或许我可以根据下面一些喜欢参考文献的文本来简要总结一下它的论点。

异文本

（欣然同意道）

我会先引用，然后讨论，最后列出几个参考文献。

A. 在创新的进程中

引语：

马克斯·普朗克说

科学家中的先驱们对新思想必须有一个生动的直觉想象，这些思想并不源于推论，而是源于艺术性的创新与想象。

雅克·莫诺说：

我相信每一位科学家都一定注意到了他思想上的深层次活动，这不是言语所能描述的。思想上的全神贯注就等同于开始一种想象的体验，一种借助于形式或力量的相互作用来模拟的体验，这些交互作用在视觉上仅仅构成了一个"图像"。

讨论：

那么，梦、戏剧、想象以及审美情感在科学、数学和艺术创作中的作用是什么？抛开他们的研究领域，有创造力的人有哪些共同的特质？我们所说的创造力到底是指什么？某些特定的心理构造是否组成了各种学科的语言和方法？神经学的研究和现象学的理论能在大脑和心灵上形成统一的认知吗？

参考文献

弗兰克·巴伦：《创造力和个人自由》

布鲁斯特·吉塞林主编《创作过程》

亚瑟·科斯特勒：《创造的行为》

怀尔德·彭菲尔德：《心灵之谜》

罗洛梅：《创造的勇气》

简·皮亚杰：《生物学与知识》

汉斯·赛尔：《从梦到发现》

泰勒：《想象力与科学的发展》

保罗·瓦莱里：《诗的艺术》

B. 科学的曙光

引语：

卡尔·冯·魏茨泽克说：

瑜伽中气息的概念并不一定与我们所熟知的物理学相悖。气息在空间上扩展并使人充满活力。因此，最重要的是，气息是一种流动的能量场。量子理论用"概率幅"这个词来指定一些与之不完全相离的东西。

冈瑟·斯坦特说：

自从约翰·凯奇向我指出了遗传密码和《易经》之间的相似性后，我对这个问题进行了更多的研究。令我惊讶的是，我发现《易经》卦象"自然"顺序产生了一个核苷酸三联体密码子表，该表显示了与克里克表相同的密码子间的通用关系！

莱尔·华特森说：

所有最好的科学都有其局限性，而这些局限仍然不为人所知，并不间断地延伸到完全无法解释的领域。

讨论：

随着科学前沿的拓展，科学的理性会发生什么变化？当前科学实验的认识论和社会意义又是什么？这些科学实验包括超觉静坐、生物反馈、超心理学、外星人和人工智能或宇宙意识等。

参考文献

路德维希·冯·伯塔兰菲：《机器人，人类和思想》

弗里乔夫·卡普拉：《物理学之道》

杰拉尔德·范伯格：《普罗米修斯计划》

荣格和沃尔夫冈·保利：《自然与心理的解释》

亚瑟·科斯特勒和史密斯等：《超越还原论》

劳伦斯·莱山：《媒介，神秘主义者与物理学家》

雷蒙德·鲁耶：《普林斯顿侏儒》

R.G.H. 萧：《科学之道》

H. 沃丁顿：《超越外表》

莱尔·华特森：《超自然》

诺伯特·维纳：《上帝和傀儡公司》

C. 技术与艺术的相互交融

引语：

马赛尔·杜尚对斯蒂格里茨说：

你很清楚我对摄影的看法。尽管有绘画的存在，但我还是很乐于看到人们通过摄影成像，除非有可以替代摄影的设备出现。

安迪·沃霍尔说：

机器的问题更少，所以我愿意成为机器。

道格拉斯·戴维斯说：

> 艺术、技术以及科学在我看来是同一张脸的三张面纱，三个融入同一本体的不同喻体。

讨论：

技术从多大程度上融入艺术当中？技术是否不仅仅影响了特定的艺术种类，比如控制论的欧普艺术、电子乐、视屏艺术、现代舞等，同时也影响了对艺术本身的定义？的确，技术有可能已经改变了人类的意识，因此，创作我们所熟悉的艺术方式是否已显得有点过时？简言之，马里内蒂的未来主义最终会把我们引向何方呢？

参考文献

乔纳森·本特霍尔：《今日科学与技术》

杰克·伯纳姆：《超越现代雕塑》

约翰·凯奇：《沉默》和《从星期一起的一年》

道格拉斯·戴维斯：《艺术与未来》

马塞尔·杜尚：《全集》

哈罗德·哈里斯等：《跨越两种文化：70岁的阿瑟·科斯特勒》

乔治·凯普斯编辑《艺术与科学的结构》

马歇尔·麦克卢汉：《理解媒介》

托马斯·潘琼：《万有引力之彩虹》

贾西娅·赖查特：《艺术中的计算机》

韦利·赛弗：《技术与文学》

卡尔文·汤姆金斯：《新娘与单身汉》

罗伯特·威尔逊：《爱因斯坦在沙滩上》

D. 关于统一认知的深入研究

查尔斯·林德伯格说：

在与科学和机械打交道的几十年里，我的思想和感官走向了许多科学接触不到的领域。现在，我认为科学成就只是人类前进中的途径，而并非终点；这是一条走向神秘的道路，也将消失在神秘之中。

罗伯特·波西格说：

佛陀，神祇，舒适地呆在电脑线路里，或是待在自行车变速箱的齿轮中，就如同他坐在山顶或莲花座中一样。

吉米·亨德里克斯说：

是音乐……是电……将把我们带到新的精神高度，我把其称为电子教堂。

米德说：

我们需要一种以科学为核心的宗教系统，在这个系统中，科学和宗教之间反映在被科技亵渎的乡村可怕的真理中的传统对立可以再次得到解决，但要着眼于未来，而不是过去。

讨论：

从事不同领域的人，如宇航员迈克尔·柯林斯，作家托马斯·品钦或诺曼·梅洛，音乐家约翰·凯奇或吉米·亨德里克斯，史学家威廉·欧文·汤普森，人类学家米德以及禅宗骑手罗伯特·波西格，他们在后工业时代的探索中从多大程度上得出了统一的认知？这样的探索对个人、政治以及哲学又有着怎样的影响？

参考文献

迈克尔·柯林斯：《拿着火》

诺曼·梅洛：《月球上的火》

玛格丽特·米德：《二十世纪的信仰》

约瑟夫·奇尔顿·皮尔斯：《宇宙蛋上的裂缝》

罗伯特·波西格：《禅宗与摩托车维修的艺术》

威廉·欧文·汤普森：《关于地球的文章》

【由于本场讨论过度烧脑，异文本突然停下，因此本幕结束。】

第四幕

文本

（决定引用像弃文一样多的引言）

现在，后人类主义可能会以各种不同的形式出现，例如一个含糊的旧词新意、最新的口号，或者是人类另一面自我否定的镜子。然而，后人类主义或许也暗示着我们文化中的潜力，暗示着一种想要成为主流的潮流。毕竟，普罗米修斯的神话包括了一个神秘的预言。那么，我们应该如何理解后人类主义呢？

首先，我们必须认识到，人体（包括其内在的欲望及外在的表现）可能会发生翻天覆地的变化，因此必须重新定义。我们要明白，五百年的人文主义可能即将走向终结，因为人文主义自身将转变为一种我们无奈但必须称之为后人类主义的东西。列奥纳多·达·芬奇的奇妙的画笔下的维特鲁威人形象，体现了他用手脚定义衡量事物的尺度，打破了画纸的局限并延伸到宇宙中。"难道他不是站在无限的中心，一个永恒的汇聚点吗？"卡莱尔问道。不到一个世纪的时间，"先锋 10 号"把人类的形态和符号带到太阳系之外星系空间，卡尔·萨根在他的《宇宙的联系》中嘲弄地推测人类智慧的未来，就如同婴儿牙牙学语，对宇宙讲述其童年一般。当天体物理学家对宇宙的"起源"进行反思时，人类的意识扩展到宇宙，思想进入到最遥远的事物，这些发展是那么的美妙。正如曼彻斯特大学的射电天文学教授伯纳德·洛佛尔所说：

从时间零点（宇宙之初）密度与尺寸的无穷大到被物理学定律所包含的有限质量的转移，可能超出了科学的认知范围。人类之所以面临这种困难，是因为他把调查对象外部化了吗？这些外在的演变是否存在着实体？人类与宇宙中的原子、恒星和星系有什么联系呢？……事实上，我更倾向于接受现代科学的证据，我认为它表明人类对宇宙的全面参与程度要高得多……人类与自然基本常数，以及空间和时间的运动存在着亲密且不可思议的关系，这种关系似乎是存在本身不可或缺的条件。（《纽约时报》1975年11月16日）

我认为，这种宇宙观要求我们真正改变我们的感觉、思维和表现方式，这种改变必须超越，比如说，阿尔伯特·施韦策所说的"敬畏生命"，以及超越原始人的"神秘参与"。但是，人类意识的这种宇宙扩展〔泰勒哈德·德·夏尔丁和马歇尔·麦克卢汉都曾长期认为如此，如果有所不同的话〕并不是走向后人类主义的唯一力量。实际上，某些有先见之明的人文主义者以及大多数科学家目前都在推动对后人类主义的重新审视。因此，正如人文主义者和科学家列维·施特劳斯在《衰落的世界》一书结尾处语重心长地说："地球诞生之时没有人类，地球消亡之时人类也将不复存在。我将穷尽毕生精力来整理并试图理解的制度、礼仪与风俗，在这个创造过程中都只是昙花一现而已，而与之相关的这一切都毫无意义。"因此，米歇尔·福柯在《事物的秩序》中再次指出："无论如何，有一件事是确定的，那就是从人类已有的知识上来看，人既不是最古老的也不是持续最久的问题……正如考古学对人类思想的发现所表明的那样，人是近期的发明，并且正接近其终点"。

然而，我深信，福柯和列维·施特劳斯并不是指人类字面意义上的终结，而是指我们特定表象的终结，比如说，正如笛卡儿、托马斯·莫尔、伊拉斯谟或蒙田等所塑造的形象那样。这就是为什么当代结构主义思想如此强调"去主体"化，即消灭那种笛卡儿式自我或意识，笛卡儿式自我通过把世界变成一个对象而使自己与世界区别开来。结构主义者和后结构主义者认为，遵循尼采的直觉，"自我"实际上是一个空的"地方"，在那里许多"自我"来了然后又去了。有一种类似的观点源自生物学而非心理学或哲学，使得伊丽莎白·曼恩·博盖斯相信人类仍在进化：

有人甚至可以说，后现代人是否仍然是智人还有待观察。会飞的物种和不会飞的物种是不同的。一个能将自己从地球生物圈运输到其他星球的物种与地球上的物种是不同的。一种能将重要器官从一个个体身上移植到另一个个体身上的物种，模糊了个体和个体之间的差异和生与死之间的界限，这与那些不能做到这点的物种也是不同的。（《中央杂志》，1973 年 3 月或 4 月）

从这个世界投射到整个宇宙，生理和心理进化的可能性变得更加惊人。纽约州立大学布法罗分校理论生物学中心主任詹姆士·丹尼尔写道："在所有可能的生命形式中，地球上只存在一小部分，相当小的一部分。""令人难以置信的是，我们现在所知的陆地生物只是可能存在的生物中的代表性样本。"（《中央杂志》，1972 年 10 月）。具体而言，这意味着对人类命运的重新认识，最终必须以一个庞大的进化计划来对这个命运加以考虑。也许，更严肃也更直接地说，后人类哲学必须解决复杂的人工智能问题，我们大多数人只知道一个熟悉的名字 HAL（库布里克 2001 年发明的超级计算机，非常奇怪的是，也就是说，人类在该计算机的每一个环节和每一处都立刻表现得如此邪恶和可悲）。但是，人工智能不仅仅是科幻小说的虚构，它已经融入了我们的生活。有一个关于艾伦·图灵的逸事——他是一位年轻的数学天才，去世于 1954 年，约翰·冯·诺依曼基于他的成就建立了现代计算机理论——这是一个值得我们深思的逸事，虽然显得有些晦涩。图灵一位最亲密同事的妻子告诉我们说：

> 我记得那是在 1949 年前后，当时我们坐在鲍登公园，艾伦和我的丈夫讨论着机械的未来。我对于这个话题插不上话……但是我突然听到了一句让我不寒而栗的话。艾伦说，"当机器发展到了那个阶段，我们肯定不知道它是如何运作的"。（《纽约时报》1976 年 2 月 15 日）

对于人类大脑的过时老化来说，就这么多了。然而，人脑本身并不真正知道它是否会过时，或者只是需要改变其自我认知。亚瑟·科斯特勒在《机器中的鬼魂》一书中所探讨的观点，即人脑可能存在根本性的缺陷，也就是说，一个不足以完成其任务的器官，是进化过程中无数其他"错误"中的一个"错误"——这仍然是一个假设。也许其本身比构想它的大脑更为错误。人工智能会取代人类大脑，矫正人类大脑，还是干脆扩展其能力呢？我们并不知道。但是，我们明确知道一点：从最不起眼的计算器到最先进的计算机，人工智能的确有助于转变人的形象，即人的观念。他们是一种新的后人类主义的推动者，即使他们所做的不过是国际商用机器公司 IBM 360 - 196，该公司"在短短几个小时内就完成了历史上所有人类手工计算的运算"（亨利·泰勒《未来的维度》）。

所有这些景象最终会使像我们这样贫穷的人文主义者感到困惑。然而，它们并不是科幻作家和未来的惊悚者的想象，意在娱乐和危言耸听——即使它们在畅销书排行榜上。这些愿景是指日可待的。科技和制药业已经改变了奥运会上大部分运动员的表现；而那些来自德意志民主共和国的仿生女性，可能预示着一个比她们所有奖牌都更金灿灿的未来。当列奥纳多·达·芬奇的维特鲁威人出现在我们的电视指南封面上时，下面的标题是："在不久的将来，与我们期待的真正的仿生人相比……和生化机器人合体"（1976 年 8 月 28 日）。

那么，在那一天到来之前，未来又会给我们带来些什么呢？

【当文本试图渗透时间时，停顿了很久；这一幕逐渐淡出并落下帷幕。】

第五幕　（地球的警告）

神话文本

（怒气冲冲地进来说道）

这种乐观主义，与其说是幻想，不如说是媚俗。难道你忘了：普罗米修斯是个骗子和窃贼。最后，在这里文本似乎更多地站在歌德、珀西·雪莱和吉德对神话的浪漫解读的一边，而不是与明智的埃斯库罗斯、玛丽·雪莱或卡夫卡站在一边。但是，对不受约束的努力抱有希望，也就是承认它的错误和恐怖，接受其内在的疯狂。

请想一想，我们知道拉匹特斯是普罗米修斯的父亲。但是，请问，他的母亲是谁呢？是亚细亚，还是忒弥斯？又或者是克吕墨涅"海神之女"？说法各异。然而，各种说法之间的差异并不能掩盖一点事实：神话中无耻的厌女情结。我们都知道，埃庇米修斯娶了潘多拉为妻。但她只是由赫菲斯托斯精心打造的宙斯狡猾的复仇工具而已。赫西奥德直接指出："当众人和诸神看到宙斯为了捕捉和报复人类的伎俩是多么的不可抗拒时，他们都被惊得目瞪口呆。这就是厌女情结的起源……她们不应遭受穷神的诅咒；而属于奢华之神"（神权论）。但这种诅咒不仅仅是经济上的；埃庇米修斯没有听他兄弟的建议，打开了潘多拉魔盒，因此人类所有的厄运随之而来。从一开始，伟大的作家们就意识到普罗米修斯要做的不仅是推翻伟大的宙斯，他还必须有意识地恢复女性原则。因此，埃斯库罗斯在他的作品中既写了正义女神忒弥斯，也写了水之女神伊奥；而珀西·雪莱则赋予了亚细亚一个创造性的角色，实际上，雪莱试图把爱作为其作品中的核心。迪克·希金斯则更进一步：他把普罗米修斯刻画成一个性感的女性。

大地需要发声，是的，大地需要发声，不然意识会把天空变成火海。

文本

（平静地说）

我们太清楚我们一系列的失败：环境污染，人口激增，只为压迫而生的权利——简而言之，就是人类对自然及自身的致命剥削。有人说：冷静点，神话文本！我同意，我也愿意承认这一点。很显然，天地的结合也许永远没有圆满的结局。天地交合可能会诞生妖魔。我们对我们一连串的失败心知肚明：环境污染、人口问题以及只会抑制的力量等——简而言之，这些都是人类对自然及自身致命的开发和剥削造成的。例如，有人说，在水门事件中失败的技术能力会使大检察官的"奇迹、神秘和权威"看起来像是幼稚的游戏。另一些人则对以下方面做出警告：

1. 现在和"未来休克"（对于迅速变化客观环境的不能适应）；
2. 克隆、单性生殖、移植、假肢；
3. 记忆、智力和行为的改变；
4. 嵌合体、机器人和半机器人的创造等。

然而，还有一些人只是预言将有饥荒和世界大战。一些有远见的作家，男性女性都有，从大卫·赫伯特·劳伦斯和弗里德里希·朱恩格到刘易斯·芒福德、雷切尔·卡森、雅克·埃鲁尔和罗马俱乐部，他们都曾警告过不要去人性化，他们都曾挑战过洪水猛兽般的技术——而马克思早在他们之前，就提出了著名的异化理论。这些我都知道。

关于这个问题，即使是海德格尔，尽管他在哲学上有后现代转向（请参见理查德·帕尔默的作品），他也表示充满了一种不祥的预感。在一次采访中（1966年录制，但1976年才在《明镜周刊》上发表）他警告说，技术不再由人的实在所赋予了（"在我看来，技术已经不再是人类的工具了"）。他还警告说，技术与人类发展的方式已经不再符合了（"我们还没有找到与技术本质相符的途径"）。所以，海德格尔可能也很好奇，人类如何才能够"放过地球，接受天空，祈求神灵并有接受死亡的能力"呢？然而，即使是海德格尔也意识到了"人不仅天生就比植物和野兽更勇敢，而且有时甚至比'生命本身'还要大胆"。这种勇敢是否会把我们带到"大地崩塌——无尽的深渊"呢？又或者，会不会正如亚瑟·克拉克所言，人类的超人类化意味着我们"童年的终结"呢？

异文本

（悄悄地说）

我想引用亚瑟·克拉克《未来的轮廓》一书。在书中谈到未来的人类时，克拉克说：

> 在那无尽的世代里，他们有足够的时间去尝试所有的事情，收集所有的知识。他们不会像神一样，因为我们心里所设想的神，从来没有拥有发号施令的能力。但尽管如此，他们可能还是会嫉妒我们，因为我们能够沐浴在造物主的光辉中，因为我们早在宇宙还年轻的时候，就对其有所掌握了。

神话文本

（并没有冷静下来）

文本提到死亡的能力；异文本说的是未来，而普罗米修斯与两者都有联系。在"高尔吉亚篇"中，苏格拉底声称普罗米修斯对人类的死亡也有确切的预见。但是冥界之神哈迪斯向宙斯抱怨这件事后，普罗米修斯的这种预见能力就被收回了。难道这一次也是宙斯故技重演吗？一旦人类能够长生不老，地球怎能生生不息呢？如果没有死亡，又怎会有生命的惊喜和后代的延续？

然而宙斯的动机很少是纯粹的。我们知道，历经千古的痛苦之后，赫拉克勒斯把普罗米修斯从塔尔塔罗斯的奴役中解救出来，因为普罗米修斯知道一个对宙斯的统治地位至关重要的秘密。有人说，宙斯最终被推翻了；有的则继续保持中立；还有一些人则相互私语，身患疾病的半人马凯龙，提出愿意放弃他的长生不死以换取普罗米修斯的自由，使他不再遭受秃鹫的折磨。又或许，终究还是卡夫卡说得最好：

> 大家都对这件毫无意义的事感到厌烦了。诸神疲倦了，老鹰也累了，普罗米修斯的伤口也疲倦地愈合了。只有那一块令人费解的巨石——有传说试图解释这种无法解释的现象。但每当真相快露出水面时，它又以莫名其妙的结局而告终。

【嘘……最后一幕结束。】

后文本

虽然这些故事永远也讲不完，但我要讲的已经接近尾声了，我就快讲完了。我要说的都已经说了，如果以后再说，我还会一遍遍重述。那最后岂不是很简单吗？普罗米修斯就是先知、泰坦逆子和骗子、赐予人类火种的人和人类文化的缔造者——普罗米修斯就是我们的表演者。他演绎了时间和空间，他演绎了欲望，他也受尽了折磨。

我们自己的一生就是这样一场的表演；我们每时每刻都在表演。我们经历了人世间的悲欢离合，但是这些将不再是人的本性。我们是天，我们是地，我们是水，我们是火。我们是欲望不断变化的形态。世事皆变，一切都不会停下，甚至死亡也不会。

【本场假面剧到此结束。】

《作为表演者的普罗米修斯》译文推荐

李 河*

1976 年，美籍埃及裔学者伊哈布·哈桑在威斯康星大学的"后现代表演国际研讨会"上发表论文《作为表演者的普罗米修斯：走向后人类文化》。该文别出心裁，采取了独特的戏剧文本形式。作者聚合了后现代思想家谈论技术与文化的话语要素。然而，使该文成为当代经典的根本原因在于，哈桑首次使用并系统阐述了 posthumanism 概念。从那时起，尤其是 20 世纪末以来，以 posthuman 为主题的"后人类/后人文"研究日益成为显学。

Posthuman 研究首先指向以基因工程和人工智能为代表的"后人类技术"，这种技术不满足于像传统工具那样"代理"人的某一功能，而是表现出对自然人体和人的自然智能的"替代"趋向；Posthuman 研究还指向以所谓"新文科"、数字人文为代表的"后人文观念"，它对人类千百年来传统人文学的生产传播方式或可产生颠覆性的影响。由后人类技术叠加后人文观念构成的"后人类主义"（posthumanism）意识形态绝不能被简单理解为"后现代主义"（postmodenism）的某个理论分支或理论延伸，其根本取向是消解和终结自 16 世纪起形成的人道主义（humanism），而后者是建构现代市场社会和现代政治法律的奠基性观念，是近现代主流哲学不言自明的前提。①

基于上述，笔者郑重推荐哈桑这篇经典文献。译者龙琪翰在英国伦敦大学接受了良好的思想史训练，钟情于祖国的传统文化，译笔准确畅达，鲜少误译，特作推荐。

---

* 李河，中国社会科学院哲学研究所研究员，《世界哲学》（原《哲学译丛》）主编，研究方向为现代外国哲学。
① 李河：《从"代理"到"替代"的技术与正在"过时"的人类?》，《中国社会科学》2020 年第 10 期。

赛博格与后人类：
人类身心关系的科幻启示

姜佑怡*

摘要： 在人类进入数智时代的今天，以赛博格为代表的科技实践与文化现象为古希腊以来不断被探讨的身心关系的确立提出了新的挑战。作为一种强烈地介入科技现实的叙事文本，科幻为我们展现出种种身心二分的多元化的未来，同时也对这些未来表现出不同的担忧。我们或可窥见，在不远的将来，人格的主体性将在每一个具体的信息场域显现，并最终在一个赛博空间与现实世界相融合的巨大场域里完成。

关键词： 赛博格　后人类　身心关系　科幻　赛博朋克

　　自古希腊时代至今，人类的身心关系一直是哲学领域与美学领域所热衷探讨的话题。从苏格拉底将灵魂视为人最重要的部分，到笛卡儿为代表的"身心二元"的观点，到马克思、尼采等人逐渐领受身体的主体性，再到梅洛－庞蒂、舒斯特曼等提出"身心一元"的范式转型，直至进入21世纪以后，身心一元理论在具有唯物主义传统的我国得到了更大的发展。

　　进入21世纪之后，随着数智时代①与"后人类"②的到来，伴随着人类生存空间的不断拓展，以赛博格为代表的科技实践与哲学隐喻也为人类身心关系的确立提出了新的挑战，描绘了新的图景。相关的讨论集中出现在科幻文本中。科幻作家往往热衷于打破各种预设观念，进而自觉或不自

---

　*　姜佑怡，女，四川大学文学人类学专业博士生，南方科技大学科学与人类想象力研究中心科研助理。

　①　参见徐新建《数智时代的文学幻想——从文学人类学出发的观察思考》，《文学人类学研究》2019年第1期。

　②　参见〔美〕凯瑟琳·海勒《我们何以成为后人类——文学、信息科学和控制论中的虚拟身体》，刘宇靖译，北京大学出版社，2017。

觉地提供了大量的思想和话语资源，这些创作也影响了相关的研究者。例如 Seo – Young Chu 在其著作《隐喻梦见了文字的睡眠吗》（*Do Metaphors Dream of literal Sleep*？）中提出，从古希腊时代起，所有的文学创作其实都是对现实的一种模仿和再现。[①] 但到工业化时代之后，尤其现在，越来越多日新月异的高新科技，使得整个世界的现实图景已经高度复杂化、抽象化，超出了我们日常经验的限度。传统的文学话语已经无法再有效地帮我们去模仿、再现现实，我们只能用"地球村""信息高速公路"这样的隐喻去描述现实，以及解释抽象的概念——这种既隐喻又现实的叙事策略正是科幻的典型特征。在科幻文本中，一个事物常常是本体与喻体的叠加。例如当我们说"我进入赛博空间，获得了新的身体"，这既是一个隐喻，同时也是"现实"存在。因此在科技时代语境下，科幻成了一种高密度、高能量的现实主义，而传统所认为的"现实主义文学"，只是一种低密度、低能量的科幻文学。[②]

这也就让科幻成了一种强大的介入现实的工具和手段。在科幻文类获得知识界重视的起点上，雷蒙·威廉斯就认为"科幻小说是一种现代的感知结构"[③]。这一判断往往为美国式科幻"纸浆杂志"（pulpfiction）式的出身和好莱坞的资本游戏所掩盖。但当科技时代真正到来之时，科幻已经成了一种重要的认识论，帮助我们理解纷繁复杂的现实世界，以及已然来临的未来。

外层空间与赛博格

赛博格（cyborg）一词最早出现于 1960 年，彼时正是世界超级大国航空航天事业蓬勃发展的一段时期，人们探索和征服宇宙的愿望空前强烈。

---

① Seo – Young Chu, *Do Metaphors Dream of Literal Sleep? A Science – Fictional Theory of Represen-tation*, Cambridge, Massachusetts, and London：Harvard University Press, 2010.

② Seo – Young Chu, *Do Metaphors Dream of Literal Sleep? A Science – Fictional Theory of Represen-tation*, Cambridge, Massachusetts, and London：Harvard University Press, 2010

③ William J. Burling, "Marxism", Mark Bould, Andrew M. Butler, Adam Roberts, and Sherry Vint, eds., *The Rutledge Companion to Science Fiction*, London：Rutledge literature compan-ions, 2009, p.238.

如何让人类能够在太空中生存，成了航天科学家们迫切需要解决的问题。当时科学家们给出的解决办法大致分为两类：营造外部环境使之适应人类生存，或者改造人类身体来适应外部环境。后者是一种更为激进的构想，由美国航空航天局的曼弗雷德·克林斯（Manfred Clynes）和内森·克兰（Nathan Kline）两位科学家在《航天学》杂志撰文提出。他们将"控制论"（cybernetic）和"有机体"（organism）两个单词拼合成赛博格这一概念，并将其定义为"作为无自觉的整合性自体平衡系统而实现功能的，外源性扩展与组织化的复合体"①。

其中"控制论"作为赛博格的理论基础，则是 1948 年由美国数学家诺伯特·维纳在其专著《控制论：或关于在动物和机器中控制和通信的科学》中提出的。其核心观点是，无论是在机器还是在有机体之中，以"通信、控制与统计力学"为核心的问题本质上是统一的，都是获取信息—处理信息—发送信息—获取反馈信息这样通信与控制过程。② 这一观念首次将工程技术科学与有机生命并置讨论，产生了极其深远的意义。

将人的身体作为控制论的研究对象进行处理，这无疑意味着人本主义中所强调的人的主体性被打破。到了 1965 年，海洋生物学家哈里斯（D. S. Halacy）在《赛博格：超人进化》中提出："赛博格开辟了一块'新的领域'，这不仅仅是空间，更是在个体的心灵和事物之间、在个体的'内部空间'和'外部空间'之间架构了一座桥梁"③，这开启了对"赛博格"这一技术设想的深入探究。

在后续的研究中④，唐娜·哈拉维（Donna Haraway）1985 年的论文《赛博格宣言》是最具代表性的。她在文中提出：20 世纪后期，通信技术

---

① Manfred E. Clynes and Nathan S. Kline, "Cyborgs and Space", *Astronautics*, September, 1960, pp. 26–27, pp. 74–76.

② Norbert Wiener, *Cybernetics: or the Control and Communication in the Animal and the Machine*, Cambridge: The MIT Press, 1961, p. 11.

③ D. S. Halacy, *Cyborg: Evoluation of Superman*, New York: Harper and Row Publisher, 1965, p. 7.

④ 类似的讨论也见于凯瑟琳·海勒和弗朗西斯·福山等思想家的研究中。参见〔美〕凯瑟琳·海勒《我们何以成为后人类——文学、信息科学和控制论中的虚拟身体》，刘宇靖译，北京大学出版社，2017；〔美〕弗朗西斯·福山《我们的后人类未来——生物技术革命的后果》，黄立志译，广西师范大学出版社，2017。

和生物技术重构了人类的身体。人与动物、生物与机器、物质与非物质之间的边界被打破，每个人都成了赛博格——一种机器与生物体的混合。赛博格重构了人类的本体论，使得西方科学与政治框架之下的种族主义、男权资本主义等传统受到了颠覆性的挑战。① 至此，赛博格这一概念完成了从航空科技领域向哲学领域的最重要的转变。

在科幻小说中，安妮·麦卡芙瑞（Anne McCaffrey）1961 年创作的《会唱歌的船》（The Ship Who Sang），是早期关于赛博格的想象中具有代表性的文本之一。小说的主人公是一位先天残疾的女孩，严重的生理缺陷让她几乎丧失了生存的可能性。而后她的大脑被科学家从病体中取出，安置在一艘宇航飞船中，并与其控制中枢系统相连——女孩"成为"飞船，在宇宙空间中重获新生，并收获了伟大的事业和真挚的朋友。故事不仅展现了人机合一的可能性，同时探讨了这种情况下可能出现的社会关系以及身份认同等多层面的问题。

与之相类似，由詹姆斯·卡梅隆执导的科幻电影《阿凡达》中，人类为了适应潘多拉星球的生存环境，用基因技术培育出了一批可以与人类意识相联结的外星人的身体。电影的英文名称更是直接用了"Avatar"一词，该词意为"化身"，原指神话中的神灵通过超自然力量，以某种方式化作人类或动物的形态，实体化地出现在人类世界之中。这一名称也似乎隐喻了人在这一过程中，通过技术的力量，获得了某种神性的意味——双腿残疾的男主角杰克·萨利用他的化身重新体验到了奔跑的感觉，身体与心灵被一分为二，突破物理空间和生理条件的限制，抵达了更加广阔的自由。

但与此同时，比麦卡芙瑞更进一步，卡梅隆对这样的自由表示出更深一层的怀疑。他在影片里清晰地勾勒出一幅现代资本主义图景——人们制造化身的目的是在潘多拉星球上开采矿藏，获取利润；杰克也是为了获得丰厚的报酬，以治疗身体，才参与到整个事件中来。如果说工业革命时期人类对于机器的依附还有着一定的物理区隔，那么随着技术的发展，资本的力量早已裹挟着科学技术穿透了皮肤的屏障，实现了对人类身体的全面

---

① Donna J. Haraway, *Simians, Cyborgs and Women: The Reinvention of Nature*, New York & London: Routledge, 1991, pp. 149 – 181.

入侵。

至此，为了探索地外空间而诞生的赛博格，被改造为一套新的逻辑。人类抵达了新的物理空间，但却被另一种无形的力量所束缚。这类作品"清晰地表现出了对人体的技术化、资本化和市场化的焦虑。在这些科幻小说当中，人不仅在抽象的意义上附着于大机器之上，而且在物理的意义上成为晚期资本主义社会的运作机制的一部分"①。

信息空间与赛博朋克

进入 20 世纪 80 年代，随着美苏冷战落潮，人类历史上最大规模的太空军备竞赛也渐渐偃旗息鼓。对地外空间的探索也由一种热切的期盼和笃定的信念，逐步变成了一种仅仅存在于科幻小说中的审美奇观。与此同时，随着计算机和网络技术的迅速发展，人们的兴趣从地球外部的宇宙空间，转移到了网络内部的赛博空间——新的身心关系便也由此展开。人类究竟应该如何迎接这些崭新的可能性？不同的科幻文本为我们提供了多元化的路径。

1984 年，威廉·吉布森带着他的《神经漫游者》开启了赛博朋克这一影响深远的文学流派。它"将'有机体'的大脑和记忆都一并纳入市场化的范围之内——借由计算机技术，个体之间意识领域的相互联结，构成了'赛博空间'的基本形态"②。此后，赛博朋克成了一个备受瞩目的科幻题材，引起了科幻作家们的极大兴趣和人们的广泛讨论。

小说的主人公凯斯是一名受雇于某跨国公司的顶尖黑客，因为偷窃雇主信息，被用一种病毒破坏掉了他的神经系统，这令他无法再使用脑机接口进入赛博空间。为了修复神经系统，他答应了新雇主的交换条件，事成之后重新进入赛博空间，为他们完成一次惊天盗窃。

在《神经漫游者》所描绘的未来世界里，人类可以更加自由地改造身

① 姜振宇：《赛博朋克的跨洲演变：从菲利普·迪克到陈楸帆》，《南方文坛》2019 年第 4 期。

② 姜振宇：《赛博朋克的跨洲演变：从菲利普·迪克到陈楸帆》，《南方文坛》2019 年第 4 期。

体，无论是在眼球里植入增强现实芯片，还是为了时髦为自己换一副不同颜色的皮肤，都是轻而易举且稀松平常的事情。与此同时，人类的身心分离也被进一步强化——女主角莫利为了赚钱将肉身租给妓院，同时用感觉隔离技术将意识与身体切断，无所谓如何使用身体；男主角凯斯更是将自己的肉身视为一座"牢笼"，他可以让身体仅靠营养液来维持最低限度的运转，将意识接入互联网，赛博空间才是他真正向往的自由。

但是，这种身心分离的生存方式也造成了巨大的问题。例如凯斯的师父——一位代号为"平线"的顶级黑客，他的肉身早已死去，而他的意识却以一个"思想盒"的形式在赛博空间中永生。可丧失身体的怪异感受让他觉得自己并不是真正地"活着"，这样的"生命"让他觉得厌倦，希望自己的意识能够被删除，以获得永久的解脱。"平线"最终得偿所愿，而在他的死亡中，我们看到，承接着赛博格对于资本与技术入侵身体的担忧，在吉布森笔下的蔓生都市与赛博空间叠加的场域当中，资本对于人的控制程度进一步加深。文本中的人物在资本的罅隙中，在"高科技、低生活"的社会状态下苦苦挣扎游走，虽然并未提供给我们面对资本和技术双重入侵时应持有的积极有效的策略——正如达科·苏恩文所言，我们无法期待吉布森们"成为英雄"，要求赛博朋克作者们提供某种关于社会革命的叙事，是不切实际的[1]——但他们毕竟将现实中发达资本主义社会的文化逻辑和权力结构在赛博空间当中进行了具象化的复现，以一种兼有隐喻和实指的方式，描绘身心二分，但却同时为资本所操控的存在方式。

作为一种充满警示和抗争意味的文学思潮，"赛博朋克"运动迅速地在90年代初就走向终结，这个概念在此后堕落为某种市场化的商品美学。在后来创作者手中得到进一步深化的，是由吉布森所开启的身心二分结构。个体化的肉体与神经网络/互联网之间的复杂关系，在一系列奇观化的陈列中，隐晦地彰显自身的批判意味。

与威廉·吉布森发达资本主义式的晦暗未来不同，美籍华裔作家刘宇昆通过其系列作品《未来三部曲》[2]描绘了另一种可能的赛博空间前景。

[1] 〔美〕达科·苏恩文：《科幻小说与历史、赛博朋克、俄国——答霍伊特·普卡卢斯》，《科幻小说面面观》，郝琳、李庆涛、程佳译，安徽文艺出版社，2011，第63页。
[2] 收录于短篇小说集《奇点遗民》，参见刘宇昆《奇点遗民》，中信出版社，2017。

该系列由三个各自独立又相互联系的作品构成。在第一部《迦太基玫瑰》中，主人公是一个被称为"命运计划"的科研项目的参与者，她对现实生活感到失望和沮丧，因此选择了对自己的大脑进行破坏式的扫描，放弃现实生活，第一个开启了能够容纳意识永生的赛博空间，这一年被称为"奇点元年"。而后在第二部《奇点遗民》中，越来越多的人选择了离开现实世界，他们将依旧以肉身生活在现实中的人视作可怜的"遗民"，而后者也将前者称为"活死人"。法律与伦理都无法对"生命数字化是不是谋杀"这个议题做出判断，两个世界的价值取向也趋于撕裂。最后在第三部《世外桃源》中，我们看到了技术的暂时胜利——此时在物理世界中已经没有人类存在了，但有 3000 亿人以数据的形式生活在数据中心里。故事的主人公是赛博世界的原住民，她是由许多人将数据混合在一起而"出生"的。她从未有过传统意义上的"身体"，因此也展示出一种相当数据化、图形化的认知方式。这就与她的母亲——26 岁时才将自己数字化的赛博"遗民"表现出了极大的不同。她的母亲则在两种完全不同的生活方式中显示出强烈的犹豫和摇摆。故事的最终，她跟随母亲一起，将意识接入了飞行器，离开赛博空间到现实的地球上游历，真实世界中"无序"但自然的美景令她们感到震撼。值得一提的是，在更早的 2012 年的版本中，这个故事的题目叫作《全都在别处，大群的驯鹿》①。从这种颇具诗意的表述中，我们无疑能够看到作者对于科技入侵身体的焦虑，以及对温情脉脉的昔日时光的留恋。

因此，在《未来三部曲》以及更多其他科幻创作中，我们看到的是一种对于赛博生存的充满犹疑的态度。刘宇昆选择的，是以西方人本主义的立场和图景来对抗、平衡这种焦虑。但这种解决方案无疑是过分理想和软弱的。重新返回现实世界、重视肉体感知、回归古典式的身心一元状态，进而在对过往的缅怀中歌颂人性的重新觉醒，这在各种意义上都仅有文学上的美感。小说设定在一个人类业已消失的物理空间里，主人公的母亲选择了一种真实且孤独的生活，这在现实层面难以被称为一种积极的自我救赎。

---

① 收录于短篇小说集《爱的算法》，参见刘宇昆《爱的算法》，四川科学技术出版社，2012。

面对类似的困境，国内科幻作家，如刘慈欣等，尝试过给出不同的替代式方案。在他的《黄金原野》①中，与集体沉溺于赛博空间的屠弱未来相对抗的，是关于星辰大海、个人牺牲和英雄主义的宏大叙事。但与刘宇昆一样，与现实密切相关、个体在赛博空间当中的身心分离状况，也未能在刘慈欣笔下得到完美的解决。

与上述对赛博空间身心二分的犹疑不同，也有一些作品在讨论是否可以抛弃身体追求"意识永生"的路上走得更远。例如在科幻剧集《黑镜》②第三季的一个名为《圣朱尼佩罗》的故事里，人类制造出供意识生存的虚拟城市"圣朱尼佩罗"，每个人可以自愿选择死后是否让意识驻留在这座城市里。故事的主人公之一是一位老妇人，她在试用这个虚拟城市系统期间，遇到了一位情投意合的同性恋人，她内心中期望着自己能够与恋人一起在虚拟城市中获得永久的生命并共同生活。但她已故的丈夫和女儿都没有将意识上传，她不确定一旦自己这样选择了，是否算是对家庭的一种背叛。在故事的最后，老妇人决定在自己死后，将死去的身体和家人一起埋进坟墓，同时将意识上传至圣朱尼佩罗，以数据的形态重获新生。

这个故事透着一个强烈的隐喻：旧有的家庭关系和生活方式将被埋葬，而人类全新的生命形态将在赛博空间里永生。但彻底抛弃身体是否意味着终极的自由？至少在人类可见的技术前景中，人的意识尚无法脱离物质实在而单独存在。即使抛弃肉体实现了赛博永生，意识也必须依附于物理的网络或其他存储介质。同物理空间一样，赛博世界同样不可能是一个完美的乌托邦。对它的全然拥抱，最终只能被视作另一种形式的消极回避。

然而与大多数西方作家不同，一些年轻的中国作家更加清晰地凸显出中国科幻直面现实的传统。他们试图在作品中构建与赛博技术密切结合的传统文化空间，在其中摹写从属于赛博时代的文化人格。例如夏笳的《2044 年春节旧事》就是其中的一个代表。作品由六个片段式的小故事构

---

① 刘慈欣：《黄金原野》，《科幻世界》2018 年第 12 期。
② 《黑镜》系列是由英国电视 4 台和美国 NetFlix 公司出品的系列迷你电视剧，通过一系列建构于现代科技背景下的独立故事，表达了当代科技对人性的利用、重构与破坏。自 2011 年开播至今，一直在全世界范围内受到广泛的讨论。

成，作者在后记中直陈她的创作灵感就来源于《黑镜》，但她并未选择《黑镜》那种诡异的叙事方式，而是尝试书写"有关中国老百姓的小故事。这些故事的意义，或许并不在于教人们如何预测未来，而是想提醒读者，一些深刻的变革正在我们身边悄无声息地发生着，它们是最现实的，也是最科幻的"①。同类的作品还有陈楸帆《匣中祠堂》②，在虚拟的赛博空间当中讲述了一个关于宗族共同记忆和情感联结的故事。这些作品中的人物在技术入侵和身心分离的现实面前选择了被动地接纳，自然而然地顺乎变化，并且在这一过程中成了"新人"。

空间融合，永恒在场

在对科幻作品的讨论当中我们不难发现，被动地接受身心无限分离并不是对赛博未来的最佳的回应，而拒绝接受科技现实、试图在更加传统的意义上寻找人本主义同样是不现实的选择。在未来业已入侵的当下，人类应该在承认这一事实的情况下，探索处理身心关系的可能路径。在这方面，我们需要和当下的科幻作家一样，更加严肃、开放和积极地进行思索。

麦克卢汉曾经观察并预言了媒介所带来的不同寻常的哲学挑战，在其《理解媒介——论人的延伸》中始终贯穿着一个主题，即"一切技术都是身体和神经系统增加力量和速度的延伸"③。他用"我们生活在与部落之鼓共鸣的独有压缩空间中"④ 来描述人的部落化生存状态。在这种状态下，人在不同的媒介环境中会呈现出不同的虚拟人格。

恰如前述科幻小说所明示的，赛博空间的出现，使得媒介所营造的"环境"迅速生成为一个个越发狭小但具有清晰文化意义的"空间"。这种状况甚至也超出了八九十年代最疯狂的科幻设想，网络空间并未走向绝对

---

①　夏笳：《2044 年春节旧事》，《北京文学（中篇小说月报）》2014 年第 12 期。

②　收录于短篇小说集《异化引擎》，参见陈楸帆《异化引擎》，花城出版社，2020。

③　胡泳：《理解麦克卢汉》，《国际新闻界》2019 年第 1 期。

④　McLuhan, *The Gutenberg Galaxy: The Making of Typographic Man*, Toronto: University of Toronto Press, 1962, p. 31.

的、信息恐怖主义式的去中心化状态，也并未简单地陷入奇观式反乌托邦威权控制当中，而是在人类个体难以把握甚至无法理解的野蛮生长中，走向更为充分的碎片化和部落化。海量的赛博部落不断生长并迅速形成自己的文化传统乃至传承脉络，其中不但有从属于小部落自身的文化生态、价值取向甚至伦理标准，而且总是能够生发出各具特征的赛博文化仪式和语言体系。在这样的情况下，小部落文化符号偶尔的"出圈"固然提供了某种一窥赛博文化生态各个角落的窗口，但对于个体而言，不同部落中不同的虚拟人格（以及同一部落中不同的虚拟人格），一般呈现出无法且无须合一的倾向，其直接后果即是人的身份将长期处于分裂的状态。

赛博空间中虚拟人格的分裂，在当下即便尚未成为一种普遍的"常态"，也至少是一种被许多赛博时代的深度用户——参与到多个不同部落的文化活动的用户——所试图追求的状态。当这些行为彼此隔离，在不同的时空中各自生长时，同时也暗示着不同赛博部落之间的相互封闭。尽管这些虚拟人格在屏幕之外共享同一身体，但文化意义上的分裂已经发生。可以引为旁证的，是当不同虚拟人格因为种种意外或人为原因强行结合之时，时常发生被简称为"社死"的"社会性死亡"——"死亡"的隐喻指向的，正是适应于不同赛博部落中文化生态的行为彼此发生了难以交融的冲撞。

在信息文化的意义上，我们可以认为，作为赛博格的人类群体正在诞生。此时人格的主体性，在每一个具体的信息场域显现，并最终在一个赛博空间与现实世界相融合的巨大场域里完成——我们打破了边界，获得了能动的、永恒的在场。

如何理解这种赛博格式的生存呢？科幻小说固然在对未来想象和预言方面成就有限，但基本的立场依旧值得我们称赞——赛博格不仅是一种关于当下和未来的隐喻，而且是对现实的如实描述：与信息技术密切结合的全新人类形态正在生成。这并非全盘接纳所谓"后人类"的立场，而是要更充分地发掘"后人类"这一提法背后的暗示：我们从来不是"完满"的人类——当然，这是文化意义上的"完满"之臆想，生理上的盲肠和智齿早已切实地证明了人类肉体不过是懒惰的自然选择、随机的生物演化所造就的偶然产物。在此基础上，我们应该毫无保留地意识到，当下人类的主体身份，只是物种演化过程中的一个短暂的阶段。

此时，科幻又一次在这方面表现出了惊人敏锐的问题意识。在 H. G. 威尔斯的预言中，20 世纪初的人类是如此与工业时代格格不入，未来我们的身体也许将走向头颅膨大（因为需要更多的脑力劳动）、四肢萎缩（因为机器降低了体力需求）的方向——虽然赛博技术的演进和对身体的改变，显然比工业革命来得更加迅猛和深刻。

结　语

早在信息技术发出初啼，"赛博格"成为一种文化存在的瞬间，被打破的就不仅是人类肉体的边界，而且是更加深入的哲学定义。与以往的人类相比，赛博格构成了一种他者，能够照见我们自身，反思人与技术的关系；但同时我们本身也正在成为赛博格——"我们"既是自身，又是他者。而问题在于：这是技术对人体的入侵，还是对人之主体概念的拓展？碳基肉身的边界正在被打破，超越对身体的陈旧认知则是对我们提出的时代性要求。我们正在经历的是赛博格意义上的身心二分，而我们正在想象的，是身心合一、万千化身的终极赛博格状态——此时人格的主体性，在每一个具体的信息场域显现，并最终在一个赛博空间与现实世界相融合的巨大场域里完成。

将来，人类或许会走向的是身心合一、万千化身的终极赛博格状态。届时，我们将仍是审美的人、实践的人，而同时也是好奇的人、想象的人。我们"失去的只是锁链"，我们"获得的将是整个世界"。①

---

① 《马克思恩格斯文集》第 2 卷，人民出版社，2009，第 66 页。

跨界交流中的"元宇宙"

严可健*

摘要：在"元宇宙"大热的背景之下，与之相关的主题读书会在成都"未来之城"举办。四川大学文学人类学团队对"元宇宙"祛魅，强调其是集聚人类幻想的"有灵之境"，但也是资本话语的展演。数智时代，人类学应躬身入局，以整合并置之势回应"元宇宙"和"超人类"的挑战。同时，读书会呈现出的跨界复调，为人类学的知识生产注入了新的活力。

关键词：元宇宙　超人类　文学人类学　跨界交流

引　言

2021 年 12 月 20 日，国家语言资源监测与研究中心、商务印书馆等机构联合主办的"汉语盘点 2021"揭晓仪式在京举办。① 在被揭晓的年度字词中，"元宇宙"（metaverse）作为年度国际词赫然在列。过去的一年中，伴随着 Roblox 在美国纽约交易所上市，扎克伯格宣布 Facebook 改名 Meta 等社会热点事件，"元宇宙"这个概念及其衍生产品已然飞入寻常百姓家。然而面对此般景象，身处"风暴中心"的人们不禁要问，"元宇宙"究竟是星辰大海的美好图示，还是资本的又一场狂欢？一如徐新建教授指出的那样："围绕'后人类'及'元宇宙'的论述层出不穷，从商界、学界到政界都发出了不同声音。"②

---

* 严可健，四川大学文学与新闻学院文学人类学专业 2018 级硕士生，研究方向为文学人类学。

① 张焱：《"汉语盘点"2021 年度字词揭晓》，https://epaper. gmw. cn/gmrb/html/2021 – 12/21/nw. D110000gmrb_20211221_1 – 08. htm，最后访问日期：2022 年 1 月 14 日。

② 朱嘉明：《"元宇宙"与"后人类社会"》，https://mp. weixin. qq. com/s/KgdT3TsWMYCNb9M0pOvfLQ，最后访问日期：2022 年 1 月 14 日；姜佑怡、姜振宇《质疑"元宇宙"：对高科技自我行销的观察批判》，https://mp. weixin. qq. com/s/fp8sYAOdthbue4nyEorVAw，最后访问日期：2022 年 1 月 14 日。

12 月 26 日,"元宇宙与超人类——万物互联与万物有灵"主题读书会于成都未来之城(the next city)会议厅举办。活动由四川大学文学与人类学研究所、四川大学科幻研究院与华润置地未来之城联合发起,旨在探讨"当今大有席卷之势的元宇宙究竟是什么",以及"21 世纪的后人类如何续写自己的故事"等前沿议题。四川大学教授、文学人类学专业博士生导师徐新建、副教授梁昭,文学人类学专业博士生姜佑怡、赵靓、李长津,硕士生严可健、王鹏、张逸云以及未来读书会成员参与演讲和交流,会场反响热烈。

一 "元宇宙"的祛魅

开场时,主持人梁昭老师介绍了到会的四川大学团队的师生,并在简要概述本次推荐阅读书目的基础上引出"元宇宙"的话题。她深入浅出地向听众介绍了《数字化生存》《我们何以成为后人类》《未来简史》《数字文明与永续发展》四本理论著述,以及《雪崩》、《神经漫游者》、《真名实姓》和《玩家 1 号》四本科幻小说,强调数字时代的洪流已经推动我们思考"后人类"如何生存的命题。梁昭指出,"科幻小说"作为一种特别的文类,承担了"想象未来"的功能,并向现实输入了来自小说虚构的意象和话语——例如"元宇宙"。对此徐新建教授作了补充,指出科幻小说的创作者往往不是"已死的作者",而可以被视作"未来学家"。他们在小说中关乎未来、关乎人性的叙说,甚至能在一定程度上影响时代发展的趋向。

主讲人姜佑怡演讲的主题是"当我们谈元宇宙时,我们在谈什么"。她抛弃程式化的叙述框架,以漫谈的形式巧妙地衔接。"元宇宙"的前世应追溯至科幻小说《雪崩》(Snow Crash),里面并不起眼的"metaverse"①现在已经被技术资本重新挖掘、挪用与再阐释,从而拥有了新的内涵。信息化时代,没有人能够在"悬置的怀疑"中明哲保身,而必须躬身入局,思考"元宇宙"的意涵。姜佑怡揭示了"元宇宙"的实质是"对物理世界的信息升维",随着技术的发展,隔在人与虚拟世界之间的"黑镜"

---

① 〔美〕尼尔·斯蒂芬森:《雪崩》,郭泽译,四川科学技术出版社,2018。

图 1　姜佑怡演讲现场

（black mirror）① 将被逐步抽离，即将会诞生多种接入元宇宙的路径，而那些在前元宇宙时代被隐藏在界面背后的信息，也会更加广泛深入地渗透到我们的生活之中。在这种情况下，如何从中主动地筛选和获取有效信息，或许将成为每个个体人格完善所必要的学习和训练的内容。

最后，姜佑怡指出：面对"元宇宙"这个被过度讨论的大热话题，人们应葆有冷静的思考，既不因偏见而盲目抗拒，也不因技术资本的鼓动而被裹挟。我们需要直面对于技术远景的种种不确定的焦虑，并坦然地带着这种焦虑去抵达未来生成的现场。

第二位主讲人赵靓以"数字地方与有灵之境——'元宇宙'激发的时空思考"为题，将"元宇宙"视为一种与物理时空并置交错的数字地方加以探讨。首先，赵靓指出数字时代的"地方"，如段义孚在《空间与地方》中阐述的那种"暂停"的产物与"依附"的机会一般，是一种存在的状态。② 因此，人们既可以于物理时空中"身在此处"，又能够在数字地方里"心系远方"。其次，赵靓以"谷歌城市""网络凉山""抖音大理""科幻成都"等系列案例阐发了互联网与新媒介如何参与到数字地方的生产与认同之过程。再次，赵靓借用钱学森先生对 VR（Virtual Reality）技术的翻

① 〔德〕卡尔·奥斯伯格：《黑镜》，叶柔寒译，北京理工大学出版社，2019。
② 〔美〕段义孚：《空间与地方：经验的视角》，王志标译，中国人民大学出版社，2017。

图 2　赵靓演讲现场

译"灵境",提出"元宇宙"是一个热概念,而非一种新技术。她强调文学人类学长期关注和探讨的元宇宙之"灵"的重要性,所谓"有灵之境"是技术对现实的虚拟,亦是文学以想象构筑的现实,由此激发的虚拟、想象、数据、技术的结盟叠加,将使人类在实存世界之外寻到诸多可能世界,进而获得更加多样性的存在感受与生命体验。

两位主讲人从不同的视角对"元宇宙"进行了祛魅,它实则是人类精神世界的再具象化,具体表现为依靠信息技术对现有物理世界的升维。当古老的原始人在苏拉威西岛的洞穴岩壁上画下第一笔时,人类便开始将自己的所思所想呈现在可感知的时空之中。人类学家苦苦追寻的"文化"也是这样一种存在,它表现为人类精神世界的叙述与言说,以格尔茨的阐释理论观之,即是人类自己编织的意义之网①。在一定程度上说,"元宇宙"便是人类编织的一张意义之网(尽管以大的文化观视之,它只是一个符号),是数智时代的"后人类"用技术之笔画出的"壁画"。作为精神世界的投射,这张意义之网充盈着人类普遍性的想象、感怀与寄托,伊甸园

---

① 〔美〕克利福德·格尔茨:《文化的解释》,韩莉译,译林出版社,1999,第5页。

式的美好图景是其"灵性"的一面，和谐是其主旋律；同时，它又充斥着资本的欺骗、愈演愈烈的隔膜以及伦理的颠覆，这是其"末日"的一面，冲突是其主旋律。"有灵之境"与"末日图示"的对立，将成为人类在探索和接入"元宇宙"时永恒的思考命题。

二 "超人类"的缘起

徐新建教授对二位主讲人的发言作了评议。他肯定了二位对"元宇宙"的剖析，继而解读了何为"超人类"。徐新建阐释说，人类靠故事达成共识，然而 21 世纪的人类已经陷入了"零故事"的困境；但随着数智时代的到来，人类可望开启新的纪元。然而本届人类——"智人"（homo sapience）是否将通过人机结合或虚拟现实逐渐升华至下届人类——"数人"（digital man），最后依靠基因编辑和人工智能演化为《未来简史》形容的"神人"（Homo – Deus）[①] 即"超人类"呢？

面对自然科学的冲击，理论界已有众多学者用"突变"（mutation）意识予以回应。如哈拉维（Haraway）用"赛博格"（cyborg）、"杂交"等解构主义的概念提出，"当代科学技术的发展，暴露了我们最内在的身份不得不依赖于一套技术装置和拐杖"，人类的排他性被抽离，需要仰仗"技术"这一中介。[②] 政治学家福山更是呼吁："保护人性！"[③] 徐新建则试图以人类学家的反思话语来迎接"超人类"的挑战，强调一个时代有一个时代的人类学，呼吁数智时代的人类学转向更为宏观的完整体系，强调田野对象的整合。他以此将田野对象作为参照物，提出人类学的"五维"并置，即："上山—下乡—进城—入网—反身"。[④] 几代人类学家的努力基本完成了地球版图上各个族群的文化再阐释，并且仍在不断尝试透过文化"文本"去寻求"本文"。[⑤] 但从宏观的视域来看，文本到本文的层级"深

---

① 〔以〕尤瓦尔·赫拉利：《未来简史——从智人到智神》，林俊宏译，中信出版社，2017。
② 刘昕亭：《后人类话语反思——以齐泽克为中心》，《文艺理论研究》2020 年第 6 期。
③ 〔美〕弗朗西斯·福山：《我们的后人类未来——生物技术革命的后果》，黄立志译，广西师范大学出版社，2017。
④ 徐新建：《人类学与数智文明》，《西北民族研究》2021 年第 4 期。
⑤ 徐新建：《寻找"本文"》，《文艺研究》1997 年第 1 期。

描"仍旧被现实世界所拉平,"入网"则真正体现了"互联网"这一维度的叠加。近些年来网络民族志的兴起正是人类学"入网"的写照;而未来,"双线并置"将始终是人类学绕不开的议题、难题,"超人类"的幻想便寓于其中。

三 人类学的跨界复调

在讨论环节,与会嘉宾们积极回应,现场气氛十分热烈。一位职业为农业技术管理人员的读者提出了"人类由'碳基'向'硅基'发展,未来将会出现的伦理问题应该如何解决"的疑问。一位身份为一汽·大众的工程师贡献了他的一线经验——近十年来,流水线的工人正在被高精尖的科技机器人替代。四川省社会科学院神话研究院的张婷老师则发出对数智文明的追问:"未来'元宇宙'是否会成为一种新的精神鸦片?是否会将人类困于虚拟世界之中?"龙泉驿区区委组织部冯宝副部长的补充为读书会画上了精彩一笔。他强调地方政府十分重视未来读书会的活动,将会继续支持这种理论联系实际的读书研讨,并把它视为培育本地文化的重要一环。此外,徐新建教授强调了将成都作为文化文本用心阅读的重要性。成都如同一本延续的大书,从三星堆的上古神话到旅游推动下的"五朵金花",再到国家脱贫后的乡村振兴,包含了太多可以细读的故事,值得各界共同参与和讲述。

会场浓厚的交流氛围烘托出了这次读书会的亮点之一——跨界对话。首先是阵地的转移。四川大学关注"后人类"、讲"数智文明"、讲"元宇宙"等议题的学术团队,不再只是安于江安校区文科楼311会议室或望江校区文科楼251会议室的小小一隅,而是走到了成都的龙泉驿,走到了未来之城,走到了跨界交流的现实之中。其次是交流群体的多元化。以往的讲读会总是囿于"学院派",老师和学生是主体,而这次,到场的有龙泉驿区宣传部官员,有农业从事者,也有成都汽车城一汽大众的管理人员。四川大学的团队是主讲人,但同时也在讨论中,在一线的实践经验中回望理论,丰富理论。"在地化"的交流促使我们走向了生活世界,也真正走向了学术交流的未来。徐新建教授强调,"元宇宙"是现实冲击理论的前沿话题，为此，文学人类学的学者已作出了积极回应，[1] 在这种学术生产阐释生活世界，生活世界反哺学术生产的交流之中，大学不仅得以和社会各界力量共同重建对地方的认知，而且也同时重建身处其中的我们自己。

徐新建在人类学福州年会中提出人类学的三个"迈向"，其中第三个即迈向生命实践的人类学。[2] 人类学家很早就已经开始反思自身，从第三人称的上帝视角到第一人称的"实验民族志"转向正是这一反思过程的缩影。以此观之，田野的重要性不减反增。我们需要将话语权交给"行动者"，他们的行动本身就为我们指明了方向。

以往学术交流的复调历史集中在专家学者之间展演，这无可厚非，但对于人类学这一学科却不太妥当。我们在田野对象口中提炼材料以后，似乎就将他化约为一个符号纳入我们的知识谱系，而忘却了那种相互交融的生命体验。如此，人类学将始终是内部的自娱，而难以触及公众的文化公地。而事实上，人类学家不能因为手握理论而自视甚高，而应谨记我们一直是普普通通的人，是"他者"的学生，是得益于田野的宠儿。现代社会中，每个人都在社会结构中占据了一个位置，而且都是活生生的，带有热烈的情感，而我们对他们，特别是职业背景与我们相差甚远的人，却知之甚少，这样我们又如何说在宏观上去探求人类普遍性的心灵？此次"未来读书会"，作为跨界的学术田野为人类学注入了新的活力，其是跨学科的合作，更是跨职业的对话，将不同背景的人纳入复调的对话中来，纳入知识的传播与生产中来，不失为一种积极有益的尝试。

尾 声

活动最后，本次读书会联合主持人、华润置地的王捷经理谈道：社区的意义不以造了多少高楼大厦为止，而是大家的共建、共创、共享；立足

---

[1] 姜佑怡、姜振宇：《质疑"元宇宙"：对高科技自我行销的观察批判》，https://mp.weixin.qq.com/s/fp8sYAOdthbue4nyEorVAw，最后访问日期：2022 年 1 月 14 日。

[2] 徐新建：《迈向生命实践的人类学——福州年会侧记》，https://mp.weixin.qq.com/s/47d8heEbo3mk0MhDBpCRKg，最后访问日期：2022 年 1 月 14 日。

图3 徐新建发言现场

成都本地文化，融入更多的真人、真事、真情。梁昭总结了"元宇宙"和"读书会"的意义：不管"元宇宙"在多久以后会真正实现，虚拟世界已经改变了我们的世界；面对这种未来，线下会集的读书会，仍以"书"作为知识的喻象、以"会"作为面对面的交流形式，激发参与者的求知热情和思考动力。徐新建教授感慨道："从修房子到造社会，商界与政府能够携手走进民众之间，加上学界参与，可望形成政–企–学的良性互动，共同筑造迈向实践的'未来之城'。"

田野存疑：社会－文化人类学之未来[*]

〔法〕让－皮埃尔·多松^{**}

佘振华　译^{***}

摘要： 作者认为，社会文化人类学的主要著作是一系列基于长期田野考察而写成的族群志，它们都生产于特定的政治背景，即与被研究族群和文化相比，西方世界或者说欧洲元素或多或少地占据着主导地位。之后，他进一步审视知识与权力的紧密联系，以及人类学及其田野考察方法被批判的方式。他认为，即使在今天，人类学有时也受到质疑关于是否能够真正地了解人类族群与文化。而这正体现了族群的特点及其自身的生存方式。

关键词： 社会－文化人类学　民族志　田野调查　西方人类学史

人们普遍认为，作为学科的人类学，旨在洞悉人类想象和实际建立之诸多社会文化世界的多样性；而作为田野调查之集合的民族志，则旨在尽可能系统地研究上述某个世界，从而为人类学提供养分。因此，这种由理论知识和经验方法共同造就的认识型（épistémè）出现在 19 世纪末，发展于整个 20 世纪，特别是在欧洲和美国。

当然，我们知道对其他文化的好奇心，对于其他习俗或生活方式的好奇心，可以追溯得更久。至少在 15 世纪，旅行者、探险家、商人和传教士

---

* 本文为多松教授 2019 年 9 月 30 日应邀在四川大学做的学术演讲稿，由佘振华根据现场录音翻译整理而成。文内小标题系译者为方便读者阅读而添加。

** 让－皮埃尔·多松（Jean－Pierre Dozon），法国人类学家，法国发展研究院荣誉研究主任，法国社会科学高等研究院高级研究员，法国"人文科学之家"基金会副主席、学术主任，法国社会科学高等研究院/法国国家科学研究中心非洲研究所主任。

*** 佘振华，四川师范大学外国语学院副教授，文学博士，法国国家科学研究院民族学与比较社会学研究所访问学者，巴黎十大人类学系博士生，主要研究方向为文学人类学、法国人类学等。

已经留下了一整套文字记录和当时所谓的纪行。对于人类学，或者更广泛地说对于后几个世纪发展起来的社会科学来说，它们是非常有用的档案。另外，并非只是西方世界表现出这种好奇心，因为阿拉伯人和柏柏尔人的旅行者也都留下了许多编年史和回忆录，尤其是关于非洲萨赫勒族群的记录；印度旅行者尤其是中国旅行者也是如此，借助印度洋上广阔商路的发展，他们留下了对当时伊朗和东非沿海地区的重要记录。

一　从西方人类学的发展历程谈起

人类学学科绝大部分首创者都是西方学者，尤其是欧洲学者。他们为该学科提供了最初的概念框架。比如说，我会想到其中一位伟大的创始人埃米尔·涂尔干。但是，涂尔干在谈及社会科学的时候并未像后来人们所做的那样把人类学和社会学加以区分。在整个 20 世纪，这些西方学者的影响力和分析力不断增加。在前一世纪，也就是 19 世纪，首先是欧洲，然后是美国，相继占据着全球霸主地位。这一霸主地位是全方位的，在经济层面是工业革命，在科技层面是不断涌现的发明及其应用（例如蒸汽机），在政治层面则是民族国家的发展。正如著名的德国历史学家（主要研究全球史）于尔根·奥斯特哈默所说："在 19 世纪，欧洲创造的历史远远超过了 18 世纪的历史，更不用说以前的时期。过去，欧洲从来没有如此过度的革新和创举，也没有如此多的傲慢像和统治欲。"

从这一观点来看，很明显，第一次世界大战后，人类学在大量的民族志田野调查中走向繁荣，它的发展与殖民帝国的构建密切相关，尤其是大英帝国。在此，我必须回顾那些曾精确构建该学科的学者们的名字。具体来说，该学科是指社会人类学及其功能主义范式。这些学者借助自己在美拉尼西亚、澳大利亚、印度或非洲的田野来实现这一点，尤其是马林诺夫斯基、里弗斯、弗思、拉德克利夫－布朗、埃文斯－普里查德以及其他许多伟大的英国人类学家。除了英国人，还有一大批美国人类学家，他们有时会去大英帝国的田野，如玛格丽特·米德在东南亚和大洋洲的考察。但是更多数时间，美国人类学家是在国内从事田野工作，也就是说是在美洲印第安族群中。它们被美国当局掠夺或放在保护区中。尽管美国当局本身也是源于 17 世纪初欧洲移民的殖民化过程。

这里补充一个关于美国人类学的内容，因为它以文化人类学之名推动了一个特有的重要流派。该学派的创建者博厄斯也是密集田野考察的支持者。对于这种人类学研究，露丝·本尼迪克特、拉尔夫·林顿、亚伯兰·卡丁纳或玛格丽特·米德等著名学者都精确考量了某个社会的特性，从中提取出类型、"文化模式"，并将其视为一种集体心理（博厄斯称之为"整合精神总体"）。它对任何其他社会的研究也是必不可少的。

19 世纪末，法国也建立了辽阔的殖民帝国，尤其是在非洲。与涂尔干作品一样，法国人类学长期以来一直是一个全面的或理论的学科。这是从盎格鲁－撒克逊的民族志研究，或者是从传教士和殖民地官员的研究成果中发展而来的：正如马塞尔·莫斯《论礼物》一书所展现的。即使从未做过任何田野考察，莫斯还是撰写了一本民族志手册。

然而，20 世纪 30 年代出现了一个转折点，马塞尔·格里奥尔领导了著名的达喀尔－吉布提考察，他特别关注当时马里（时称法国苏丹）的族群多贡人。如果说与英国和美国相比，法国在人类学方面——或者更准确地说在运用田野调查的民族学方面——起步较晚，那么它将会以某种方式迎头赶上，因为围绕着马塞尔·格里奥尔的是整个团队，由年轻的民族志学家、博物学家、音乐学家和摄影师组成。他们主导了这些调查并制作了一系列作品，涉及多贡人的社会组织、思想体系和仪式。而且，1940 ~ 1950 年间，马塞尔·格里奥尔在索邦开设的课程也由此而来，这些课程致力于讲解民族志研究方法。

这里要补充第二个内容。为人类学学科和民族志研究提供养分的不仅仅是遥远的、充满异国情调的国家和地区，因为习惯上说它们属于殖民帝国的疆域。以法国为例，在建立和管理众多海外殖民地的同时，人们也对国内不同地区和族群的传统、习俗和人们称之为民俗的事物感兴趣，好像这是一种内部的异国情调（参见范·热内普 1946 年出版的《当代法国民俗学手册》。我们得把著名的有关过渡仪式的研究归功于他）。而且，由于这些习俗正在消失，因此，真正创立博物馆的政策在 20 世纪得以贯彻实施，今天我们称之为遗产化。例如，民间艺术和传统博物馆在 1937 年创立于巴黎（同年，人类博物馆创立）。无论如何，在法国、欧洲和美国的各个地方，民族志博物馆的繁荣促进了人类学的发展，甚至更好地激发了它对大众的强烈吸引力。

因此，根据上述补充，我们可以认为，即使说人类学、民族学和民族志研究在很大程度上是殖民主义的产物，或者像在美国那样，是对本土族群的统治和掠夺的产物，我们也必须考虑到它们同样是在欧洲社会建立内部关系的背景下发展起来的：一方面是导致社会关系和生活方式发生重大且快速变化的现代性；另一方面是趋向消亡和被置于博物馆内的传统和生存方式。

二　人类学之田野：民族志与乡村志

现在言归正传，重新回到人类学发展（包括社会和文化人类学）上，我想说它首先是在民族志的支持下产生于近代。我乐于说在那个时代，民族学已被确认为"关于族群的科学"，也就是说，尽可能完整地研究一个拥有自称并定居在特定领地上的人群。如我所指出的，在很大程度上，正是英国人类学家开辟了这条将自己名字与某个族群联系起来的道路，例如马林诺夫斯基与西太平洋的基里维纳人、埃文斯·普里查德与苏丹的努尔人和阿赞德人等。后来，美国和世界其他地方诸多人类学家接续了他们的研究。

我要补充一点，在很长时间里，民族志是人类学学科的正统大道。在整个 20 世纪，尤其是二战后，伴随着西方国家职业化学术研究的发展，民族志研究发展迅速。的确，它的优势在于让严格意义上的民族志工作得以改善，并且变得更加复杂，尤其是马林诺夫斯基在 20 世纪 20 年代提出了著名的"参与式观察"之后。我后面会再次回到这个问题。

它的第二个优点是可以与其他民族志进行有效的比较；这能带来更有人类学性或者更加理论性的分析和讨论。通过这些分析和讨论，可以超越某个民族学家研究的具体案例，并确定类型、系统、结构甚至是一些认知不变量。法国人类学家列维－斯特劳斯完美表现了这一民族学的理论面向，也因此必然会演化成人类学，尤其是通过《亲属关系的基本结构》这一重要著作或者关于美洲印第安神话的伟大作品。

我还想补充一点，就民族学家或人类学家的学术训练而言，民族志具有启蒙意义。既然需要让自己沉浸在一个他者的世界里，需要留在那里并待上足够长的时间以理解不同的编码，那么这可以说是一种考验。它几乎完全决定了你田野工作的最终结果，也决定了你是否适合从事这项研究。在20世纪70年代，那时我尚年轻，我就在象牙海岸完成了一本这样的专著（研究开始时我才二十四岁，结束时我已经三十多岁了。它是我的博士论文，后来以专著出版）。这就是我的亲身经历。我认识一些没有成功的同事。还有一些人像英国民族学家奈吉尔·巴利一样，试图在喀麦隆的一个族群中完成一本民族志（他最终还是写成了一本书，一本非常有趣的自传）。他们遭遇挫折，无法从他们的对话者那里获取切实的信息。

然而，在法国或其他地方，还有许多其他同事成功地完成了他们的民族志，他们有时在当地研究了十年甚至二十年。在社会文化人类学发展的全盛时期，还催生了一些专门的研究和作品。根据民族学家偏爱的领域，它们细分为宗教、经济、政治人类学，或是医学人类学。在这方面，我现在想回到民族志所涉及的方法论和考察技术。事实上，在马林诺夫斯基奉为圭臬的"参与式观察"之后，民族志已经催生了一系列具体的调查，使得民族志研究尽可能地丰富起来。这一系列考察的主要背景不仅仅是民族志，而且还是乡村志。

就是在这个框架内，民族学家或民族学学生沉浸其中，努力学习当地语言，每天练习参与式观察，找到自己的信息提供者。当然，他应该前往其他村庄，前往其他地方，行走在居民单位相互关联的空间内，前往事件的发生地，例如仪式、葬礼仪式等。如果他想在收集口头传统之外做一些历史研究，他还应该前往当地的档案机构。

但是，的确就是在乡村志的框架中，民族志研究通过各种类型的调查成倍增加。可能最广泛的是所谓的亲属关系调查。亲属关系以及婚姻交换，往往是研究族群社会组织的基础，它们可以尽可能地把握个体之间和家庭单位之间的关系。长期考察通常是枯燥乏味的，然而，这也能够深入其他制度，尤其是文化制度（如祖先崇拜），深入一些规定了禁忌或义务的象征体系，或者深入与超自然或某个个体持有的神秘力量相关的信仰体系。关于这一点可能会有很多东西，但是只需要参考那些伟大的民族志即可。例如，我想到了埃文斯－普里查德献给努尔人的民族志，以此可了解亲属关系在何种程度上意味着一种最重要的调查，同时长期成为人类学偏爱的研究领域。

但是，民族志或者更准确地说是乡村志，还基于许多其他的调查，特别是经济调查。它致力于阐明被研究民族的物质生产方式。这通常是使用问卷进行的定量调查，同时也需要求助于当地调查员。在这方面，20世纪七八十年代的法国民族学特别积极，甚至发展了一种特别有意义的经济人类学，有时候甚至是马克思主义人类学，并且与偏爱社会制度研究和以此为基础的世界再现系统研究之人类学背道而驰。后者通常不关心人们生活的物质条件。

法国民族学，尤其是撒哈拉以南非洲地区的民族学，在这一领域已经变得更加积极，因为它经常与另一门社会科学即地理学相关联。这也催生了以田地形式呈现的乡村志，也就是说，通过绘制某个样本村庄非常精确的资源图和土地分布图，并仔细考察其物质生产和耕作方法。就我而言（当然，我远不是唯一一个），作为我在科特迪瓦民族志的一部分，在本人乡村志的这个精确案例中，我绘制了一张田地图，这对我来说是一个非常有价值的信息来源，是了解整个民族非常有效的方式。

三　关于民族志研究的批评与变迁

关于民族志及其调查方法的丰富性还有很多话要说。但正如我所说的那样，即使它是这个学科的正统大道和入门方法，也必须承认：至少我所知道的，今天在法国、欧洲和美国，民族志在很大程度上失败了。仅仅以我自己的经验来看，在我指导下注册的博士生都没有将自己的论文用于此类研究对象。为此，我建议列出几个原因，这将让我阐明这个研究对象已经被何物替代，以此来勾画人类学的形势。

第一个原因是对民族志的批评。尽管它的方法丰富多彩，而且它对比较方法感兴趣，但是已有许多批评，并且我也参与了这些批评，认为它过于倾向理解某个族群，就像它是一个同质的群体；认为它过于倾向采用整体的方法，但群体的全部不可简化为它的各部分之和。它的各部分例如氏族、部落和村庄之间存在着显著的社会文化差异，甚至是语言差异。许多民族学家没有看到的是，对一个或几个村庄的观察经常过度地放大到整个族群。除此之外，民族志很少考虑历史，即社会机制或被研究族群的生产方式可能发生的变化。我们在 20 世纪 80 年代早期与同事们一起写了一本书，即《在族群的核心》，已经被翻译成几种语言。它恰恰提出了对民族志相当密集的批评。

第二个原因是自二战结束至 20 世纪 80 年代，人类学领域占据优势地位的科学范式出现了危机。这些范式是完成民族志的核心；主要是给英国人类学带来荣誉的功能主义、特别关注亲属制度和婚姻制度的结构主义和作为生产方式理论的马克思主义。马克思主义关于生产方式的理论曾经特别适合用来研究非洲社会，以及它们在这些殖民化过程中是如何发生变化的，仿佛人们可以在欧洲殖民化之前重建这些非洲社会。

第三个原因，也许是次要的，即许多民族是从专志角度被研究的。对于那些从事该学术研究的人，尤其是对于新一代来说，就像是有一种继续研究民族志的饱和感，即使某些人类学家，首先是列维－斯特劳斯，认为某些民族，特别是亚马孙地区的民族面临灭绝的威胁，因此不仅需要更密切地研究他们，而且需要我们尽一切努力来拯救他们。

与批评民族志的时代相对应的第四个原因，是它的实践在该学科中产生了饱和效应，曾经赋予它活力的伟大范式也已经陷入危机。也就是说，大致在 20 世纪 90 年代出现的新研究对象。一方面，即使我曾谈及在欧洲倾向民俗的民族学研究也是人类学的组成部分，人类学首先感兴趣的还是非西方社会；另一方面，其他社会科学，主要是社会学，它们研究西方发达或者工业社会的环境与现象。上述两者之间曾明显存在的裂缝逐渐消失，这带来了许多新的研究对象。

在这方面，当然必须记住，20 世纪 90 年代的转折点是柏林墙的倒塌，以及所谓的全球化的开始；全球化将通过向全球扩张货物和资本以及加速它们的各种流动来实现，特别是在运输物流方面以及信息通信，也就是信息通信技术方面。法国人类学家马克·奥热（Marc Augé）曾以民族志的形式教授有关非洲的课程。正如他后来所说的，所有居住在这个星球上的社会和文化世界正在成为彼此的同时代人，身处同样的高速发展和时

间性当中。这就是为什么他要以一种宣言的形式提出要研究"当代世界
的人类学"。

毫无疑问，受到这一宣言的影响，或仅仅是受制于他们所处的总体背
景，许多曾研究非西方社会文化的人类学家或民族学家开始研究某个西方
社会的环境，特别是法国社会的环境，而不是继续人们长期以来在法国所
作的研究，不是研究该社会的传统民俗。恰恰相反，研究的是最现代的组
成部分，例如郊区世界。他们因此具有社会学家的兴趣，但用自己特定的
田野实践即田野考察来实施。也就是说，基于近距离和被考察环境保持密
切关系来进行。当然，这个郊区世界主要由来自法属殖民地（如马格里布
或撒哈拉以南非洲殖民地）的移民群体组成，他们经常在困难和怨恨中发
明自己的文化。后者是原籍国与接收国社会之间的一种混杂，以及这种混
杂产生一种排斥和融入消费世界的方式。

事实上，二十多年来，它已经成为一种新的民族志研究方法，说明了
我刚才提到的关于非西方社会研究与西方社会研究之间断裂的消除。这种
新方法被称为多点调查法。这要归功于美国人类学家乔治·马库斯（参见
其 1995 年发表的文章）。与时间和地点统一的民族志（尤其是乡村志）非
常不同，这种新方法涉及不同的调查地点，往往彼此相距遥远，并且根据
具体情况而有不同的持续时间。如果说近年来这种方法得到认可，那是因
为它与这些环境和社群的研究相适应。这些环境和社群属于好几个世界或
者其成员在不同世界之间流动。这正是法国或其他地方移民群体的情况。
如果我们想要了解他们的生存方式和文化生产，就必须在不同地方进行理
解，例如在法国或某个非洲国家。无论如何，鉴于人类流动加速的重要
性，因为这种流动通常是由不同类型的危机（政治、食物、人口、气候变
化等）引起的，近年来这种类型的调查并未停止自己的主张。它继续宣传
自己，不仅因为移民活动的重要性，还因为跨国化现象的倍增。例如，我
自己也一直在二十年中研究此类问题，如诞生于某个地方（如美国、巴西
或非洲各国）的宗教运动（基督徒、穆斯林或其他宗教信仰者）在世界各
地生根发芽。这一问题要求理解他们的发展逻辑，特别是了解他们适应不
同文化背景的能力，也就要求在他们的几个定居点进行调查。

当然，所有这些都使民族志研究复杂化了（成本增加了），有时甚至

将民族学家置于危境中，例如调查移民或为了生存从事非法业务的社会群体。

这让我想说，近二十年来，人类学的对象已经深深地改变了。这超越了这些新的调查方法、西方与非西方社会之间隔离的消除以及异国情调的结束。事实上，几乎在所有地方，好像它们的目的都是解释全球化中尚不明确的某些方面，许多民族志研究都集中在边缘或边缘化民族，甚至是弱势群体，例如，二十年来持续增长的难民或流离失所者，还有患病或蒙受不幸的群体，等等。关于这一点，在美国、欧洲国家甚至非洲国家，艾滋病都激发了社会科学领域的一系列研究，特别是在人类学领域。20 世纪初，威廉·哈尔斯·里弗斯（William Halse Rivers）在民族志的框架下推动了医学人类学的诞生。通过对艾滋病的研究，医学人类学迎来了一个非常重要的转折点，这是因为三种身体物质（血液、奶水和精液）都参与了艾滋病病毒的传播。亲属关系人类学专家弗朗索瓦丝·艾莉铁（Francoise Héritier）非常清楚地指明，这些物质构成了"思想的身体之源"。

在困难群体或风险处境中的研究越来越多，例如走私猖獗甚至可能暴力横行的处境等。民族学家越来越多地参与其中，这些研究也远多于他们以前的研究课题。这并不是说他们自己必须成为边缘群体、移民群体、弱势群体或走私犯，或者他们自己必须承受某种疾病以完成他们的研究，但他们必须明确地完成该研究，以阐明逻辑、道德经济（英国历史学家爱德华·汤姆森以此指代特定社群的政治文化价值）。为了阐释这些特定社会环境中运作的逻辑和道德经济，他们必须与对话者建立信任关系，建立这些对话者认为民族志研究可能对他们自身有用的关系。例如，和所谓的土著、美洲印第安人、澳大利亚原住民等人一起工作，即使他们努力捍卫自己的土地权或生活方式，也越来越多地参与其中，并且不是像以前那样只是知道他们的社会组织或文化，而是致力于捍卫他们的事业，和某个国际机构一起做人们称之为辩护的事情。

换言之，对这些民族或这些社群无益，可能导致无法完成期待的民族志研究，或者导致田野在某一特定时刻被关闭，因为谈话者和受访者认为，民族学家的研究仅仅是为了自己的个人利益。或者更糟糕的是，认为民族学家对他们的生存构成了威胁。我身边就有经历过这种情况的博士生或研究人员。因此，民族志工作越来越多地成为共同制作的研究。也就是说，它的最终结果——可能是文章、书籍或电影——必须在某种程度上与被研究者联系紧密；后者不再是纯粹的受访者、对话者或信息提供者，而成为共同参与的准作者，好像民族志研究的最终成果首先应该是他们生活条件和苦难的合理证明，或者是他们生存和行动的理由。

余　论

因此，很明显，人类学家通过自己经验田野所做的研究已经发生了深刻的变化。与之相对照的是，整个 20 世纪，主要是西方的人类学家、民族志学者独自拥有研究对象，在当地优先从事某一领域的研究，如亲属制度、再现体系等。这种情况有时是通过团队形式完成的，如马塞尔·格里奥尔在达喀尔－吉布提的研究任务。因为，即使人类学家对边缘或苦难民族不感兴趣，他现在也比昨天更多地让自身的存在与被研究的环境或社群相适应，更多地实践一种我们现在称之为"观察式参与"的方法（颠倒了马林诺夫斯基的语词）；似乎这种存在，以及民族学叙述，应该具有共同的意义，而不是单方面的选择，即使这种选择被认为是以高于学科的利益为名。我想说，今天民族志调查的实际条件甚至政治条件，与几十年来的情况相比发生了很大变化。就本人而言，我几乎可以肯定今天我无法在科特迪瓦进行我在 20 世纪 70 年代完成的民族志，至少无法在相同的条件下进行。认真地设想一下，来自相关民族的新一代人可能会问我，我研究该民族的目的是什么，我从中得到了什么益处，最重要的是该民族能从中得到什么益处。

由此，我得出最后一个观察。今天，社会科学内部存在着一种我称之为"过度批评"的潮流。它的观点是人类学诞生于西方统治世界其他地区的背景中，主要是在欧洲帝国主义的历史框架下。因此，尽管 19 世纪下半叶发生了政治改革，并且人类学研究对象也有所更新，即使它开始对次要或边缘化民族感兴趣，并努力共同生产研究成果，人类学继续与其研究对象保持着不对称、不平等的关系。这就是为什么该潮流就是要让人类学知识去殖民化，在它身上根除使其成为与殖民统治相关的任何知识，以及从人类学家外部或之上的视角去研究，从而确保这些知识是由他们自身生产的。

　　即使我不怀疑人类学与统治，特别是与殖民主义有关，也不怀疑它的实际条件已发生变化，对我个人而言，包括老旧民族志的背景，我不认为该学科曾经生产的知识要么是经过删减的，要么是过时的。所有这些都值得广泛讨论，可惜我无法在本次讲座的框架下进一步阐述。但可以肯定的是，今天这种过度批评的趋势不仅存在，而且还在发展。因此，我们必须关注它。

田野里的听[*]

田野里的听[*]

简美玲[**]

邓　瑶　黄书霞　译[***]

摘要： 在人类学的学科史中，民族志田野有其核心的位置。作者在这篇文章中指出，民族志田野工作不仅积极产出人类学知识，也涉及身体经验、个人情绪以及人类学者的专业自我与认同的修炼。本文讨论作者在贵州东部大山里的一个苗族（Hmub）村寨，以民族志学徒之身进行游方的田野。以此阐述田野的听与写作作为一种身体修炼，既是关乎个人学习与了解的一种人类经验，亦是特定文化脉络下的社会建构。经由描述个人在民族志田野里的学徒经验，作者将探索"我所听到的"及"我所写下的"两者之间的互动（或互动关系的缺乏），以及它们如何影响并转变"我"对一特定苗族文化与"我"自身的内在了解。其意义与细节之所在，不仅来自深夜敲窗声的内容与音韵风格，更是"听"的经验本身。后者串起好几层不同的个人情绪，并转变它们。此情绪经验的变化过程，也涉及作者对于自己作为民族志田野工作者的认同。深夜敲窗声的听，与对听的训练，使文化挫折、冲击与害怕、无所适从的感觉，到熟悉的情绪转变，得以呈现。并也由此，感同身受地进入云贵高地东部苗族未当家姑娘内在的情绪与情感世界。

关键词： 感官　身体修炼　学徒　田野　苗族

---

* 原文标题为 Cultivating the Ethnographer's Ear，刊于 *Taiwan Journal of Anthropology*，Volume 7，No. 2，pp. 87 – 105（December 2009），笔者诚挚地感谢 Fangf Bil 苗寨村民们的支持与接纳；感谢余舜德、赵绮芳、钟蔚文、林广祥及两位匿名审查人的协助。感谢他们为本文的撰写提供的许多宝贵而重要的意见。

** 简美玲，台湾交通大学人文社会学系教授，研究方向为文化人类学，亲属、情感、性别、身体经验研究，历史民族志，语言人类学，医疗人类学。

*** 邓瑶，四川大学文学人类学专业硕士研究生，研究方向为文学人类学；黄书霞，四川大学文学与新闻学院少数民族文学专业研究生，研究方向为少数民族语言文学、文学人类学。

我还有机会重新体验那样的悸动时刻吗？那时候我手捧笔记本，记下每一秒中所看见的景象，期望有助于将那些变动不居、一再更新的型态凝结记载下来。我现在还是深深执着于这种企图，还是经常发现自己的手仍然在这么做。①

列维－斯特劳斯（Lévi－Strauss）

那么，如果是民族志田野里"听"的经验呢？②

詹姆斯·克利福德（James Clifford）③

在《忧郁的热带》里，列维－斯特劳斯不止一次提到他在巴西与当地印第安人的田野经验。④ 这些经验使得他在情感和理智上都同他的人类学家身份联系起来。这些田野工作的描述，并不总是赢得同行和同事的赞誉。但作为一个在田野工作中经历过文化学习的民族志学家，笔者仍为列维－斯特劳斯那种试图在脑中寻求一块净土，在当地不断变化的文化背景下探索人类知识的生动描述所感动。我们仍然是他巨大成就的见证人：从巴西多次田野中获取的 6000 多张图纸和大量的田野笔记，以及他提出的这些材料所支撑的数据、观察结果和假设。

本文将讨论笔者在中国贵州东部大山的一个苗族村寨，以民族志学徒之身，进行游方的田野研究。经由描述个人在民族志田野里的学徒经验，笔者将探索"我所听到的"及"我所写下的"两者之间的互动（或互动关系的缺乏），以及它们如何影响并转变我对一特定苗族文化与我自身的

---

① ClaudeLévi－Strauss, *Tristes Tropiques*, John and Doreen Weightman, trans, New York：Penguin Books, 1992, p. 62；列维－斯特劳斯：《忧郁的热带》，王志明译，台北：联经出版事业公司，2005，第 83 页。

② James Clifford and George E. Marcus, eds., "Introduction：Partial Truths", *Writing Culture：The Poetics and Politics of Ethnography*, Berkeley：University of California Press, 1986, p. 12.

③ "民族志的耳朵"（ethnographic ear）这一语词，最初由纳撒尼尔·塔恩（Nathaniel Tarn 1975）开始使用。他在描述自己于一个多语种社群进行田野工作的经验时，写道："这或许是一名民族志学者或人类学家再次对于他认为是异文化、而非熟悉的事物敞开耳朵，但是我仍然感觉，几乎是在这里的每一天，我都能在使用语言时发现新意。几乎每一天，我都获得新的词语，仿佛语言是从每一个可能的幼芽中生长出来"（同上：p. 9）。

④ Claude Lévi－Strauss, *Tristes Tropiques*, John and Doreen Weightman, trans, New York：Penguin Books, 1992, p. 62. 列维－斯特劳斯：《忧郁的热带》，王志明译，台北：联经出版事业公司，2015，第 83 页。

内在了解。另外，笔者还将考察一个问题：从我笔尖流动出的记录，是否如实反映我的眼睛及耳朵所捕捉到的真实。如果没有，那我遗漏了什么？

在田野工作中，我经常询问自己"该听什么"，以及"该如何听"。如同许多人类学研究生，我们的学习着重于如何记录访谈，却几乎没有受过关于"听"的训练。多数研究生的培训重点在于观察，以及与研究对象交谈。尽管笔者缺乏对于听的正式训练，然而，我除了学习听见（hearing）/聆听（listening to）的方法之外别无选择；当我的研究重心转移到夜间游方时，更是如此。在分析田野笔记时，笔者意外发现它们传达一种混合了视觉及听觉的细致描述，这激发了我的领悟：在苗族游方中，"听"是重要的线索；同时，也促使笔者面对文化田野调查的方法论挑战及认识论。这一认识引导笔者思考，如何将自己在苗族村寨的经验，纳入当今人类学理解、自我技术及民族志学徒的讨论之中。

感 官

根据保罗·斯托勒（Paul Stoller）的研究，[1] 正是通过他长期学习桑海人（Songhay）神灵附身仪式的学徒经历，他发现了声音在理解文化情感中的核心地位。

> 1970 年在蒂拉贝里（Tillaberi）的一个下午，单弦琴刺耳的声音把我吸引到一个沙丘上，见证了我初次经历桑海人的神灵附身仪式……这些乐器的声音使我印象深刻。以至于在 1971 年，我继续参加信仰仪式……1977 年，我开始在迈哈纳（Mehanna）村学习灵歌（spirit poetry）的声音。两年后，我作为"神灵的仆人"被邀请加入蒂拉贝里的信徒队伍当中……**在这无数次的经历里，我的老师始终提醒我将注意力集中在信徒的声音上。**[2]（原文采用斜体格式，作者引用

[1] Paul Stoller, "Sound in Songhay Possession", *The Taste of Ethnographic Things: The Senses in Anthropology*, Philadelphia: University of Pennsylvania Press, 1989, pp. 101–122, 163.

[2] Paul Stoller, "Sound in Songhay Possession", *The Taste of Ethnographic Things: The Senses in Anthropology*, Philadelphia: University of Pennsylvania Press, 1989, p. 101.

中使用加粗格式）

　　然而，斯托勒也指出，在当前西方人类学感官训练中，声音的维度往往被忽视。我们学会了如何采访和观察，但关注与事件相关的声音或语音，并发掘它们如何同民族志学者的观察和对当地文化的解释相对应，也应当被视为可供教授的技能。与此同时，斯托勒和其他学者提醒我们，人类学或民族志学者所使用的感官应该更为多样化。在描述和解释当地文化方面，音调和声音的价值是无可估量的。如果幸运的话，我们能够通过我们自己的学徒经历，学到斯托勒在他工作中得到的经验：对声音保持关注。它有助于民族志学者通过身体感官的交流和互动，来理解当地文化的意义。

自我的技术

　　福柯（Foucault）用"技术"（technology）这一术语来展现主体"被规训与修正"的手段。他列举了四种主要技术：生产、符号系统、权力和自我。在"过分强调支配和权力技术"后，福柯的兴趣点转向了自我技术，并以"认识你自己"（know yourself）和"关心你自己"（take care of yourself）这两个表达之间的历史性联系作为出发点，阐述了希腊－罗马和基督教传统如何建立起关注和自我之间的关系。福柯认为，与自我相关的不同形式的"关怀"，使得不同形式的自我得以存在。根据他的分析，希腊－罗马的书写传统是创造"自我关怀"概念的重要工具。例如为日后重新阅读而做笔记，撰写文章或书信来帮助朋友，保留笔记本以便日后可以再思索与研究。此时，写作实践与自我关怀密切相关。在同一部作品里，他借助马库斯·奥雷利厄斯（Marcus Aurelius）于公元 144 年或 145 年写给佛朗托（Fronto）的信件，通过信件中连续不断地对"不重要"的日常细节的书写实践，来阐述自我和身体之间的相互关系。①

-----

① 以上参见 Luther H. Martin, Huck Gutman, and Patrick H. Hutton, eds., "Technologies of the Self", *Technologies of the Self: A Seminar with Michel Foucault*, Amherst: The University of Massachusetts Press, pp. 16 - 49。

修炼与学徒制：福柯、斯托勒和卡斯塔尼达的理论关怀

与福柯和斯托勒的立场相似，笔者将尝试着重于阐释，透过书写这个行为，我所听到的是什么。正如"自我关怀"产生于信件或日记中"不重要"的日常细节之书写活动，如何陶冶自己的耳朵和调整自身看法的经验也出现在笔记和日记里的田野经历书写过程中。① 我使用"cultivation"②这个词，是因为它传达了关于有意识且持续的追求，以及被规训与修正的某些内在物之思想。我将这些思想看作类似于福柯"自我技术"的东西。在田野民族志语境下，我考察书写的技术或持续练习是如何影响身体的修炼，以及它又是如何通向自我揭露，并通过听与聆听来学习其他的文化。

斯托勒和卡洛斯·卡斯塔尼达（Carlos Castaneda）讨论了一个类似的概念，即学徒制。③ 民族志学者往往将自己看作学生，或像孩子一样，通过田野调查来学习他者的文化。但很少有人在民族志实践中，明确使用"学徒"一词。斯托勒以学习使用桑海人的视角，及仪式专家的视角，来描述他的两次学徒经历。第一段经历发生在他田野调查的早期阶段，当时他遇到了挫折，因为他认为桑海村民对调查提问的回答，是具有误导性的。而后他接受一位村子里朋友的建议："保罗先生，你必须学会和人们坐在一起。你必须学会坐下并倾听。"斯托勒承认，他对自己身为专业田野工作者的身份感到矛盾，并采取一种被动的方式去学习桑海文化。然而，坐下并倾听才是他被接纳为一个合格桑海人的关键。"亲力亲为并真

---

① 本文的写作目的与写作技术的历史发展无关，也与特定历史及空间背景下对自我的实践与态度的转变无关，但笔者仍有两个理由来思考和遵循福柯对于技术与自我的关系的见解。首先，两者都与口头到书写的转变相关；其次，两者都考察了某些心理经验和身体经验是如何从特定的技术（写作）中产生的。

② 戈夫（Gove）等（1986：552）认为，"to cultivate"指"通过劳动、关怀或学习来获得提升，通过重视或通过学习、推进、发展、实践、发表从而使文化、文明、修养得以成长。"梅里亚姆－韦伯斯特（Merriam－Webster）（1984：203）指出，"'cultivation'通常与文化有所关联，因为它表明了对文化的持续追求和伴随着这种追求的自律，而非强调其成果。因此，这个用语是比较中性与恰当。"

③ Carlos Castaneda，*The Teachings of Don Juan：A Yaqui Way of Knowledge*，Berkeley：University of California Press，pp. 101 – 122，163.

正成为村里的人"。①

斯托勒的第二次田野调查学徒经历受益于桑海巫师。经过一段时间密集的记诵仪式文本与赞美诗，和搜获民间药物后，他体验到了同时作为一个巫师学徒及一名人类学家之间激烈的内在冲突。

> 吉博（Jibo）使我沉浸在记诵之中。我忙于记诵文本，以至于根本没空去理解其中的含义，更不用说它们是如何同变化莫测的桑海文化相联系的。我担心我作为人类学家的使命失败了。[斯托勒]

另一个事例是卡斯塔尼达所描述的，他在一位名叫唐璜（Don Juan）的亚基（Yaqui）印第安巫师指导下做学徒生涯。唐璜迫使他放弃他的西方思维方式，并采取了某些方式让卡斯塔尼达去学习和理解亚基人世界的实际情况。卡斯塔尼达说：

> 在唐璜的信仰体系中，获得一个盟友仅仅意味着，他通过致幻植物使我体内发生非寻常现实状态。他认为，我通过关注这些状态和忽略他所教的知识的其它方面，我会对我所经历的现象有一个连贯的观点。②

卡斯塔尼达遇到了相当大的挑战，他努力回避印第安导师明令禁止的那些专业方法，其中包括采访、观察和系统地做笔录。尽管如此，田野笔记对于他内化亚基印第安人的感官体验，理解他们的世界观，揭示他对体验的主观感知及唐璜的信仰体系的内容方面，皆发挥了重要作用。尽管卡斯塔尼达从未将他的讨论延伸到写作与其亚基文化学徒身份间的联系，但他多次表示，从极端的感官体验中平静下来后，撰写笔记能够使自己更仔细地审视这些经历。

在讨论仔细倾听作为一种基本田野技术的重要性之前，笔者将先介绍自己在台湾"清华大学"接受的文化人类学研究方法训练。而后描述

---

① Paul Stoller, and Olkes Cheryl, *In Sorcery's Shadow: A Memoir of Apprenticeship among the Songhay of Niger*, University of Chicago Press, 1987, pp. 11 – 41.

② Carlos Castaneda, *The Teachings of Don Juan: A Yaqui Way of Knowledge*, Berkeley: University of California Press, pp. 101 – 122, 163.

与分析声音/语音如何在苗人的日常生活与仪式生活中发挥重要作用，特别是它们在游方中占据的核心地位。本文中，"声音"（sound）（非言语结构）是指一种用于交流的符号系统，① 例如人敲门或敲击窗户的声音。"语音"（voice）是指人在交流时的语言结构，如人们的交谈或其他形式的对话。②

学习和体验人类学研究方法

20 世纪 90 年代初，笔者开始进入人类学的养成之路。通过课程的学习、阅读和讨论，笔者建立了对田野调查工作之要求的理解：学习新语言、绘制地图、完成家户人口普查或绘制家谱、进行访谈、亲身参与、观察、撰写笔记，可能还需要书写日记。当时伯纳德（H. Russell Bernard）的《文化人类学的研究方法》是这方面最受欢迎的著作之一。③ 无论是在学校的课堂上课，还是当年我在台湾东部进行阿美族民俗医疗研究之田野现场（1992～1993），这本人类学方法论的书籍我都一直带在身边。此书的第 7～13 章中，伯纳德讨论了参与式观察法；记录和管理田野笔记；结构化、非结构化和半结构化访谈；问卷和调查，以及直接的、互动性的和非介入性的观察，所有这些获取信息的方法都强调视觉感知。"听见"（hearing）和"聆听"（listening to）等用语几乎未出现在伯纳德的文本里。在人类学课程中，如何听极少被论及。但笔者认为，在处理诸如转录、翻译、分类、描述和解释言语与非言语听觉信息或信号等过程时，最好能够教授准确的听与聆听或倾听的技巧。

在我的教授和伯纳德著作的影响下，观察、访谈和参与等过程，是我在贵州东部苗族村寨进行博士论文田野调查（1998～2000）的主要研究方法。我最初关注的是村寨的社会结构。我对三百多户家庭进行了人口普

① Steven Feld, *Sound and Sentiment: Birds, Weeping, Poetics, and Song in Kaluli Expression*. Philadelphia: University of Pennsylvania Press, 1982, p. 264; *Popular Music*, 1985 (5), pp. 287–289.

② Webb Keane, "Voice", *Journal of Linguistic Anthropology*, 1999, 9 (1/2), pp. 271–273.

③ H. Russell Bernard, *Research Methods in Cultural Anthropology*, London: Sage 1988.

查，利用半结构化访谈收集信息，并为每个家户做绘制家谱和族谱的记录。① 我也收集苗语的亲属称谓，以及记录这些称谓在日常和仪式场合中的实际使用情况。这些材料除了协助我理解村寨里的人际关系，还帮助我学习我的报道人所描述的婚姻概念，以及观察婚姻的实际状况，并探索此二者在何处汇合及分裂。对个人情感和社会制度（婚姻、游方等）之间相互作用的发掘，为笔者提供了大量的机会去尝试新的民族志研究的步骤及技术。

在田野调查期间，笔者居住在一位名为 Ghaif Wangk 的女孩家中。当年女孩 20 岁，未婚。她的家人起初安排我睡在二楼，但由于二楼的房间在粮仓旁边，后来在我请求下，安排我睡在他们女儿的房间里。我和 Ghaif Wangk 共处了很长一段时间，最终以姐妹相称。她教我苗语，协助我记音与翻译村子里所唱的苗歌与口述的传说及故事，并协助我获取采访材料。我和她共处了十五个月以上的时间，这让我了解她的经历、情绪，以及她对婚姻与感情的观点，偶尔也能了解到她对当地流言蜚语的看法。经由她，笔者当年作为一名年轻女性，被当地传统接纳。

倾听深夜仪式的声音

在村寨工作时，我察觉到我需要采取不同的研究方法。越来越多的情况表明，如果没有特别关注那些人们能在黑夜里听到的声音和语音，我有可能错过苗族社会生活的关键面向，和误读苗族游方及婚姻习俗。以下事例摘自笔者 1999 年初的田野笔记。

> 我听见公鸡在黑暗中打鸣了两三次。在寒冷的清晨，我仍挣扎着 5 点钟起床。6 点，我决定去观察一户新宅的招魂。我叫醒了 Ghaif。Ghaif 的母亲说，前几天一户新宅的主人已经招过魂了。她还说，在四组村（Si－Zu）（延续自集体生产时代，寨子里编号为四的小寨）有几户家庭在招魂，但不知道具体是哪些家。Ghaif 建议说，我们出去看

---

① 根据伯纳德（Barnard）和古德（Good，1984）的研究，家谱（pedigree）是指对家庭成员的基本人口统计学数据的记录（姓名、年龄、婚姻状况、出生日期等）。族谱或宗谱记录（genealogical records）是指家户、家族和宗族之间的血缘和姻亲关系。

看。我们出发前甚至没有洗脸，只拿着手电筒，便在黎明时分出门了。Ghaif 说坡上有声音，但我什么也没听见。我跟着她到斜坡的四组小寨前。当我们靠近该小寨时，一个人向我们走来。听了 Ghaif 的说明后，他告知我们是哪户人家在举行仪式。我感觉他当时脸上微露笑意。后来我们才知道，他就是刚刚招完魂，在回家路上的"ghet xan-gt"（鬼师，苗族的萨满或仪式专家）。

笔者的田野笔记记录了作为一名田野工作者的紧张和焦虑，尤其是担心自己失去观察仪式活动的机会，而正是这些田野笔记，指向了倾听的重要性。这种不安也可以解释为，笔者对苗族仪式中听到的那些独特声音和语音感到陌生。无法预测仪式活动会持续多久，也不知道听到的声音代表什么。① 除了经历仪式的家庭成员，村寨里许多仪式活动（例如保护家屋的仪式、治疗仪式，甚至婚礼仪式的某些部分）都是村民们悄无声息地举行。我曾经思考，作为村寨里唯一的外地人，我在 1998 年 11 月到达这个村寨时，是被排除在圈子之外的。在这个圈子里，大家分享着有关仪式活动的消息。后来才知道，我在这方面并不特别：因为村民们自己也不一定知道小寨内的每场仪式安排，更不用说其他村寨的家庭了。尽管如此，许多村民告诉我："如果你想知道仪式在哪里举行，只需要去仔细倾听［仪式专家吟唱的］声音。"然而，对于我，一个新学徒而言，分辨出仪式活动丰富多样的听觉信号确实是个挑战。我需要从自己日常生活中那些习惯的听与聆听的类型里，获得语境方面的信息。

在为期十五个月的田野调查中，我学到了特定声音和语音的社会含义：萨满（鬼师）的吟唱意味有治疗仪式或家屋仪式；鞭炮声意味着新年或婚礼的庆祝，但有时也表示老人家的丧礼仪式；堂兄弟姐妹在半夜对着门或窗热情地拍打敲击，暗示着一场婚礼将会早早地在那天清晨举行。一直到田野工作后期，我才意识到，我自到访这个村寨以来，就一直生活在

---

① 本文不使用不同术语来区分噪声（noise）或声音（sound）的现象。这里的"声音"一词用于传达任何非言语的语言符号，这些符号可以被听到，并可以作为索引符号被识别为 Fangf Bil 苗寨（Hmub）的"有意义的"当地语境中的指示符号，例如家庭仪式的发生、婚礼仪式的开始，关乎游方（调情和求爱）活动的开始及实践。

这些声音和语音之中。只有在进入如此情境与觉察，我才能致力于探索游方的深夜听觉维度。

为了理解在亲属结构和村寨婚姻制度之外的婚姻与游方的关系，我第二个田野调查的重点是"欲"及其情绪情感的语境。通过对制度化求爱活动的研究，我了解到村寨 vangt（年轻人）的情感世界。① 然而，在进行游方活动调查时，方法论和伦理的冲突使我意识到，声音及语音对于理解游方文化有着极为重要的意义。

进行这项研究时，我已经是两个孩子的母亲了，这使我在村寨里作为 lok（年长者），也因此被排除在游方活动之外。不过，尽管我是已婚的母亲，村民们仍把我看作一名年轻的女孩，也许是因为我的学生身份和我当时穿着的衣服，那些衣服与陪伴我进行田野工作的当地女孩们穿着的服装很相似。② 因此，在参与和观察游方活动时，我有了更大的自由。这种活动的形式是成群的年轻男女聚集在一起，或是夜晚在年轻女孩房间的窗户外，进行一对一的谈情说爱。我曾是群体聚会的直接参与者，却只能是深夜窗边交谈的间接倾听者，因而只能随后对参与游方的女孩进行采访从而补充细节。我了解到，游方活动可以非常开放——具有一些仪式表演的特征，但有时它们可以是非常私密且个人的。假使没有那些陪同我的女孩们的帮助，以及分享她们浪漫的情感和经历的意愿，我永远无法理解制度化求爱在个别参与者心中的内涵与价值。

"游方"（iut fub）这个词，意思是"在村里闲逛"。我从未听过村民在日常谈话中使用它，因为它意味着性行为。在日常交谈中，人们会使用"at zot"（玩耍）、"lof vud"（休息）、"god"（聚会）和"niangt"（坐下）等表达。游方是苗族社会生活中不可或缺的一部分，③ 它需要特殊的时间

① Vangt 和 lok 是一对反义词，可以翻译成"年轻人"和"年长者"的意思。定义这两个名词的社会标注是婚姻和为人父母。未婚或未当父母的男女成年人都被视为"vangt"。一般而言，参与日常游方活动的都是"vangt"，但在节庆游方活动进行对唱的场合里，许多 lok 也会参加。

② 已婚妇女通常穿着传统服饰，大多数年轻未婚女子或未生小孩的已婚妇女，都穿着"外面"买来的裤子和上衣，例如夏季的衬衫、运动服和冬季的毛衣。

③ 汉字"游方"或"摇马郎"用以指贵州东部苗族的求爱活动，"跳月"或"跳花场"用以指贵州中西部和云南东部的青苗和花苗的求爱活动。

和空间安排，和一套用来识别个体的特殊分类系统。游方可以发生在任何一个夜晚，因为老人和孩子们很早就上床睡觉了，村子也陷入黑暗与安静之中。突然，人们会听到响亮的口哨声（kot ghait），紧接着是脚步声和小声的说话声。这些是男孩们（dat vangt）出发向女孩们求爱的声音。唐家（zix Tangf）的男孩们前往张家（zix Zhangb），反之亦然。当脚步声停下来，人们会听到一个男孩敲打女孩的窗户的声音，这是作为一个谈话的邀请。根据他们游方时的状态，谈话可能是安静及温和的；如果好几个男孩去拜访同一个女孩，谈话可能会很大声，并不断被嬉笑声打断。成群结队的男孩去寻找相对应的女孩们，这并不难，因为女孩们就在她们聚集的木屋里大声地谈笑风生。到了午夜时分，群体会分散开来，对话也会变成一对一，这种情况被称为"ib laik del ib laik"（一个喜欢一个，即心有所属）。这样的对话可能一直持续到深夜，直到破晓的鸡鸣声响起才真正表示谈话的结束。另外，亲密的身体接触常见于游方的谈情与调情文化中。男孩可以将手放在与其搭档的女孩肩膀、腰部或大腿上。进行游方时，在适当的时间和地点，男孩和女孩之间的调情或亲密的身体接触是可以接受的。如果年轻人不遵从规矩，年长的人就会责骂他们。此外，只有男孩们和女孩们聚集在一起，个人才能公开地进行调情的亲密身体接触。换句话说，如果一个男孩和一群女孩游方，那他们只能坐在炉边聊天，但是如果有两三个男孩和五六个女孩调情，男孩们就可以和他们旁边的女孩们调情。如果身体接触超过了公认的标准，其他的参与者将会进行干预，因为那种不恰当的行为意味着男孩看不起在场的其他的女孩。

田野里聆听的经验

正如前文田野笔记中提及的，声音与招魂相关，声音也是指向游方事件的主要索引。我在所写的十五本田野笔记中，记载了大量我"听到"的有关苗族游方活动的内容。它们使我觉察深夜敲窗的重要性。以下笔记片段写于 1999 年 1 月，我田野调查的早期阶段。

今天我匆忙返回我的田野地点，因为我知道到明天会有一个"建

新房"和招魂仪式。我和 Ghaif 的父亲讨论完费用时已经 9 点 30 分
了。为了早起（闹铃在公鸡第二次报晓后会开始响），而且，反正我
感到疲惫，就早些睡了。Ghaif 和我很快就进入梦乡……我是被敲窗的
声音弄醒的。我以为天快亮了，但看了看我的手表，发现只有 11 点钟
左右。敲窗声以不同的节奏进行着，并且有着不同的拍子。（我突然
想到，如果有机会，我应该把这些声音录下来。）那时我已经醒了，
但仍然想继续睡。敲窗声一直持续着。Ghaif 也醒了，她朝着外面的男
孩说："Nat youl. Det dak youl!"（我听到了，但我不想去［窗边］。）
她说了两三次，听起来有些生气。后来她告诉我，是因为他们敲得太
响了。敲窗的声音没有立刻停止，但过了一会儿后就结束了。我们慢
慢地睡着了。

　　这段笔记摘录，传达了我对深夜敲窗最初的感受和经历。这些声音常
常出乎意料地把我吵醒：有时敲窗声太大，吓到了我；有时同一个晚上敲
了太多次。经过了很长一段时间，我才不对敲窗声感到又爱又恨。这种声
音总是打断了我的睡眠，这让我觉得很不礼貌。与此同时，我居住在这个
村寨，就是为了**研究苗族游方**①，而我逐渐认识到，这些不受欢迎的信号，
正是我课题的一部分，它们具有文化和象征意义。

　　每一次女孩听到敲窗声，她都会根据敲击声的节奏、速度和音量来识
别敲窗者。对于像我这样的局外人，这里的敲窗声听起来都很相似；但对
于村里的姑娘们，这些声音传达着细微的变化。有一些特定的敲击策略是
能够被识别的。例如，其中有一种敲法是：先以正常速度轻敲三次，然后
停顿，再敲三次，声音则变大，或节奏变快。这些可能是经常相互游方的
男孩和女孩之间的约定。女孩们尤其期待心上人（ghat mal ghob）的敲窗
声，但心上人并非唯一的敲窗者。事实上，敲窗活动大多来自表兄弟等姻
亲。因此，女孩们通常需要做的，是区分同一个村寨里一般姻亲的敲窗
声，和来自村寨外边陌生人的敲窗声。

　　我开始将非言语的声音与特定的人际关系——男朋友、表亲、朋友和

---

① 英文原文为斜体格式，中文使用加粗格式——译者注。

陌生人联系起来，并对它们进行分类。起初，敲击的节奏和频率似乎都很相似，我便猜想是同一个男孩对 Ghaif 感兴趣，后来我才明白，实际上那些声音来自几个不同的男孩。

我开始更加关注这些深夜活动。几乎每天早上，我都会和 Ghaif Wangk 谈论前一天晚上的来访者，并尽可能详细地写下我们的讨论，之后我再计划当天田野工作的日程安排。我大多数的提问涉及来敲窗游方者的身份、他们之间的亲属或姻亲关系，以及他们谈话的内容。敲窗声最终成为理解深夜游方行为的一个指标。我了解到，在我未能察觉到敲击声之间差异的地方，当地村寨的女孩们能识别出多样的类别。这提供了一个重要契机，让我通过倾听去"感受"游方制度，而不仅是从报道人的解释中看到或获取知识。最终在 Ghaif Wangk 的协助下，我不仅建立起关于深夜敲窗的音乐层面与社会层面的观点，还能用我所听到的意义去补充说明它。例如，我从 Ghaif 那里了解到，如果几个晚上都没有人敲她的窗户，她会感到孤独和悲伤。因此她通常期待着深夜的敲窗声，即便她并不知道会是谁，以及在哪一个晚上来到她的窗前。

虽然我未曾从模式、频率、音量等方面分析敲窗声，但在我的田野工作里，听到的声音都是有价值的。亲身聆听深夜敲窗的经验，使我建立了苗族游方情感和知识之间的联系。对女孩来说，敲窗的声音是求爱的明显标志。父母和其他家庭成员通常忽视（或假装忽视）那些声音，不管其音量、频率或次数如何。而女孩们会觉得有必要回应，和必须去处理与之相关的情绪及情感。大多数女孩听到敲窗声都会感到兴奋。如果好一阵子没有敲窗声，她们会低声念着："Sent feb lel, bib lok yaf"（似冬静且寒，寂寥颜色衰），表达一种孤寂感，担心自己找不到伴侣。这种感受力，解释了苗族女孩能通过敲窗声，识别来窗边游方的人。女孩们听到来自姻亲的熟悉敲窗声，并打开窗子时，所感受到的情感是安全和自信的。而听到不熟悉的声音时，则会感到不确定甚至害怕，因此她们不会打开窗户。

对我产生意义的，并非深夜敲窗的具体内容或模式，而是听觉体验在各种情绪之间产生了联系。我个人情绪由文化冲击、害怕、无所适从，转变为熟悉而规律的日常经验，这一转变是戏剧性的。在我的田野工作接近尾声时，已不会去注意那些深夜的声音，甚至在剧烈的敲窗声中入睡，对我而言已经再寻常不过。我认识到，声音在很大程度上被认为是友好的，并且是与村寨的集体核心价值有关的一个实践符号：维持他们的亲属制度。情绪的转变，使我理解和同情村寨女孩们的情感世界，认识到半夜醒来的经历，是如何丰富了她们的日常生活。通过关注听觉线索，我得以重新思考，这些活动与我对苗族游方文化理解之间的关系。我也可以觉察自身在游方过程中，倾听和感受女孩情感的主观体验，与我从经历了文化冲击，到在田野工作中感到放松的民族志学者的成长。

再次成为田野工作的学徒

当我开始进行苗族研究时，我并非一个田野工作的新手。但我需要磨炼一种新的技能——倾听——来收集民族志材料。而这一需求，再次唤醒了头一回在台湾进行田野时的不安和不确定感。在贵州东部的苗族村寨田野开始之际，我甚至失去了一些自信，无法肯定自己是受过人类学田野技能训练的民族志工作者。除开我熟悉的一些观察、参与观察或访谈，在苗族村寨语境中，理解未被识别的声音和语音意义之需要，造成了一定程度的焦虑与无所适从。这种不安威胁着我作为民族志学者的身份。文化冲击显然在产生这些感受上，发挥了作用。但更重要的是，在没有确定的或辅助性的，关于自我感知和地方或空间感的视觉信息之情况下，去倾听口语和非口语声音所带来的直接冲击。以下引自布尔和贝克著作中的内容，强调了我感受到的，认识世界及自我了解之间的差异。而这种差异正是通过观看和倾听获取的。

在视觉状态下，主体和客体显然是"显现"出来的。经由所见之物来对世界的客观化加以暗示，正是对那一世界的控制。然而正如贝克莱主教（Bishop Berkeley）指出的，"声音和我们的思想很接近"。那么，通过倾听，我们也许能够感知主客体之间的关系。①

---

① Michael Bull and Back Les，eds.，"Introduction"，*The Auditory Cultural Reader*，Oxford：Berg，2003，pp. 1 – 18.

换言之,如果我(作为主体)仅仅通过视觉观察感知苗族游方现象(客体),那么数据、方法和我作为田野工作者的身份之间的关系便显而易见。从而也消除了对过程的重新思考和充分体验苗族游方田野工作的所有空间。我之前未意识到的深夜敲窗声和游方谈话声,在缺乏熟悉的观察标准的情况下,使我产生焦虑和无所适从。但同时也提供了一个直接的渠道,让我感受"我在哪里"、"我是谁"和"我在村寨里遇到了什么"。

田野里学习听

虽然我自己认定,我把倾听作为一种额外的材料收集方法,但我田野笔记的内容,仍然反映出我难以充分利用听觉信息的不确定性。部分原因是我相信"眼见为实"。这与维特·埃尔曼(Veit Erlmann)在《听觉文化》① 中的观点相呼应:"以听觉为中心的社会实践形式本身,不能被解释为权力关系的替代品。因为权力关系是以视觉、监控和大众媒体形式的视觉生产和消费为基础。"② 尽管如此,我还是要写下我的观察结果,以达到保留和理解我在田野里所经历的一切。田野里的书写,除了生产可辨认的语义信息,其物性的层次也帮助我理解我所听到的一切。作为民族志学者,我们接受的训练要求我们记录材料,并将其写成笔记。在苗族的游方中,我没有使用录音机来捕捉深夜敲窗声,很大程度是因为语音和对话常常是听不清楚的。而且(除敲 Ghaif 的窗户外),记录其他屋子的敲窗声需要先进的录音技术。另一个问题是关乎伦理:夜晚的游方活动,往往比苗族社会里的其他公共活动都更为私密及个人化,而使用录音机(或摄像机)在一定程度上会介入与威胁夜间游方活动的私人领域。因此,我回到住所用笔和纸记录我所听到的内容。

大多数民族志学者都认识到在田野中勤奋写作的必要性,并相信他们

---

① Veit Erlmann, ed., "But What of the Ethnographic Ear? Anthropology, Sound, and the Senses," *Hearing Cultures: Essays on Sound, Listening and Modernity*, Oxford: Berg, 2004, pp. 1–20.
② 笔者诚挚感谢其中一位匿名审查人,提醒我留意莫里斯·布洛克(Maurice Bloch)的一篇文章《真相与视界:非普遍性概括》(Truth and Sight: Generalizing without Universalizing, 2008)。

的工作会受益于那些记载下来的可作为以后进行分析的意义和信息。然而，在田野里，书写这件事，即写作的过程及其物质性（materiality），并没像材料的收集与记录那样被仔细或严谨地看待。一如我在贵州的研究经历所显示，田野写作是多功能的，换句话说，它也与身体经验有关。克里斯蒂娜·哈泽（Christina Haas）是为数不多，专门从书写工具及其转变，谈论书写之物质性的学者之一——"从一整叠手稿和对一支全新黑脚牌（Blackfeet）铅笔的感觉，到明亮、接上电源、呼呼作响的盒子，以及敲击着放在桌上的键盘"①。哈泽还发现，对于那些从纸笔写作过渡到电脑写作的作者而言，对文本还存在感官上的问题。例如，有人说，"我必须把它打印出来，才能得到对它的**观点**"，或"我与写在电脑上的文本之间，没有出现我所需要的**亲密感**"（斜体加粗为原作者所注）。文本感官被描述为空间的、活生生的或移动的客体。

我认为写作存在着两种物质性：工具的使用和花费的时间。这两者都会在我的身体里产生一定的共鸣。哈泽指出："我们须通过工具的使用，才得以进行写作。因此写作在某种意义上是技术性的，也在某种程度上是物性的。"我在苗族的田野工作中，由工具的角度观之，我的书写也展现清楚的物质性：我用老旧的万宝龙（Mont Blanc）钢笔在硬皮笔记本上写下我所观察到和听到的一切，一页又一页，一本又一本。由于村寨里没有书店，我写田野笔记时尽可能地将汉字、英文字母，以及用罗马拼音的苗文来记音的文字，都写小，来节省纸张。其次，虽然我有一台笔记本电脑，但那时村子里的供电是断断续续的，因此我主要还是使用笔和纸，以劳动密集和耗时的方式记录我的田野笔记或日记。长时间伏案写作通常会带来一些身体上的不适，不过一旦习惯了，写作——就像冥想或者锻炼——会帮助我处理我在另一种文化中产生的焦虑、无所适从或困惑的情绪。看着一本本逐渐累积起来的田野笔记，我感到心安。这种日复一日重复的写作对我专注于声音和话语的记录，以及探究它们对苗族的社会意义，发挥了重要的作用。

---

① Christina Haas, *Writing Technology：Studies on the Materiality of Literacy*, Mahwah：Lawrence Erlbaum Associates, Publishers, 1996, pp. 24, 120.

言语和非言语的声音能够通过不同的认知过程，被感知、编码和解码，两者也都能在苗族青年中传达社会意义和情绪、情感。因此，出于描述性和分析性两个目的，我把英文的 sound/voice 看作和中文的"声/音"概念类似。那么，记录听觉音调，将其转换为单词和句子，并把具体的田野材料安全地存储在我的笔记本里，就尤为重要。

文学理论家沃尔特·翁（Walter Ong）的文学创作观，为拓展我们对口语文化和书写文化之间关系的理解提供了基础。① 翁认为，写作是"人类最重要的技术发明"，它将声音转化到空间维度，并且"转变着人们的生活世界"②。换句话说，翁认为倾听和书写之间的相互依赖性是一种视觉上的优势回归。与翁的理论有或多或少的相似，民族志学训练涉及身体经验和共鸣的一种层次分级，其中，视觉通常处于这个层次的顶端，而听觉则处于较低的位置。

本文试图讲述从倾听经验和情感共鸣到写作的这一转换，是如何让我运用多重感官去理解苗族人所创造和感知他们的游方文化。我们可以追寻到两种额外的经验层次。首先，和福柯的自我技术并行，我通过田野笔记的书写来修炼自我。除了看着逐日增加的田野笔记令我心安外，我还通过规律和广泛的田野书写来自我训练与成长。在田野里，在对于自我和身份认同的情绪情感世界之转变中，我逐渐内化作为一个民族志学家的田野经历，此时，这种身体修炼的经验也逐渐明显。这一过程一定程度上贴合利维·维果茨基（Lev Vygotsky）"中介手段"（mediational means）的概念，即写作的转化效力同时具有物质性和象征性。③

---

① Steven Feld, *Sound and Sentiment*: *Birds*, *Weeping*, *Poetics*, *and Song in Kaluli Expression*, Philadelphia: University of Pennsylvania Press, 1982, pp. 72 – 85.

② Walter J. Ong, *Orality and Literacy*: *The Technologizing of the Word*, London: Methuen, 1982, pp. 72, 85.

③ 受马克思主义原理和恩格斯历史唯物主义的影响，"俄罗斯理论家利维·维果茨基的中介理论将工具、符号和技术视为增强人类心理机能的空间性和文化性分布的系统"。哈泽认为，"从这种观点出发，那么技术——特别是书写技术——本身就是复杂的系统。从维果茨基的意义上来说，探索这类系统的源头或历史，将可望有丰硕的成果"。

第二层涉及对非言语之声音意义的验证。与斯托勒的见解相同，[1] 我认为，学习如何去倾听、理解和解释非言语的声音，是人类学领域被忽略掉的一项重要技能。在西方传统里，对听觉文化力量的认知基本上是缺失的，而斯托勒是少数几个证明了这现象的人类学家之一。苗族村寨里的敲窗声也许并不能够算作一个有多独特与外来的例子。尽管如此，在我自己所属的华人文化中，那些深夜的声音可能携带着不同的含义，所以我必须重新学习和有意识地练习听力技能，这便是进行研究的关键所在。我的倾听经历将各种情绪联系在一起（例如透露了苗族女孩被人追求时的情感与情绪），而田野笔记的书写能够让我回想和理解敲窗，及其相关的游方谈话、事件和参与者。通过田野笔记的书写，我能够将社会价值和情感价值同我听到的声音联系起来，去理解苗族青年们的社会和情感生活。

结　语

除开人类学书中提到的文化冲击，及其伴随着的孤独、思乡和抑郁的征兆，田野里自我认同的出现、转变过程，及民族志工作者的身体经历很少被注意。这些征兆可能对数据的质量，以及它被民族志学者在更大的社会环境中所察觉的价值，产生深远影响。我如何通过倾听和笔记的书写，在田野里练习听，以及我如何在田野工作中引导感官、情感、认同和作为一个人类学专业自我的转变，再更为细微地聚焦到身体经验如何能结合起来，让民族志学者更能感知所研究的对象与事件。这些经历与体验都促成了我作为一名民族志学者和一个个体的自我转变；同样的，还有我对理解苗族游方知识方式的转变。这或许可以算作是对福柯之自我技术观点的补充：

> ……允许个人以自己的方式，或在他人的帮助下对自己的身体和

---

① Paul Stoller, and Olkes Cheryl, *In sorcery's Shadow*: *A Memoir of Apprenticeship among the Songhay of Niger*, University of Chicago Press, 1987, pp. 11 – 41; PaulStoller, "Sound in Songhay Possession", *The Taste of Ethnographic Things*: *The Senses in Anthropology*, Philadelphia: University of Pennsylvania Press, 1989, pp. 101 – 122, 163.

灵魂、思想、行为和存在方式进行一定程度的操作，从而转变自己，来达到某种幸福、纯洁、智慧、完美或不朽的状态。①

认真倾听也让我体会到我对于苗族游方知识的了解。深夜敲窗，这个"以声音为中心的社会实践形式"②，通过它的"听觉即时感"揭示了苗族游方的制度性、正式性和集体性等特征，这也促使我后来对听到的声音进行分类。分析其他地区婚前和婚外调情的长期与短期影响时，我将苗族游方理解为对年轻村民有巨大价值的特定情感领域。③ 在这篇文章中，我强调如何通过仔细倾听来增补收集到的材料，从而使游方能够被更好地理解。但正如埃尔曼等所观察到的，④ 这向我们提出了一个问题，即需要什么样的聆听的能力来收集和筛选日常生活中的声音，去"拾取所有的、流动的声音。在精心限定的，有序的言语交流和音乐区域之外或之间的回声、残响、哼鸣和低语"。民族志方法论在听的这一方面，值得进一步关注，将其吸纳进我们的研究技艺中，能够使我们更好地理解我们所研究的社会。

参考文献

Barnard, Alan, and Anthony Good

1984 *Research Practices in the Study of Kinship*, London: Academia Press

Bernard, H. Russell

1988 *Research Methods in Cultural Anthropology*, London: Sage

---

① Luther H. Martin, Huck Gutman, and Patrick H. Hutton, eds., "Technologies of the Self", *Technologies of the Self: A Seminar with Michel Foucault*, Amherst: The University of Massachusetts Press, pp. 16 – 49.

② Veit Erlmann, ed., "But What of the Ethnographic Ear? Anthropology, Sound, and the Senses," *Hearing Cultures: Essays on Sound, Listening and Modernity*, Oxford: Berg, 2004, p. 20.

③ Mei – ling Chien, "Extramarital Court and Flirt of Guizhou Miao", European Journal of East Asian Studies, 2009, 8 (1) pp. 135 – 159.

④ Veit Erlmann, ed., "But What of the Ethnographic Ear? Anthropology, Sound, and the Senses," *Hearing Cultures: Essays on Sound, Listening and Modernity*, Oxford: Berg, 2004, p. 18.

Bloch, Maurice

2008　"Truth and Sight: Generalizing without Universalizing", *Royal Anthropological Institute* (N. S.) 14 (1): S22 – S23

Bull, Michael, and Les Back, eds.

2003　*Introduction: The Auditory Cultural Reader*, pp. 1 – 18. Oxford: Berg.

Castaneda, Carlos

1998 [1969]　*The Teachings of Don Juan: A Yaqui Way of Knowledge*, Berkeley: University of California Press.

Chien, Mei – ling

2009　"*Extramarital Court and Flirt of Guizhou Miao*", *European Journal of East Asian Studies* 8 (1): 135 – 159

Clifford, James

1986　Introduction: Partial Truths. *Writing Culture: The Poetics and Politics of Ethnography*. James Clifford and George E. Marcus, eds. pp. 1 – 26. Berkeley: University of California Press.

Erlmann, Veit

2004　"But What of the Ethnographic Ear? Anthropology, Sound, and the Senses," *Hearing Cultures: Essays on Sound, Listening and Modernity*, Veit Erlmann, ed, pp. 1 – 20. Oxford: Berg.

Feld, Steven

1982　*Sound and Sentiment: Birds, Weeping, Poetics, and Song in Kaluli Expression*, Philadelphia: University of Pennsylvania Press

Foucault, Michel

1988　Technologies of the Self, *Technologies of the Self: A Seminar with Michel Foucault*, Luther H. Martin, Huck Gutman, and Patrick H. Hutton, eds. pp. 16 – 49. Amherst: The University of Massachusetts Press.

Gove, Philip Babcock, et al., eds.

1986　Cultivate. *Webster's Third New International Dictionary of the English Language*, Unabridged. p. 552. Springfield: Merriam – Webster, Inc., Publishers

Haas, Christina

1996　*Writing Technology: Studies on the Materiality of Literacy*, Mahwah: Lawrence

Erlbaum Associates, Publishers.

Keane, Webb

2000　Voice. *Linguistic Anthropology* 9 （1 - 2）: 271 - 273.

Lévi - Strauss, Claude

1992 ［1955］　*Tristes Tropiques*. John and Doreen Weightman, trans. New York: Penguin Books.

Lévi - Strauss, Claude

2015 ［1955］　Tristes Tropiques. 王志明译 Wang Zhiming yi ［Wang, Zhi - Ming trans.］。台北: 联经 taipei ［Taipei］: lianjing.

Merriam - Webster, ed.

1984　Cultivation. *Merriam - Webster's Dictionary of Synonyms*, p. 203. Springfield: Merriam - Webster, Incorporated.

Ong, Walter J.

1982　*Orality and Literacy: The Technologizing of the Word*, London: Methuen.

Stoller, Paul, ed.

1989　Sound in Songhay Possession. *The Taste of Ethnographic Things: The Senses in Anthropology*, pp. 101 - 122, 163. Philadelphia: University of Pennsylvania Press.

Stoller, Paul, and Cheryl Olkes

1987　*In Sorcery's Shadow: A Memoir of Apprenticeship among the Songhay of Niger*. Chicago: University of Chicago Press.

Tarn, Nathaniel

1975　"Interview with Nathaniel Tarn", *Boundary* 24 （1）: 1 - 34.

人类学的人文主义转向与中国美学的
话语创新[*]

郭明军^{**}

摘要：美学作为西方现代学科传入中国，经历了一个不断引进、吸收和内化的过程。这一过程也与中国自身的现代化和民族国家化进程基本同步。双重过程的相互纠缠和牵扯使得中国美学话语自身充满了纠结和矛盾。在人类学和美学的跨学科视野下，文章试图通过对西方人类学自身的人文主义转向历史背景的综述，对中国美学研究的本土理论话语创新做出有益的探索。

关键词：人类学　中国美学　本土理论　话语创新

作为现代学科的人类学和美学都大致产生并形成于 18、19 世纪。从根本上来看，二者都是研究"人"的学问，这就注定了其边界的重叠。甚至可以说，整体意义上的"人类学"本应包含"美学"这样研究人类精神现象的学问。荷兰审美人类学学者范丹姆（Wilfried van Damme）认为："'Anthropologia'是 16 世纪的欧洲人所创造，帮助他们建构一套思想，能够就人类的审美提出一些即明确又中肯的基本问题。"[1] 20 世纪中期以来，随着文化人类学田野民族志方法的成熟与影响力的提高，人文学科中的大部分学科也都开始重视"人类学"的研究视野和田野工作的方法。反过来，一度被定位为科学的人类学也经历了人文转向的过程。

就人文学科中的美学来说，过去，中国美学研究要么跟随西方古典美

---

* 基金项目：本文为笔者主持的国家社科基金项目"黄土高原'三弦书'调查研究"（18XMZ027）阶段性成果。

** 郭明军，西安石油大学人文学院副教授，研究方向为文学人类学、审美人类学。

① 〔荷〕范丹姆：《通过人类学研究美学：我的学术之旅》，范丹姆：《审美人类学：视野与方法》，李修建、向丽译，中国文联出版社，2015，第 2 页。

学话语，要么以西方美学话语为模型塑造出一套中国古典美学话语。但随着人类学整体视野的进入，人们所掌握的人类多样性的文化资源和审美经验材料也远远超出了源自古希腊和西方贵族精英审美经验的西方美学所能涵盖的范围，这就为我们的美学研究提供了更多的理论可能性。这方面的前期探索和研究，由徐新建教授、陆晓芹教授和笔者在 2019 年《民族艺术》第 1 期上发表的专栏对话文章《本土范畴：多元审美的话语意义》最先开启。① 本文将继续在多元审美的意义上探索本土美学话语的可能性，这首先得从文化人类学的人文主义转向谈起。

一　背景：文化人类学的人文主义转向

人类学作为一个现代学科，包含着众多分支和研究方向，像体质人类学、考古人类学等便具有较强的科学性。这里所指的人类学具体指文化人类学，因为文化人类学所关注的问题更多地与人类的审美和艺术相关，而且文化人类学最初开始认真对待人类的审美和艺术问题也与文化人类学的人文主义转向有关。在文化人类学内部，科学主义与人文主义之争由来已久，且有着深厚的西方历史和社会文化背景。

1974 年，在美国人类学协会在墨西哥城召开的会议上，以"人类学与人文主义"为主题展开了两次讨论会②，并于第二年（1975 年）的圣·弗朗西斯科会议上创办《人类学与人文主义季刊》，把讨论的成果制度化地推出为一种人文主义的人类学。人文主义人类学学者布鲁斯·格林德尔（Bruce Grindal）在创刊号开篇文章《走向人类学人文主义》的编辑前言中指出：

从理论上讲，人类学的任何领域都有可能给予人文性的表达，我

---

① 徐新建、陆晓芹、郭明军：《本土范畴：多元审美的话语意义》，《民族艺术》2019年第 1 期。
② Toni Flores Fratto, Bruce T. Grinda, Jon Wagner, "Toward An Anthropological Humanism", *Anthropology and Humanism Quarterl*, Vol. 1, No. 1, April 1976. 本段部分内容参考托妮·弗洛雷斯·弗拉托等：《走向人类学人文主义》，郭明军译，《三峡论坛》（三峡文学·理论版）2013 年第 3 期。

们认为人文主义在解决价值问题方面有着广泛适用性，因为它涉及人自身的生存状况。这种探究和传统的体质人类学以及人种志的科学方法的关系是一个讨论的话题。那么，人文主义人类学暂且可以被视为能够提供一种新的视角，通过这种视角来明确什么是有意义的研究，并且可用以评价与人类学知识和参与相联系的人类成果。①

另一位人文主义人类学学者托妮·弗洛雷斯·弗拉托（Toni Flores Fratto）指出：

> 人类学在过去，现在都有着人文主义的传统，而且这种传统理应在未来继续。……并且很少有人类学家否认这一点，然而，吊诡的是，当代人类学家在承认这一传统面前集体保持了沉默……对我们中的一些人来说很明显的是：人文主义的目标、主题，甚至方法在人类学中劲头强劲并且日益增长，而现在我们最需要的是去承认，探索，明确并促进一种公然的人文主义人类学。②

笔者浏览了自 1975 年创刊以来的大多数《人类学与人文主义季刊》，认为这种对于人类学研究的人文主义态度使得人类学研究不得不以新的眼光审视人类的文学与艺术等审美问题。20 世纪八九十年代以来，美国的人类学界，无论是持新进化论主义的人类学学者，还是倾向于人文主义人类学研究的学者，都开始重新审视传统人类学，反思马林诺夫斯基等英国功能学派学人和以博厄斯为代表的美国人类学学者所建立的科学田野和民族志传统。并且，人类各文化的文学艺术领域及其审美问题也开始在人类学研究中得到充分的重视和讨论。

二　视野：人类学的艺术与美学研究

大多数审美人类学家关注审美问题都是从人类学田野和研究中遇到的

---

① Toni Flores Fratto, Bruce T. Grinda, Jon Wagner, "Toward An Anthropological Humanism", *Anthropology and Humanism Quarterl*, Vol. 1, No. 1, April 1976, p. 1.
② Toni Flores Fratto, Bruce T. Grinda, Jon Wagner, "Toward An Anthropological Humanism", *Anthropology and Humanism Quarterl*, Vol. 1. No. 1, April 1976, p. 1.

艺术问题引发的。雅克·玛奎（Jacques Maquet，也译作玛凯）是学界较早提出"审美人类学"（Aesthetic Anthropology）概念的人类学学者。他在提到自己如何开始关注审美人类学问题时回忆："虽然审美人类学可能称不上主流人类学，但是它的起源却来自于我多年前对一个典型的人类学题目的研究：传统黑非洲的视觉艺术。"① 国内审美人类学和艺术人类学学界比较熟知的荷兰学者范丹姆在一次关于其学术生涯的访谈中回顾了自己走进"审美人类学"研究的历程。具体来说，范丹姆是从其所谓"民族艺术"和"民族美学"的大学课程学习与硕士、博士阶段的世界艺术研究中逐渐把美学和人类学研究融合在一起的。从其回顾文章中可以推测，其博士学位论文《语境中的美：论美学的人类学研究方法》是一部以"美学"作为出发点、"人类学"作为研究方法的美学著作。②

最初，正如"审美人类学"在人类学学科领域并非主流，只是一个微不足道的分支一样，其在美学学科领域也只是一个以"人类学"的方式研究美学的研究方向而已。20 世纪 80 年代以来，这种情况似乎在起变化，至少"审美人类学"在人类学学者那里开始受到承认和重视。托妮·弗洛雷斯·弗拉托在 1985 年的《辩证人类学》杂志上对审美人类学研究所做的一篇综述中这样说：

> 如果说之前审美人类学一度被贬低到往往作为人类学教科书的最后一章，作为补充性内容的话，那么现在大量的有实力且令人尊敬的学者开始不再认为研究所谓审美人类学是一种轻浮，甚至一些学者认为它应该是我们（人类学）学术事业毫无疑问的中心。③

可见，审美人类学在 20 世纪 80 年代已经成为美国人类学界公认的研究领域。以埃伦·迪萨纳亚克（Ellen Dissanayake）等为代表的持新进化论主义的人类学学者也开始从进化论（生物中心主义）美学的角度关注人类

① 〔美〕雅克·马凯：《审美经验：一位人类学家眼中的视觉艺术》，吕捷译，商务印书馆，2016，第 4 页。
② 转引自〔荷〕范丹姆《通过人类学研究美学：我的学术之旅》，范丹姆：《审美人类学：视野与方法》，李修建、向丽译，中国文联出版社，2015，第 156～173 页。
③ Toni Flores Fratto, "The Anthropology of Aesthetics", *Dialectical Anthropology*, July 1985, Volume 10, Issue 1, pp. 27 - 41.

的审美精神现象。下面分别对这两种倾向的审美人类学研究做一个简单的综述。

托妮·弗洛雷斯·弗拉托是一位持人文主义观念的人类学家，长期关注人文主义人类学、审美（艺术）人类学、性别人类学等研究领域。以下内容在其对 20 世纪 80 年代之前的审美人类学研究综述的基础上展开。首先，托妮·弗洛雷斯·弗拉托陈述了自己对审美人类学研究现状的见解。她不得不承认的是，审美人类学以及她那篇文章讨论的主题主要是口头艺术和视觉艺术，对于音乐、舞蹈等艺术形式的关注不够，并认为这是目前审美人类学的一个深刻问题。对审美人类学普遍理论这一方面的研究，她提到了雅克·玛奎的《审美人类学导论》。在肯定玛奎的贡献的同时，也指出玛奎的"局限在于他在人类学传统工作方式和西方传统的'艺术'观念之下设立主题并试图寻找一种观察这种主题的方式"。认为"它虽然简洁、具有一般性且很明智，但并没有打破新的领域，只是给予了一个坚实的可供站立的基础"①。这也是其他从普遍意义上探讨审美人类学的论著共同具有的特点。对于安德森（R. L. Anderson）的《简单社会的艺术》（*Art in Primitive Societies*，1979），托妮·弗洛雷斯·弗拉托从审美人类学的角度认为其过度集中于"艺术"，缺乏审美的普遍性讨论。在这一点上，她倒是比较肯定莱顿（R. Layton）的《艺术人类学》（*The Anthropology of Art*，1981），认为这是一部在理论性和分析性方面比较成功的著作。虽然作者在审美现象方面没有什么太多新见解，但在开头的几章里，却对艺术的定义、功能、形式、价值观以及视觉传达的问题做了非常清楚且有帮助的讨论。这本书存在的问题是把对象限定在视觉艺术的范围之内，所以对普遍性的美学问题没有深入讨论。从某种意义上，也可以认为其巧妙地躲避了普遍性的美学问题，或者说，审美人类学的话题。

托妮·弗洛雷斯·弗拉托本人的审美人类学观念值得关注。从其在《走向人文主义人类学》（Toward An Anthropological Humanism，1976）和《审美人类学述评》（The Anthropology of Aesthetics，1985）这两篇文章中

---

① Toni Flores Fratto, "The Anthropology of Aesthetics", *Dialectical Anthropology*, July 1985, Volume 10, Issue 1, p. 27.

的观点来看，托妮·弗洛雷斯·弗拉托一贯秉持其人文主义人类学的观念，把人类学研究通向人文主义，关注人类学研究中需要关注的人类精神、艺术等现象，以及这些精神现象与文化差异、社会权力分配、阶级阶层分化、性别权力等的关系，以通过人类学研究达到人类的一种自由。秉承这种人文主义观念的审美人类学是人类学的艺术及其审美研究的主流。

不可否认的是，新进化论主义者也在 20 世纪后期发力从物种中心主义的角度研究人类的审美问题。在笔者看来，审美人类学的这两种研究路径并不是完全抵牾，甚至可以说是殊途同归，只是其着眼点和研究人类审美问题时所处的立场距离不同，最终都导向一种人类的精神特质：审美。持物种中心主义研究观念的埃伦·迪萨纳亚克非常机智地提出一个概念："审美的人"（Homo Aestheticus）。尽管无论早期的进化论主义者还是新进化论主义人类学者大都排斥关注艺术和与艺术有关的问题，正如在思考艺术问题的知识分子那里物种中心主义不受欢迎一样，但迪萨纳亚克调和了这两种观念，从物种中心的角度提出了"审美的人"的概念。她甚至认为："考察当代艺术和当代生活的最佳视角不是来自哲学、社会学、历史学、人类学、心理学或精神分析学——以其现代的或后现代的形式——而是潜藏在人类生物进化的漫长景观之中。"① 但又认为："一个物种中心主义者非但不再坚持一种冷酷机械的、有害的'过时的范式'，也不会嘲笑或放弃这些需求，而是试图理解和证明它们绝对必要的品质。……人类作为一个物种不能只靠面包和电视活着。作为审美的人，我们的确需要美和意义——这些有关人类问题和欲望的答案是在'人文学科'中被发现的。"② 迪萨纳亚克秉承的"审美的人"之立足点在于审视整个生物进化链条中的数百万年人的行为历史，而不仅仅是万年以来的人类文化史。在这样的意义上，前述人文主义者研究人类审美问题的眼光则显得过于贴近，只注意到人类文化诞生以来的近万年的审美行为现象，并且湮没于政治、身份、族群以及社会结构的纠缠之中。

---

① 〔美〕埃伦·迪萨纳亚克：《审美的人》（新世纪美学译丛），户晓辉译，商务印书馆，2004（2016 年重印），第 13 页。
② 〔美〕埃伦·迪萨纳亚克：《审美的人》（新世纪美学译丛），户晓辉译，商务印书馆，2004（2016 年重印），第 22 页。

这是否意味着两种倾向和方法论只能选择一种？笔者认为，无论是"审美的人"的物种中心主义路径还是人文主义人类学者更关注细节和政治、身份、族群以及社会结构等的研究，甚至迪萨纳亚克所批评的后现代主义的批评立场和观念都是广义人类学意义上的审美研究中的应有之义，对于理解人类的审美精神现象都是有必要和有意义的。

三 可能：审美人类学与中国美学理论创新

（一）基于人类文化多样性经验的跨学科美学研究视野

叶舒宪在谈到人类学与20世纪思想史转型之间的关系时有一个有趣的判断："人类学所关注的对象多为原始社会或无文字社会这一事实，最终给贵族化的西方社会科学带来整体性的改变。""其根本性的质疑问题是：以西方文化传统和现代性为基石而建构出的社会科学知识体系是否具有普世合法性？"[1] 并由此引出两组二元对立式的范畴："中心－边缘"和"我族中心－文化相对论"，并分析认为"从中心到边缘的过程，既是20世纪思想史整体审视的核心变化主线，也是人类学研究催生出诸多学术下移现象的局部考察要点。与此类似，从我族中心主义的传统价值观到文化相对论的全新意识，也主要是20世纪学术大转型过程中从人类学这一门学科中获益最显著的超级人类经验……"[2] 按照这种逻辑来判断，西方审美人类学或说美学人类学的出现也正是这种"人类学转向"的一种结果。

事实上，人类学自身发展的过程就是在不断克服"我族中心主义"的过程，并逐渐形成了"文化人类学"学者们后来所持为共识的"文化相对主义"。最早的人类学研究是在古典进化论所提供的人类进化链条下对"原始社会""野蛮人"的研究。其自身就带有强烈的西方中心主义色彩。这也是为什么后来的人类学者乔普玲所发现并指出的"直到最近，人们普遍相信部落社会是没有审美观念的。艺术仅仅是宗教的和魔幻信仰的一种

---

① 叶舒宪：《文学人类学教程》，中国社会科学出版社，2010，第14页。
② 叶舒宪：《文学人类学教程》，中国社会科学出版社，2010，第14~16页。

表现而已。"① 一直以来，西方人类学者在面对非西方艺术时面临一个问题，就是如何判断这些研究对象所处的社会有没有艺术、有没有审美观念的问题。而在 20 世纪中期以后文化相对主义盛行的西方文化人类学界，判断非西方文化中没有"艺术"或者没有"美"，显然是一种错误的观念。

同样，18 世纪以来逐渐建立起来的形而上的美学观念，在面对非西方社会的人类文化多样性时，也出现了问题。这个问题就是它的"普适性"和"一般性"受到了文化相对主义的挑战。如前一部分中所述，它所确立的"美的无功利性""美的标准""审美经验"等话语系统受到了挑战，美的普遍性问题再次引起西方美学界的重视。因此，达尔文的"生物进化论"在西方美学领域重新兴起，他们试图在人类文化多样性之前的生物到人的时代和人的生物生理共性上寻找一种新的审美的普遍性。如前文所述的迪萨纳亚克的《艺术是为了什么？》，以及后来更精确阐明其观点的著作《审美的人：艺术来自何处及原因何在》。这种对生物进化论意义上的人类美的普遍性的探讨，在最近 20 年来的西方学术界蔚为大观。②

在美学领域，利用现代最新的神经科学、基因科学、心理学等科学学科的知识重新发掘整体意义上的人类审美普遍性是有必要的，也是一种必要的方向。但人除了具有生物生理性意义上的审美需求之外，还具有社会性和文化性。审美人类学在经由人类的生物性来追求人类审美普遍性的同时，也需要研究人类社会文化多样性所产生的审美差异性，而这种审美差异性的研究更能体现人文学科对人类文化探寻的意义和价值。

荷兰审美人类学家范丹姆在其《审美人类学：视野与方法》一书中介绍了审美人类学的三种当代研究路线：

> 这些研究基于不同的学科背景，侧重于人类审美的某一方面。他们分别关注审美在人类进化史上的起源，审美与相关社会文化语境的系统

---

① Carol F. Jopling, "Introduction", *Art and Aesthetics in Primitive Societies*, 1971, xv.
② 李修建、范丹姆：《审美人类学研究及其在中国的可能性》，《民族艺术》2015 年第 6 期，在原文中，其意在表明审美人类学家范丹姆所持进化论美学观念是西方近年来普遍存在的，并且有它的道理在。

性关系，以及世界各文化传统中的审美的方法论反思。①

但其在关于进化论美学的普遍性追求与人类学者关于美学中的文化差异造成的审美差异性事实追求之间的论述中，像迪萨纳亚克一样调和了两种倾向之间的矛盾，但在研究方法上强调语境性。如，范丹姆在该书第五章的"小结"中说：

> 在开始这一跨学科整合时，我做了一些相当大胆的断言，像每种学术形态一样，这些断言需要加以修正。在这个过程中，我提出人类学家可以诉诸进化论思想，从中寻找解释模式，可以藉此说明审美领域的普遍性规律。尽管人类学家喜欢强调美学中的文化差异或相对主义，不过比较一下世界各地不同文化中关于审美偏好的经验性数据，可以看到这些规律呈现出不同的分析层面。人类学家所提供的跨文化数据可能会给进化论学者以启发，体现出美学的文化多样性的经验性调查，尤其会对进化论学者形成挑战。②

在这里，既是启发又是挑战意味着两种研究路径既具有融合的可能性，也可能道路漫长。关键的地方在于，审美人类学一方面追求人类审美的普遍性问题，另一方面也需要关注人类因长期历史的、地理的、生产方式的不同所形成的文化差异性带来的审美差异性。所以，在笔者看来，人类审美的普遍性从生物学、生理学、神经科学的意义上来说，应该是没问题的。但关键在于人类在历史发展中怎样形成了如此丰富多样的世界文化丛林，以及随之而来的审美多样性？这个问题想必是更有意思的。如果人类学研究突破以往的简单社会研究，把目光放在更大的复杂文明体的研究，或者在这之上的文明形态研究上，是否会有更普遍或者说"中间普遍"的东西出现？这种从简单社会到复杂社会的村落再到更大的文明形式的路径用以探讨中国式人类学研究是否可行？也就是说，审美人类学研究

---

① 〔荷〕范丹姆：《审美人类学：视野与方法》，李修建、向丽译，中国文联出版社，2015，第 120~155 页。
② 〔荷〕范丹姆：《审美人类学：视野与方法》，李修建、向丽译，中国文联出版社，2015，第 154~155 页。

是否可以先通过在人类部落、族群、国家等单位之上的超越性概念，诸如农耕文明、游牧文明、商业文明、山地文明、河流文明、黄土文明、海洋文明等中寻找一些普遍性审美观念，进而达到一种最终普遍意义的审美研究，还是像人类学研究中所提出的"萨满"或"库拉"之类的超越一时一地、一族群、一国家的相对普遍性概念呢？

范丹姆把审美人类学描述为一种"从跨文化与跨学科的框架进行美学研究的一种尝试"。笔者是基本认同的，在本论文的视野里，更愿把审美人类学视为一种基于人类文化多样性视野下的跨学科美学研究。

（二）规避一种西方审美人类学研究路径

雅克·玛奎是公认的首位明确提出将"审美人类学"作为一种学科并对之进行建构的人类学家。国内学界对他的引用和研究也比较多，笔者在阅读玛奎的两本代表作《审美人类学导论》和《美感经验：一位人类学者眼中的视觉艺术》① 过程中发现，其所秉持的"美感经验"和"非工具形式"说在现在看来是延续了西方传统美学的观念。尽管作为文化人类学家的玛奎具备了当时已经流行的文化相对主义观念，但在"美学"这一领域，仍然相对保守。这种局限性使其上述两部著作的研究对象仅仅集中在非西方社会"视觉艺术"这一领域。

我们知道，自 18 世纪中叶鲍姆加登提出"美学"这一概念以来，尽管在不同论者（诸如康德、黑格尔）那里被赋予了不同意义，但其讨论的对象基本上被限定在雕塑、绘画、建筑等这些西方贵族式的审美领域中。范丹姆在《审美人类学：视野与方法》一书中对这一点做了反思："（西方）人类学家在这样做的时候，喜欢保留西方对视觉艺术的等级分类，优先考察雕塑和绘画，而非精美的织物或发型。这种观念，在西方艺术和美学思想中由来已久。"② 我们可以从玛奎的著作中看到，他的非西方社会艺术研究基本上集中于"视觉艺术"，特别是图像艺术和雕塑等。其所持的

---

① 其中《美感经验》，笔者读的是台湾雄狮美术出版社 2003 年出版的袁汝仪、武珊珊的译本。
② 〔荷〕范丹姆：《审美人类学：视野与方法》，李修建、向丽译，中国文联出版社，2015，第 36～37 页。

美学观念也是西方传统的以贵族精英审美经验为基础的美学观念。这尤其体现在其对"美感经验"和"非工具形式"的界定和论述中。

玛奎在《美感经验：一位人类学者眼中的视觉艺术》一书译本序中明确指出，"'美感经验'指的是心理上有所准备的观者与吸引人的美感客体交会的时刻。这种心理上的准备是对眼前所见之物，抱持着不去分析的淡漠态度。也就是对可见的一切，不加以知识性和情绪性的诠释"。书中第三章谈到历史上的美学家们所持美感经验观念的一致性，并梳理了阿奇博·埃里森（Archibald Alison）、克莱夫·贝尔（Clive Bell）、罗杰·弗莱（Roger Fry）、赫伯·李德（Herbert Read）、爱德华·布洛（Edward Bullough）、哈洛·奥斯本（Harold Osborne）等学者都以美感经验作为他们的研究核心。其中，他认为最为精彩的是奥斯本在《欣赏之艺术》所做的审美态度的八大特质，并在书中做了摘要：

> 美感知觉的第一项特质是将客体与其视觉环境分离，"隔开"（frames apart）的目的是集中注意力。第二，客体的脉络（context）——历史的、社会的和风格的，对历史学者很重要，但从美学角度看的人而言，则无关紧要……第三，对一件复杂客体的知觉是很复杂的，但当进行分析的时候，并不把客体分析成"具有某种关联的数个部分"。第四，美感经验就在当下。它会使我们日常生活中思前想后的模式暂时终止，这使得"沉静"与"抽离"构成美感经验的"典型情绪性色彩"。第五，"诗意所好的冥想缪思与想象力的游戏，也与美感的灌注无关"，因为那会干扰对视觉物的专注。第六，美感知觉在乎的是正被注视的物品，因此在乎其外观而非其存在……①

这种静观、抽离的审美经验显然来自西方现代经典美学。在第六点，奥斯本引用康德进一步说明。康德把对客体存在的淡然态度，与其认为美感知觉所必备的漠不关心方式相关联。康德认为重要的是看到客体的可见性，而不是客体的存在。这种非介入式的审美体验，在东方有着精英文化

① 〔美〕贾克·玛奎：《美感经验：一位人类学者眼中的视觉艺术》，袁汝仪、武珊珊译，台湾雄狮美术出版社，2003，第65~67页。

和贵族文化的文明体内是存在的。之后，玛奎又引入了一个概念"沉思"，并认为"美感经验就是沉思"，"沉思的观者与美感客体交会的刹那是审美过程的高峰，也就是美感经验"。在有关"沉思"的该书第五章里，玛奎指出，"观者为美感经验接触（aesthetic encounter）所做的心智准备，与某些古老东方传统中灵媒所做的准备相似，甚至几乎完全相同"。他以印度的两部经典《瑜伽经》和《清净道论》为例，把它们视为代表印度瑜伽体系和南传佛教的冥想体系，来说明其有关美感经验中的"沉思"这一观念。① 但需要指出的是，很显然，玛奎尽管说"东方传统"庞大到难以比较，但还是推出了这两部所谓印度"文学巨著"。而这两部巨著也明显属于雷德菲尔德所谓的"大传统"的内容。但整个非西方社会，除了"大传统"所代表的美学，还有更多无文字民族和复杂社会里的非文字表达的阶层和群体，难道他们没有审美活动吗？或者说，作为非西方社会人口主体的他们，其审美活动可以忽略不计吗？

然后谈玛奎的审美概念"非工具形式"。从其涉及审美和美感相关论述的引用中，我们可以发现，玛奎的美学观是形式主义的，就连范丹姆在其著作中也提到了这一点，并且力图克服这种由"形式与内容"二元对立思维而产生出来的西方式的审美观念②。玛奎是在论述"其他文化中的美感经验"过程中提出的"非工具形式"。由于其视野仅限于有文字和语言的审美经验，在讨论"世上有些无声的文化"的美感经验时，提出了这一概念。面对从这些文化中发掘出来的物品，怎么探究其美感？

> 许多物品是为了实用而制。它们是手工制成的工具，像刀和矛、壶和罐，……其实用性显而易见……此外，这些工艺品还具有便于使用的形状、颜色和质地等形式特质。而这些形式特质也是构成该工具的形式要素。……而形式可能还具有某种视觉特质，刺激我们对这些工具产生美感……难道我们不能假设这些非工具性形式，显示美感是

---

① 〔美〕贾克·玛奎：《美感经验：一位人类学者眼中的视觉艺术》，袁汝仪、武珊珊译，台湾雄狮美术出版社，2003，第85～96页。
② 〔荷〕范丹姆：《审美人类学：视野与方法》，李修建、向丽译，中国文联出版社，2015，第66～70页。

制作时的一项考虑？刀把的形状极端规律或平整，装饰的雕刻、或外层的彩色涂料，都已超出用刀所需。这些非工具性形式指出相关社会对美感的关照。①

这种分析显然忽视了这些花纹和形式本身或许不仅仅是形式，或者说它产生的社会文化语境。随后玛奎又举了一个木碗的例子：

> 这个木碗是供日常盛装食物之用，其形状为圆形、圆边、平底。这些形式特质是工具性的。……我们也注意到，碗的边缘很圆，对于使用斧和刀工作的雕刻师而言，是很不容易的。有些雕刻图案以很有规律且对称重复出现，后者的这些形式特质并不是工具性的，它们并未作为食用器皿的碗更容易使用。②

这是典型的形式主义审美的推论，因为这些"雕刻图案以很有规律且对称的方式重复出现"，这些"形式特质并不是工具性的"，目的不是作为食用器皿所需就判断制作者在制作时的考虑是为了"显示美感"。笔者不否认这种判断在形式主义的审美标准下具有一定的价值，在很多社会中也具有一定的普遍性，但这无疑也是成问题的。后面的分析中，玛奎已意识到这一问题，并承认"非工具性的标准需要以同地区内近似文化的知识为基础来诠释，也要靠我们较有了解的同类物品和仪式情境之知识为基础来诠释"。

回到我们熟悉的语境，按照玛奎"非工具性形式"理论，青海大通上孙寨发掘出土的舞蹈纹彩陶盆上的舞蹈纹肯定是"非工具的形式"，但是这"形式"却不仅仅是形式，美感的来源也不可能只是形式可以概括的，更不用说该器皿在当时那个特定时代的社会文化语境中对当时的人产生的美感。针对这种形式主义美学，安德森做了总结，这种观念下的审美经验

---

① 〔美〕贾克·玛奎：《美感经验：一位人类学者眼中的视觉艺术》，袁汝仪、武珊珊译，台湾雄狮美术出版社，2003，第98~99页。
② 这个关于木碗的推论引自〔美〕贾克·玛奎《美感经验：一位人类学者眼中的视觉艺术》，袁汝仪、武珊珊译，台湾雄狮美术出版社，2003，第99页。最早出现于玛奎的《审美人类学导论》，Maquet, *Introduction to Aesthetic Anthropology*, 1979, p.21。后经引用并进一步推论，并配了 Trobriand 群岛的一只木碗作为图例。

被称为"一种由艺术工作者被艺术作品的形式特征所激起的积极的、集中的、统一的以及无利害关系的状态"①。范丹姆在其审美人类学总结性的著作《审美人类学：视野与方法》一书中对西方哲学美学和艺术批评中这种形式主义倾向做了总结，并提及后来的学者对之所做的反思，比较了迪萨纳亚克、安德森等学者的相关论述之后，得出结论："从实证的、跨文化的视角来看，由形式激发出来的，西方哲学美学和艺术批评已经形成的表征审美意识典型性特征的描述，显得过于精英主义或者高深莫测。"②

因此，笔者认为，玛奎的审美人类学虽然突破了文化上的和传统人类学意义上的西方中心主义，但在美学领域，忽视了非西方社会的美感经验和审美活动的社会文化语境之不同，只能寻找与这种西方经验相似或类同的内容做研究，也就是用西方的美学标准筛选研究对象。这样的审美人类学研究从某种程度上是有价值有意义的，但是总体上看却是片面的和不圆满的，甚至是违背了"审美人类学"产生时的精神基础之一，即"人类审美经验的多元性"。

（三）中国美学话语的突破可能

当前中国美学研究所采用的三种话语模式值得反思。

第一种话语模式基于西方美学理论话语和审美经验，试图寻找一种普遍的美学来解释整个人类的审美文化现象。这种话语模式不仅仅体现在早期"美学"作为一个现代学科引入中国时的情况，也贯穿整个当代中国美学发展的过程之中。如早期王国维、蔡元培、朱光潜、宗白华等美学大家，其理论资源和话语模式都属此类。中华人民共和国成立后，马克思主义美学理论和苏联的美学思想日益占据主导地位。20世纪50~70年代，中国美学界的美学大讨论事实上是在这一话语模式内部，在西欧现代经典美学与马克思主义美学以及苏联美学理论之间展开的。这种讨论的后果之一，就是在70年代末逐渐形成了第二种话语模式，即基于中国古典贵族文

---

① Anderson, *Art in Small - Scale Societies*, Englewood Cliffs, New Jersey: Prentice - Hall, 1989, p. 15.
② 〔荷〕范丹姆：《审美人类学：视野与方法》，李修建、向丽译，中国文联出版社，2015，第59页。

人审美经验的中国古典美学话语模式。

第二种话语模式即中国古典美学话语模式。虽然这种话语模式的理论框架依然脱胎于前一种话语模式，但其强调的是中国美学自身的自觉性。李泽厚的实践美学也为这种美学话语提供了一种视野。正是中国本土的美学实践决定了中国美学自身的特征。只不过，美学界同人把眼光主要投向了中国古代社会中的贵族文人的审美文化实践及其理论，如传统的文论、词论、画论、乐论等。纵观中国古典美学研究的诸多成果，几乎无一例外。那么，中国的审美实践和审美经验仅仅局限于此吗？答案显然是否定的。随着人类学（审美人类学）与人类艺术研究的整体性视野的引入，首先在中国少数民族文学、艺术研究界开始了第三种话语的建构与尝试，以补充前述所谓"中国美学"之缺憾。

第三种话语模式即以突出中国少数民族审美文化资源的中国美学研究，目前仍然在形成的过程之中。笔者在前文中所提到的由《中国少数民族古代美学思想资料初编》编写组编写的《中国少数民族古代美学思想资料初编》（1989）可以说较早地提出了少数民族审美经验与审美思想对中国美学研究的必要性与重要性，并对中国少数民族美学思想的文献材料做了初步的搜集整理。后来者王杰、覃德清、海力波、徐新建、范秀娟、李祥林、陆晓芹等学者也对这一话语模式做出了相应贡献。但美学研究界的这一话语模式目前并不能形成较强有力的影响。

中国自身是一个拥有数千年文明的复杂文明体，其现代化和民族国家化的过程本身就充满了复杂性。这种复杂性决定了中国美学话语的复杂性，某一种美学话语模式很难普适于整个中国文明体。因此，笔者曾在博士论文中着重探讨"中国"的复杂性，指出："中国"自古以来就是一个复杂的文明体。其呈现为空间上的南北东西，生产方式意义上的农耕和游牧，民族族群构成上的多民族，以及社会结构上的官、士、民阶层结构（现代以来逐渐演化为显明的城乡结构，隐在的官士民结构）。相应地，中国文化也显现为南与北、东与西文化的差异，农耕文化与游牧文化的差异，多民族文化的差异，以及官、士、民文化的差异。这些差异同时也在塑造着不同的审美文化观念。所以中国美学研究必须依据于中国范围内最广泛最全面的审美经验。

　　笔者认为，前面三种话语模式没有涵盖的审美经验在于中国民间的、乡村的、地方的审美经验。无论是第一种中国美学研究话语模式还是第二种中国古典美学研究，基本上局限于中国古代贵族文人审美经验的基础之上，笔者认为是比较片面的。在这种片面的审美经验基础上得出的审美范畴和审美理论注定缺乏普遍的解释力和适应性。笔者着重关注的是占中国人口一半以上的乡村（包括大多数少数民族地区）。并且，在历史上，中国大部分时期是一个乡村占主体的文明体。这就为中国美学的话语突破提供了新的可能。

建筑、秩序与日常实践

卢端芳*

摘要：本文从建筑本身的特性出发，探索建筑、秩序及日常实践之间的关系。在对 20 世纪建筑乌托邦困局进行反思的基础上，作者尝试借助葛兰西文化霸权概念及其追随者拉克劳和墨菲的霸权实践理论，分析以无数小型空间革命来与各种形式的不平等作斗争的可能性。文章揭示，一方面，建筑空间的危险之处在于，在人们习以为常的使用中，不平等的权力秩序被自然化了，成为理所当然的无害背景；另一方面，建筑的力量也在于它可在日常实践中不知不觉地将人们争取到的新的合法性转化为社会惯性。因此，建筑无疑具备在霸权实践中帮助人们争取新的文化领导权的巨大潜力。

关键词：建筑　秩序　日常实践　乌托邦　文化霸权

引　言

1884 年康有为在其所著的《大同书》里将人类描写成一个受苦的族类。他认为诸苦之根源，皆因有九界：

> 一曰国界，分疆土、部落也；二曰级界，分贵贱、清浊也；三曰种界，分黄、白、棕、黑也；四曰形界，分男女也；五曰家界，私父子、夫妇，兄弟之亲也；六曰业界，私农、工、商之产也；七曰乱界，有不平、不通、不同、不公之法也；八曰类界，有人与鸟兽、虫鱼之别也；九曰苦界，以苦生苦，传种无穷无尽，不可思议。[①]

---

* 卢端芳，澳大利亚悉尼大学建筑设计与城市规划学院副院长、教授，澳大利亚国家研究理事会"未来院士奖"学者，研究方向为建筑史。

① 康有为：《大同书》，上海古籍出版社，2019。

康有为认为要脱离诸苦的办法是去界，过程可分三世。在"升平世"，中国内部的疆界都消失了，但还有中国与非中国之间的界。在"太平世"这个界被抹平了，"大小远近如一"。在大同世界，非但没有国界，连"人与鸟兽、虫鱼之别"也消失了。

然而，历史上文明的发展，恰好与康有为所愿相反，是一个逐步筑界的过程，无形虚空通过建筑而成为有形之界。人类既是唯一能建造的灵长类动物，也是唯一的无毛灵长类动物。由于能够建造庇护自身之界，不受外界环境因素过多影响，人类得以脱掉大部分体毛，拥有光洁的肌肤。不过，与天生的动物建筑师（如蜜蜂、白蚁、槌头鹳和海狸）相比，人类起初是笨拙的建造者。早期的人类住居勉强提供可容直立生活的藏身之所，团体生活所需要的社会聚会空间，以及由于粮食生产能力增强而成为必要的存储空间。随着社会秩序的进一步发展，人界越来越层级化，建筑也随之变得越来越复杂。如果说最初的庇护所仅仅允许人类成为裸猿，宗教建筑则促使个体之间进一步连接，成为精神融合的社区。连接人界与神界的宗教建筑，如寺庙、教堂和清真寺，通常集合其时最好的建造技术，通过其体量、高度、美学品质和空间秩序，将人类的团结与永恒精神有形化，同时也将社会秩序实体化。因此，宗教建筑的效果，如同文明本身，既具有解放性，又具有压制性。在纪念性设计的双重机制下，一方面，人们通过与属灵的联系得以从迫在眉睫的困境中解脱出来；另一方面，他们被潜移默化地影响，成为温顺的信徒，敬畏地服从他们无法控制的指令。

建筑史曾经是艺术史的一部分，随着建筑发展成为一门独立的现代学科而逐渐与艺术史脱节。尽管最近几十年来对建筑史书写有不少讨论，但建筑作为一种独特的美学对象和设计产品，尚未得到充分认识。建筑史学家要么仍然采用艺术史所使用的方法，将美学上具有示范意义的建筑按风格归类，要么转向人文社会科学中发展起来的语义分析和社会历史的框架。本文旨在从建筑本身的特性出发，探索建筑、秩序及日常实践之间的关系。

一　建筑空间与秩序

与仅仅作为视觉艺术的绘画和雕塑不同，建筑是一个巨型三维物质结构。该结构按照人体尺寸塑造，为人们提供在其中活动和生存的空间。正如老子在《道德经》第 11 章中写道：

> 三十辐共一毂，当其无，有车之用。埏埴以为器，当其无，有器之用；凿户牖以为室，当其无，有室之用。
>
> 故有之以为利，无之以为用。

建筑的可用部分不在其实体，而在于由门窗四壁围起的空间。建筑的形式、大小、高度、光线、阴影、材料、质地、装饰、构造以及由此产生的整体氛围为人体创造了不同的感官体验。需要指出的是，有别于旷野中的虚空，建筑空间弥漫着人类世界的意义系统、政治秩序、社会规范及客户和设计师的意图。设计师在创新时可能会尝试挑战规则，但即便这样的挑战也基于对人类存在的集体理解。此外，人类通常以一种约定俗成的方式来使用建筑空间。作为社会的一员，我们在业已存在的空间行为规范中成长，并且始终生活在共享的意义系统中。因此，每个人都可以做到在日常生活中不假思索便可恰当地以人类的方式使用走廊和楼梯。马丁·海德格尔将此类我们习惯性地着手即用的物品视为比不易及手或需要思虑的物品更为根本的存在。[1]

建筑之所以成为人类社会秩序的中流砥柱，很大一部分原因就在于人们在日常生活中将其视为不可抗拒之自然事实，而非人为构筑的权力关系。例如，根据法国社会学家皮埃尔·布尔迪厄（Pierre Bourdieu）的研究，阿尔及利亚卡比尔住宅的建筑空间布局体现了不同的性别角色。[2] 高而明亮的生活空间是男性家长的主要活动空间，由朝东正门进入。住宅的

---

[1] Martin Heidegger, *Being and Time*, New York: Harper & Row, 1962, p. 155.
[2] Pierre Bourdieu, *Outline of a Theory of Practice*, Cambridge: Cambridge University Press, 1977, pp. 133–153.

另一边为较小的女性入口，女人用的织布机靠在西墙上。女性空间还包括附属的马厩，一个与性、死亡和分娩有关的黑暗空间。或许从女权主义的视角看来，卡比尔住宅建筑空间表达强化了父权制在日常生活中的实践，但对当地人而言，这只是他们生存于世的方式。在《实践理论纲要》的最后一章，布尔迪厄指出，在充满社会差异和不平等的系统中，客观环境参与了个人身份多重维度的构筑。住居和村庄的空间组织体现了关于性别、年龄和社会等级的假设，在此基础上人们得以建立他们特有的存在方式。①

自 20 世纪末期以来，越来越多的学者将空间重新定义为政治的基本维度。空间不再被视为同质化的虚空或人类自由活动的无害背景。对亨利·列斐伏尔（Henri Lefevere）而言，空间不仅由权力生产，并且还是权力具体化的场域。② 约翰·伯杰（John Berger）则断言："隐藏后果的是空间，而非时间。"③ 爱德华·索亚（Edward Soja）在他被广为阅读的著作《后现代地理》中也指出，空间应该成为社会理论的主要解释线索。④ 越来越多的研究指出空间是资本主义、种族主义、父权制等权力架构得以实践的场所。例如，女权主义者揭示了资本主义城市空间中隐含的性歧视：办公中心附近很少提供社会性的托儿服务，交通和远郊住区的规划建立在妇女作为家庭专职司机和全职主妇的基础上。⑤

建筑空间的危险之处在于，在人们习以为常的使用中，不平等的权力秩序被自然化了，成为理所当然的无害背景。安东尼奥·葛兰西（Antonio Gramsci）指出，在现代社会，政治斗争并非只是敌对阶级之间的简单对抗，而是通过一个社会集团在宣传、道德和精神方面的领导地位，力争和民众达成积极的共识，直到前者的文化霸权成为后者的自发哲学，从而达到其统治的目的。⑥ 建筑空间在此过程中，不但具备独特的物理约束力，

① Pierre Bourdieu, *Outline of a Theory of Practice*, Chapter 4.

② Henri Lefevere, *The Production of Space*, Oxford and Cambridge: Blackwell, 1991, p. 28.

③ John Berger, "The changing view of man in the portrait," *The Look of Things*, New York: Virking, 1974, pp. 35 – 41.

④ Edward W. Soja, *Postmodern Geographies*, London: Verso, 1989.

⑤ Linda McDowell, "Towards an Understanding of the Gender Division of Urban Space", *Environment and Planning D: Society and Space*, 1, 1983, pp. 59 – 72.

⑥ Gramsci, Antonio, *Selections from the Prison Notebooks* (eds. And trans. O. Hoare and G. Nowell Smith). London: Lawrence & Wishart, 1971, p. 241.

并且成为斯图尔特·霍尔（Stuart Hall）所强调的"习惯和本能的惯性权威"的一部分。[①] 即便是一盘菜，在我们决定吃之前通常也会注意地看一下，而大多数时候，我们在建筑空间中四处走动，却对后者完全忽略。人类的空间无意识使得建筑成为文化霸权的安全隐身之处，成就秩序建设者所青睐的政治无意识。

二　作为乌托邦的建筑

建筑与秩序的紧密关系意味着精心规划的环境是社会变革的有效手段。因此，很多梦想家都将他们的乌托邦锚定为理想城市的形式，以至于刘易斯·芒福德（Lewis Mumford）宣称"第一个乌托邦是城市本身"[②]。从 1898 年埃比尼泽·霍华德（Ebenezer Howard）的花园城市到 1929 年勒·柯布西耶（Le Corbusier）的明日都市，改革者们试图通过良好的空间形态重塑混乱的工业城市。另外一些探索者则坚信革命性的设计可以促生一系列新的社会关系。本节将通过两个在不同历史时期的建筑乌托邦探讨空间变革的潜力。

（一）苏联住居公社

1911 年后，社会主义建设者们将苏联视为平等理念业已制度化的国家，他们觉得空间革命不再像早期的乌托邦公社那样不切实际。1917 年10 月，土地国有化令的通过进一步创造了通过新设计实现集体生活的制度基础。住居公社（dom-kommuna）最早于 1919 年提出，其主要目标是：把妇女们从家务劳动中解放出来，让她们投入劳动力短缺的工业中；鼓励新的生活方式，摆脱自我中心的小资产阶级情调；在人与人之间建立新的联系，使每个人都成为负责任的社会成员。[③] 1925 年至 1926 年

---

① Stuart Hall, "The Toad in the Garden," in C. Nelson and L. Grossberg ed. , *Marxism and the Interpretation of Culture*, Urbana and Chicago：University of Illinois Press, 1988, p. 44.

② Lewis Mumford, "Utopia, the city and the machine," in F. E. Manuel, ed. , *Utopias and Utopian Thought*, London：Souvenir Press, 1973, p. 3.

③ Kopp, Anatole, *Town and Revolution：Soviet Architecture and City Planning 1917 – 1935*, New York：George Baziller, 1970, pp. 145 – 146.

间，由当代建筑师协会（OSA）小组出版的《当代建筑》杂志发起了新社会主义公社的讨论。该杂志组织了一次专家和社会成员的调查，讨论家庭逐渐解散的问题。① OSA 反对工人主张在公寓中保留带有独立厨房的立场。他们宣称，住居公社应该成为最普遍的生活形式，以摆脱家庭的束缚。

经济委员会规划部门的主要成员萨博索维奇（L. M. Sabsovich）在他的《社会主义城市》一书中提出了关于集体化的明确建议。他的研究表明，全国的家庭仅在准备食物上就浪费了三千六百万小时的工作时间。萨博索维奇设计了可容纳两千至三千人的住居公社，每人分配一个 3.5 米×2.3 米的房间。他试图打破夫妻应该共同生活的惯例，并认为父母与孩子之间的关系问题只不过是小资产阶级的感伤主义。然而，其乌托邦式的集体生活观对建筑师梅尔尼科夫（Ronstantin Melnikov）而言还不够激进。受泰勒式管理的启发，梅尔尼科夫的"绿色城市"计划设计了巨型公共睡眠馆，工人将在此伴随着整宿的管弦乐音乐科学地入睡。建筑师库兹明（Ivan Kuzmin）则进一步提出，庸常的家庭生活阻碍了人类潜能的实现，所有生活功能都应以工作模式来管理。他提议将工人白天的日程严格划分为精确到分钟的"时间框架"：他们将由广播唤醒，进行五分钟的锻炼，开始新的一天。② 在整个 20 世纪 20 年代，许多竞赛都致力于住居公社的设计，在新的规划下数十个住房项目得以建成。例如，1925 年下半年，莫斯科举办了"第二次工人住房竞赛"，要求设计需容纳 750~800 人的住宅，每人分配 6 平方米，10% 的居住空间为单身人士设计，30% 为没有孩子的夫妻设计，60% 为普通家庭设计。社区服务将提供社区厨房、食堂、洗衣房、幼儿园和托儿所。该竞赛的一等奖方案最终于 1928 年以略有变化的形式实现了，成为第一个盖成的住居公社。在这个获奖公社中，居民被要求放弃旧的生活方式（如酗酒和宗教），参加社会和文化活动，工人工资的 80% 上缴给社区。

① D. Movilla Vega, "Housing and Revolution: From the Dom – Kommuna to the Transitional Type of Experimental House (1926 – 30)", *Architectural Histories*, 8 (1), 2020, pp. 1 – 16.
② Barbara Kreis, "The Idea of the *Dom – Kommuna* and the Dilemma of the Soviet Avant – Garde," *Oppositions*, 21: 52, 1980, Note 25.

　　这个项目只是少数建成案例，多数雄心勃勃的项目从未实现。随着时间的推移，人们对住居公社的疑虑逐渐加深。首先是建筑材料和方法。尽管大多数设计竞赛都要求使用地方建筑材料，但许多俄罗斯建筑师本着新内容需要新形式的理念，热衷于创造一种新的社会主义建筑。[①] 他们在设计中广泛采用欧洲时兴的玻璃、钢和混凝土，以及洗衣机和特殊的烹饪工具。在"要么在经济上赶超发达国家，要么灭亡"口号的鼓舞下，对工业化的向往导致了对机器和技术的迷恋。但在当时的经济条件下，这些只是海市蜃楼。针对这些问题，《真相》（Pravda）杂志 1930 年的一篇文章指出，公共项目的集体化规模与国家的工业化程度不符。在饥荒仍然肆虐之际，玻璃走廊、洗衣机、干衣机和特殊的烹饪工具等配备并不现实。为住居公社配备中央厨房的成本为每人 110 卢布，相当于一平方米建筑面积的造价。该文的结论是："在工业发展得以为广泛的公共服务提供设施前，每个家庭仍将需要煤油炉。"[②]

　　除了技术和经济问题外，俄罗斯工人阶级对前卫建筑师所倡导的美学思想也持厌恶态度。帕斯捷尔纳克在 OSA 杂志《现代建筑》（Sovremen-naya Architektura）中指出，现代建筑师努力摆脱资产阶级的装饰，但对工人而言，无装饰建筑在形式上和他们原来的小破屋一样贫乏，他们希望工人宫能够像沙皇的宫殿一样宏伟。[③] 此外，批评者指出，住居公社的设计者没有考虑新的组织形式与现有城市之间的关系，所设计的服务设施只针对社区成员提供服务。对于一个仍然遭受严重的住房短缺和主要城市基础设施匮乏的国家，明智的做法是在城市中综合安排公共设施，而不是建立许多自给自足、相互隔离的住宅区。随着中央委员会宣布需要最大程度地集中资源实现快速工业化，不切实际的建筑项目被批判，住居公社运动于 1930 年 5 月 16 日宣告结束。

---

① Victor Buchli, "Moisei Ginzburg's Narkomfin Communal House in Moscow: Contesting the Social and Material World", *Journal of the Society of Architectural Historians*, 57（2）, pp. 160 – 181.

② Barbara Kreis, "The Idea of the *Dom – Kommuna* and the Dilemma of the Soviet Avant – Garde", p. 72.

③ Barbara Kreis, "The Idea of the *Dom – Kommuna* and the Dilemma of the Soviet Avant – Garde", p. 67.

(二) 巴西首都巴西利亚

巴西利亚建立于 1957 年。在雄心勃勃的总统的全力支持下，规划师卢西奥·科斯塔 (Lucio Costa) 和建筑师奥斯卡·尼迈耶 (Oscar Niemeyer) 得以从零开始在空旷的土地上建造巴西的现代主义之都，实现他们青睐的现代主义规划和设计理念。① 整个城市总规划平面轮廓犹如一架飞机，不但契合地形，并且象征着一个高速前进的发展中国家的雄心壮志。② 东西向的"机身"为整个城市的主轴线，"机头"是三角形的三权广场。广场由议会大厦、最高法院和总统府组成，形成整个城市空间的视线焦点。"前舱"布置巴西中央政府办公大楼、广场和大教堂，"后舱"包括市政机关、文教区、体育城、电视塔等，"机尾"连接铁路客运站和工业区。在南北向各长 5 公里的两翼主干道两旁布置着居住街区。"机翼"和"机身"的连接处为中央商业区，设有商场、银行、剧院、饭店等商业服务设施。全市 60% 的面积是绿地，每个街区都有绿地环绕，街道两旁绿树成荫。城市的三面有人工湖围绕，湖边散落着独户住宅区。

基于《雅典宪章》的现代主义规划五项基本原则第一次完全纳入了城市设计中：将工作、居住和休闲安排在不同的功能分区；集中工作区，分散生活区；创造新的住宅建筑；发展开放的绿色空间；引入人车分离的交通系统。③ 在某些方面，巴西利亚的设计比早期现代主义规划者所设想的还要激进。④ 通过将家庭生活的各个方面 (如日托、诊所和厨房) 集体化，方形住宅超级街区旨在将家庭转变成一个个社会化的单元。每一个方形居住区有约 360 个单元，1500～2500 名居民，有自己的托儿所和小学。每四个街区设有教堂、中学、体育馆、俱乐部、电影院和商店。每一街区内高层和多层公寓混杂，实现政府官员、各国大使和低收入人群的混居。住宅建筑的外观设计通过采用无差异的透明立面，表达无阶级社会的平等社会

① James Holston, *The Modernist City: An Anthropological Critique of Brasilia*, Chicago: University of Chicago Press, 1989, pp. 60 – 73.
② Glenn V. Stephenson, "Two Newly – Created Capitals: Islamabad and Brasilia", *The Town Planning Review*, 41 (4), 1970, pp. 317 – 332.
③ James Holston, *The Modernist City: An Anthropological Critique of Brasilia*, pp. 31 – 58.
④ Martino Stierli, "Building No Place", *Journal of Architectural Education*, 67: 1, 2013, pp. 8 – 16.

理念。打破巴西传统住宅室内设计规则，迫使主人和仆人平等地使用同一入口。住宅建筑的玻璃墙打破公共空间和私人空间之间的障碍。居住、工作、娱乐被分散在不同的功能分区，通过由高速公路和大道构成的交通系统连接。两条主轴线的交会处布置了4层的大平台，形成立体交叉道口疏导交通。这里不仅提供商业和文化娱乐设施，公共交通也在此转站换乘。巴西传统城市狭窄而密集的街道被空荡荡的街道取代，没有任何临街店面。多样化和等级化的传统住区被充满现代主义建筑的标准化街区取代。通过这些创新设计，设计师们相信，新的平等文化可以在这个极端不平等的资本主义社会植根。①

　　然而，自1960年第一批居民搬进来后，巴西利亚的问题逐渐显现。由于过分强调功能分区，没有很好地考虑城市生活的复杂需求，导致各区功能单一，缺乏生活气息，官员们一到周末便逃离巴西利亚，前往里约热内卢或圣保罗度假。城市尺度建立在纪念性和车行尺度标准的考量上，宏大的广场和旷阔的大道因为不符合人的尺度而缺乏使用，行人很少。随着时间的推移，原有的设计意图逐渐被扭曲。人类学家詹姆斯·霍尔斯顿（James Holston）观察到，通过在街道上增加熟悉的店面，居民们重新恢复了有利于交流的传统城市街道氛围。同时，他们通过遮盖住宅玻璃窗来得到传统的不透明住宅立面。精英们更喜欢独立式住宅，而非单身公寓。他们逃离超级街区，定居于临湖住区。另外，尽管这座城市为政府官僚设计，但它由建筑工人建造。在建造完这座城市后，这些未被规划师考虑在内的工人和其他低收入人口一道在城市周边建造了自发的居住区。及至1980年，75%的巴西利亚人口都生活在规划区外的城郊，在原来规划的城区中居住的人口不到预计人口的一半。穷人住在设施缺乏的贫民窟，富人住在有独立住宅和私人俱乐部的居住区。在规划中没有阶级差别的巴西利亚中心区外自发形成了另一个像其他巴西城市一样按照社会阶级进行空间分割的巴西利亚。②

---

① Yi - Fu Tuan, *Topophilia*, Englewood Cliffs, N. J. : Prentice - Hall, 1974, p. 171.
② David G. Epstein, *Brasília*, *Plan and Reality*: *A Study of Planned and Spontaneous Urban Development*, Berkeley, C. A. : University of California Press, 1973.

三 二十世纪乌托邦之困局

从黄金时代的前瞻性幻想到工业社会对未来的展望，乌托邦既是一个无限遥远的地方，又是一个超绝完美的地方。事实上，托马斯·莫尔爵士（Sir Thomas More）在 1516 年创造该词时就已预设了乌托邦的双重含义。①长期以来，建筑师和城市规划师一直为它的积极意义所吸引。乌托邦体现了他们通过空间创新实现社会重构的愿望。对他们而言，乌托邦不再是人类永远无法达到的想象世界；相反，它是人们应该认真寻求实现的美好未来。然而，一个幽灵困扰着以上两个建筑乌托邦：从住居公社对日常生活时钟般的精确控制，到巴西利亚彰显理性和平等的反常规设计，即使是最自由的梦想也试图通过服从和秩序来实现。这个具有讽刺意味的幽灵其实存在于乌托邦的本质中，并具有悠久的传统。从希腊城市国家的崇拜者到文艺复兴时期的思想家，理想城市均为无序混乱得到控制的完全理性空间。② 二十世纪建筑乌托邦的一个标志是其得到现代民族国家的大力支持。正如霍尔斯顿所指出的那样，巴西利亚案例表明，"现代主义模式所预设的国家与社会的融合是：通过工作，在社会的每个部门中将国家确定为社会生活的组织者"③。二十世纪建筑乌托邦的这一特征不仅使它们与早期传统大为不同，同时也违背了早期幻想家的愿景。尽管城市规划很大程度上源于 19 世纪末期和 20 世纪初期的无政府主义运动，大规模的城市建设却不得不依赖国家官僚机构才得以实现。其结果是，二十世纪建筑乌托邦最终成为对资本主义社会持续危机的困境的一种回应。

二十世纪建筑乌托邦的另一个重要特征是它们通常是开放系统。直到 19 世纪末，大多数乌托邦都是基于自愿合作的自治社区，在与社会隔绝的小社区中尝试新的社会关系，空间控制措施止于社区。很多乌托邦实践者是宗教人士，基督及其门徒的生活为他们提供了启发。例如，美国奥尼达

① Elisabeth Hansot, *Perfection and Progress: Two Modes of Utopian Thought*, Cambridge, M. A.: The MIT Press, 1982, p. 2.
② Christine Boyer, *Dreaming the Rational City*, Cambridge: MIT Press, 1983, Chapter 1.
③ James Holston, *The Modernist City: An Anthropological Critique of Brasilia*, p. 154.

（Orida）社区是 1848 年成立于纽约州中部的一个宗教公社。其领袖约翰·汉弗莱·诺伊斯（John Humphrey Noyes）围绕两个中心理念设计其乌托邦社区：自我完善和公社主义。[①] 尽管奥尼达仅持续了 32 年，但它的知名度与"摇晃者"（Shakers）等寿命更长的美国公社旗鼓相当。[②] 奥尼达成为知名乌托邦有一个原因：其经济以商业和制造业为基础，成功地产生了足够的利润来完善乌托邦社区。无论是宗教的还是世俗的，20 世纪之前的乌托邦实验通过吸引志同道合的参与者，以小型社区的形式嵌入社会。20 世纪初以来，面对社会的巨大变化，乌托邦的实践者不再满足于这种自给自足的封闭系统。他们的理想是将整个国家或城市推进到实现他们愿景的进程中。然而，由于他们的理念只代表少数人的想法，也与社会的总体发展水平相左，这种在国家框架下对大规模开放式乌托邦的推进导致苏联住居公社运动只持续了很短的时间，巴西利亚最终被它所试图摧毁的系统所吸收。

对二十世纪建筑乌托邦最有力的批评来自意大利建筑史学家曼弗雷多·塔夫里（Manfredo Tafuri）。塔夫里遵循马克思主义，将建筑视为反映统治阶级利益的意识形态。因此，即使是表面上批判性的设计，也包含其对资本主义体系的蒙蔽。塔夫里在其具有开创性的《建筑与乌托邦》一书中声称，自启蒙运动以来的所有建筑乌托邦都承担了使混乱世界合理化的社会目标。[③] 然而，资本主义社会采纳它们的真正原因是从世界大战和经济危机中复苏的需要，而非来自通过设计改变社会的理想。现代建筑本身不仅是纯粹的美学游戏，而且再现并合理化了现有体系。资本主义下建筑的社会目标只是一种幻想，这种幻想越早被抛弃越好。塔夫里认为，在整个社会关系发生革命性变革之前，革命性建筑是不可能的。他的基本假设来源于马克思主义理论：基础与上层建筑之间存在因果关系；上层建筑（法律、政治或意识形态）始终是经济基础的反映；只有经济基础的变化

---

① Dolores Hayden, *Seven American Utopias: The Architecture of Communitarian Socialism*, 1790 – 1975, Cambridge: MIT Press, 1981, pp. 188 – 189.

② Maren Lockwood Carden, *Oneida: Utopian Community to Modern Corporation*, Baltimore, MA: The Johns Hopkins Press, 1969, p. xiii.

③ Manfredo Tafuri, *Architecture and Utopia: Design and Capitalist Development*, Cambridge, MA: MIT Press, 1976, pp. 134 – 135.

才能导致上层建筑的变化。从这个角度来看，建筑只是由经济基础所决定的现象。塔夫里的立场在他的《建筑理论和历史》中得到最鲜明的表述。他认为，在经济体系架构没有任何根本性改变的条件下，革命性建筑是不可能的。① 建筑师无法通过在绘图板上工作来改变世界，即使是最激进的前卫作品也只能重现统治系统。只有社会主义革命才能提供条件，使真正的人文主义建筑成为可能。评论家的任务是消灭无效的神话，这种神话往往给建筑师带来通过设计实现社会变革的虚假希望。

四 建筑与小革命

二十世纪建筑乌托邦的失败使许多评论家失去了通过设计改变社会的希望，转而得出以下结论："不是设计决定社会关系和人与人之间的权力分配，而是社会关系决定设计理念。"② 但事实上，通过乌托邦的失败来考量建筑与社会的关系是有失偏颇的，因为乌托邦从定义上讲就是失败的。如果某个社会计划迅速成功实施，它便不再被归类为乌托邦。例如，尽管70 年前建筑大师弗兰克·劳埃德·赖特（Frank Lloyd Wright）的广亩城市（Broadacre City）诸多要素使之具有革命性，但美国战后迅速扩展的郊区化却使其失去了作为乌托邦的地位，因为它的理念已经牢固地融入社会。借用结构主义者最喜欢的隐喻，乌托邦类似于镜中映像，有时它变得与现实如此相似（就像我们在镜子中看到的那样），以至于我们几乎可以将其视为随时可能会出现的事物。但最终，它被镜子的表面锁住了，止于映像而已。一旦它超越了边界，便成为现实本身，不再是我们的映像或乌托邦。

在过去的一个世纪中，尽管不少乌托邦是失败的，但仍有一些试图通过建筑改变现有社会关系的小型空间革命成功案例。澳大利亚悉尼的同志浴室（gay bathhouses）发展历史即为其中一例。悉尼第一家同志浴室是根据 20 世纪 60 年代中期欧美城市同性恋浴室经验建造的。从 1967 年到 90

---

① Manfredo Tafuri, *Theories and History of Architecture*, New York: Harper and Row, 1980, p. iii.

② Susana Torre, "Architecture and revolution: Cuba, 1959 to 1974," *Progressive Architecture*, 10: 74, 1974, pp. 84 – 91.

年代，同志浴室经历了从秘密经营到正式获得公众认可和接受的转变。①
在这个过程中，同志浴室的独特空间设计对同性恋主体性的塑造起了很大
作用。其同类设定为使用者提供了一个安全的领域，使人们可以在尽可能
与外界隔绝的情况下进行性探索。一位使用者回忆说：

> 对我来说，这是一个逃生的地方……在这里，其它地方不再存
> 在，对我的生活至关重要的父母也不再存在了。我可以无需考虑他人
> 而做我想做的事。②

浴室设有休息室，作为从外部世界到游戏空间的过渡。所有使用者在
游戏空间中不穿衣服，只围统一的白色浴巾，阶级差别不再存在，相互之
间只以身体形态评判对方。迷宫的狭窄路径为身体近距离接触提供机会，
浴室刻意设置的昏暗灯光美化了彼此的身体肌肉线条。而在暗室中，连视
觉评判也被去除了，只剩下触觉、味觉及完全去除边界的匿名性体验。20
世纪80年代初期以后，随着艾滋病的出现，经营者通过提供安全套、增加
照明、去除暗室和展现安全性行为等举措改造同志浴室。通过将自身转变
成安全的性爱场所，一些同志浴室在1992年获得官方认可。有了合法的空
间依托，性少数群体不但在社团文化的广度和深度上都得到了更大的发
展，同时也得以促进整个社会对其认可。同性婚姻于2017年12月在澳大
利亚获得合法化。

之前我已提到葛兰西的文化霸权概念如何为揭穿隐藏在空间中的秩序
开辟了新的视角，但还未触及葛兰西及其追随者的霸权实践（hegemonic
practice）理论。在葛兰西主义视野中，文化霸权不是一个静态的统治模
式，而是处在统治与反抗之间一种不断变化的动态系统。在这里，不同的
霸权主义原则相互对立，霸权实践通过对现有意识形态要素的重新表述，
形成新的统一的有机体系。正如葛兰西所说：

> 这种批评使旧意识形态要素相对权重的分化和变化成为可能。从

① Jason Prior, "Experiences beyond the threshold: Sydney's gay bathhouses", *Australian Cultural History*, 27 (1), 2009, 61–77.

② Jason Prior, "Experiences beyond the threshold: Sydney's gay bathhouses", p. 65.

前是二线的和次要的上升为主要的，成为新的意识形态和理论复合体的核心。①

在这个过程中，不同的社会团体试图利用已有的意识形态要素，围绕各自的霸权原则进行整合。葛兰西将此过程称为"阵地战"，他认为这是之前资产阶级成功建立霸权国家的革命战略。葛兰西的理论不仅暗示了某个阶级在夺取政权之前成为霸权的可能性，并且坚持这样做的必要性："在政治上，一旦赢得了阵地战，就必定会赢得这场战斗。"② 后马克思主义的代表人物拉克劳（Laclau）和穆菲（Mouffe）在当代后结构主义语言学和心理分析等学科发展的基础上，进一步发展了葛兰西的霸权实践理论。从简化主义的角度来看，意识形态被视为经济基础的机械反映。③ 社会主体在生产关系中的地位决定了某些人具有"资产阶级"或"工人阶级"的意识形态。而实际上，社会是一个多重差异体系，社会主体性由多种原则决定：如性别、社会阶层、种族或特定性取向等。如果我们遵循社会主体性形成是各种因素作用的结果，而非由单一经济因素决定的原则，意识形态的问题就变成了如何"驯服"这种不确定的多重性。在福柯话语概念的基础上，通过将意识形态重新定义为对主体性的塑造，经济基础和意识形态上层建筑之间的因果联系被打断，从而开启了对多元化"阵地战"的新的社会想象。在拉克劳和墨菲看来，在特定社会形态中，在每一个斗争点上都可能形成领导权中心，社会斗争呈现出复杂多元的倾向。④

平权运动以降，随着平等主义话语向新的方向扩展，后工业社会涌现了许多新形式的社会斗争：环境保护、女权主义、反种族主义、性少数群体权益等运动。这些新的社会运动被曼努埃尔·卡斯特尔（Manuel Castells）称为"城市"运动。⑤ 我们时代的革命是多元社会斗争在社会关系的整个领域开展解放实践的无数小革命。建筑在这些小革命中能够扮演什么角色？首先，作为话语的建筑可以帮助清晰表达新的诉求，建立新的社

① Antonio Gramsci, *Selections from the Prison Notebooks*, p. 195.
② Antonio Gramsci, *Selections from the Prison Notebooks*, p. 239.
③ Ernesto Laclau and Chantal Mouffe, *Hegemony and Socialist Strategy*, London: Verso, 1985.
④ Ernesto Laclau and Chantal Mouffe, *Hegemony and Socialist Strategy*, p. 105.
⑤ Manuel Castells, *City, Class and Power*, New York: St. Martin's Press, 1978, p. 2.

会斗争节点。例如，如果从未有过办公区附近的日托中心，那么女权主义批评者就不可能将缺乏近距离的日托中心作为责备资本主义城市的理由之一。正是这种空间格局的存在为女权主义批评者提供了必要的话语条件，帮助她们表述缺乏近距离办公的日托中心是空间不平等的一种形式，并进一步认为这种空间不平等是不合法的、需要改变的。其次，建筑本身的物质性可以帮助发展及固化新的合法性。上述悉尼同志浴室的例子表明，激进空间在主体性的塑造中扮演重要角色。使用者进入浴室后的空间体验倾向于抹除其阶级差别和其他社会细分，其性取向身份则得到强化，为发展性少数群体社团文化打下基础。后者的壮大得以进一步推进整个社会对其认可，最终赢得性少数群体权益的阵地战。

之前，我们提到建筑的危险之处在于将不平等的权力秩序自然化。另一方面，建筑的力量也在于它可在日常实践中不知不觉地将人们争取到的新的合法性转化为社会惯性。以走廊为例：建筑的现代形式是 17 世纪发明走廊的结果。在人类拥有走廊这种空间元素之前，一个人要去到别的房间可能需要穿过一连串其他的房间。① 走廊的出现不但使得一系列新的社会关系（例如隐私和核心家庭的理念）成为可能，而且起到了于无形中固化这些关系的作用。正如弗雷德里克·詹姆森（Fredric Jameson）所说："卢梭谈到节日，但建筑是一个更为持久的节庆。"② 因此，塔夫里在经济体系架构没有任何根本性变革时采取的观望态度是错误的。

基于以上讨论，我们可以看到以无数小型空间革命来与各种形式的不平等作斗争的可能，而建筑无疑具备在霸权实践中帮助人们争取新的文化领导权的巨大潜力。

---

① Fredric Jameson, "Is Space Political?", Neil Leach (ed.), *Rethinking Architecture*, New York: Routledge, 1997, p. 262.

② Fredric Jameson, "Is Space Political?", p. 257.

"莫马"展览中的资本和现代建筑

徐　徐[*]

摘要：纽约现代艺术博物馆位于曼哈顿商业中心，以展出具有前卫性的现代艺术作品而著名。其既是美国大都会的文化场所和前卫象征，亦被视为"世界级最重要的当代艺术馆"之一。本文通过分析纽约现代艺术博物馆 1932 年初的首次现代建筑策展案例，阐述博物馆展示中艺术、时代思潮与资本运作的关联互动。

关键词：纽约现代艺术博物馆建筑策展　现代建筑　建筑与资本

纽约现代艺术博物馆位于纽约曼哈顿商业中心，英文全名叫 Museum of Modern Art，简称 MoMA。其既是美国大都会的文化场所和前卫象征，亦被视为"世界级最重要的当代艺术馆"之一。[①] MoMA 的宗旨在于"以对不同文化、艺术和社会的包容性为目标，致力于分享最发人深省的现代艺术，并与观众一起探索时代的艺术、思想和问题"[②]。

1932 年 2 月 9 日至 3 月 23 日，纽约现代艺术博物馆举办了名为"现代建筑国际展"的大型展览。本次展览由美国建筑师菲利普·约翰逊（Philip Johnson）与建筑学学者亨利 – 罗素·希区柯克（Henry – Russell Hitchcock）带头策展，企图首次在西方世界设立一种崭新、简约、去装饰化的"国际现代主义"建筑风格。此次展览以及相应发布的展览宣传目录奠定了在此之后现代主义建筑的正统性。

---

[*]　徐徐，美国斯沃斯莫尔学院（Swarthmore College）文学学士，莱斯大学（Rice University）建筑学专业研究生，研究方向为建筑学。

① 陆梦嘉：《实验精神永不止步——纽约现代艺术馆新馆的窥望》，《艺术当代》2020 年第 2 期，第 60～65 页。

② 《关于我们》，MoMA 官方网站，https//www. moma. org/about/。

图 1　MoMA 外景

图片来源：Thomas Hoepker, "The Museum of Modern Art", https：//jstor. org/stable/community, 9744057。

从策展人的角度，此次风格改革的原动力似乎在其对广大社会居住问题的改善以及推动。在展览对外宣传的目录中，策展人阐述说："展览中涉及许多困难的建筑问题，如私人住宅、学校、公寓、城市和郊区、教堂、工厂、百货公司、俱乐部和 16 所大学宿舍等，但比任何一个问题都更迫切的是廉租房问题。"①

同时，在展览新闻稿中，策展人向胡佛（Hoover）总统的"居者有其屋和住宅建筑委员会"成员发出邀请，表示这次展览将"对美国建筑的设计和修建，特别是在城市与郊区的多种住宅开发领域产生最有利的影响"②。这些言论似乎表明，策划者认为推广现代建筑是为了解决广大民众的住房需求，甚至是为贫困人口提供栖身之所。

然而，仔细审读组织者对展览的叙述和策划后会发现，与策展人的主张相反，支撑其核心论点及其在展览中推广现代建筑的动力并非为了顾及公众的住房利益，而是为了本展赞助商的资本和经济利益。本文将细读展

① Museum of Modern Art, *Modern Architecture*：*International Exhibition*, New York：Museum of Modern Art, 1932, p. 16.

② Museum of Modern Art, *Press Release for Museum of Modern Art Architectural Exhibition*, New York：Museum of Modern Art, 1931, p. 1.

览及其相关出版物——如展览目录和新闻稿，以揭示幕后资本如何影响本展览的内容陈列及视觉呈现。

（一）　　　　　　　　　　　　　（二）

图2　现代建筑展场景

图片来源：纽约现代艺术博物馆官方展览网页，"*Modern Architecture：International Exhibition*"，Feb. 9 – Mar. 23，1932，MoMA，https：//www. moma. org/calendar/exhibitions/2044。本文其他展览场景图片均同此。

一　赞助商与财政驱动

本次展览200多页的主目录名为《现代建筑：国际展》。首先映入眼帘的是一大批赞助人名单，然后才是组委会和相关的建筑师。前者中的大多数是参展建筑师，如弗兰克·劳埃德·赖特（Frank Llyod Wright）、密斯·凡·德罗（Mies van der Rohe）和勒·柯布西耶（Le Corbusier）等直接赞助人，或建筑工程的承包商，如德索的勃艮第黑森（Burgomaster Hesse of Dessau，他帮助沃尔特·格罗皮乌斯（Walter Gropius）为包豪斯学校提供土地和市政捐赠）①，以及赖特一所房子的出资方理查德·劳埃德·琼斯等。展览上列出的大多数项目是为富人建造的大型独栋别墅，而不是公共住宅。即使是在住房部门的赞助人名单上，大多数是规划或住房开发公司的董事。在上述名单中很少有负责公共事务或公共建筑背景之人。

---

① Museum of Modern Art，*Modern Architecture：International Exhibition*，New York：Museum of Modern Art，1932，p. 7.

图3 现代建筑展场景

　　将赞助人名单放在宣传册之首，是对展览背后的资本驱动及其推广现代建筑意图的确认。如果我们只浏览展览手册的内容，不对展览本身内容进行深入研究，则很难想象策展人会把重点放在普通人的建筑住房上，更难想象展览会在这个话题上涉及任何内容。如果把关注点放在本次展览背后的经济支持来看，策划人的意图更可能在于提高资本家们对这个新建筑风格的兴趣，以便推动建筑设计往其选择性赞助的方向转移，以寻求建筑行业发展的可行模式。

　　此外，在200多页的展览介绍中，只有10页的篇幅用来推广现代主义的大型住宅，另有5页用于展示策展人认为足够"现代"的住宅照片和插图。这与手册中用了148页来专门描述9个建筑师的个人建筑作品形成鲜明对比。其中，弗兰克·劳埃德·赖特的个人设计占了 9 页，密斯·凡·德罗和勒·柯布西耶作品分别有 6 页和 5 页单独的介绍。这种对建筑师作品的详细描述，与其看成对各自建筑成就的学术介绍，不如看成为客户投标准备好的个人简历。手册中各板块篇幅上的差异同样表明策展人的重点是促进这些著名建筑师设计的私人豪宅，而不是像开篇中所提到的公共住房。

从聚焦策展人有关资本本身的阐述进一步发现财富对其关于现代建筑设计的论点影响。关于现代建筑的价值，他们论辩说，"如果房子为富人定制，而且材料昂贵，其成本将是成比例的，而相对于以往的建筑方式而言成本要低得多。"① 很明显，这里的论点重点考虑建筑的经济因素，目的是为负担得起的富有资本家建造定制房屋。此外，标准化给现代建筑带来的益处也遵循了类似的经济优势论点。如策展人阐释，"我们希望思考并看到新的建筑模式，它非常明确地适合我们的标准化建设方法、我们的经济和我们的生活。"② 在此，"标准化"这个创新概念被用来阐述开发商利益的提高，而不是民众的住房生计。

在公共住房问题上，策展人也侧重其经济性取舍。他们宣称，现代建筑规划"通过消除不必要的高楼大厦来减少建筑费用，最后实现大规模化的经济效应"。③ 要怎么做呢？他们的观点是，现代建筑可以通过降低成本来解决这一问题。在此，策展人坦率地强调了资本的作用。他们指出，公共住房最终不是一种有利可图或激励资本从公共或私人那里获取利益的努力方式。策展人强调，"根据现有的施工方法，私营企业的资本投资回报率只有 2%。州和市政府都面临补贴这类建筑的麻烦问题"④。意在表明资本和资本家在建筑领域创造利益的最佳方法，唯有通过经济论证。

---

① Philip Johnson, *Built to Live in*, New York：Museum of Modern Art, 1931.
② Philip Johnson, *Built to Live in*, New York：Museum of Modern Art, 1931.
③ Philip Johnson, *Built to Live in*, New York：Museum of Modern Art, 1931.
④ Philip Johnson, *Built to Live in*, New York：Museum of Modern Art, 1931.

二　作品策划与展览性质

本次展览的建筑师策划选择同样来自资本的驱动目的。尽管其中的一些展览作品涉及单户住宅以外的设计，可以看出对这些"其他"项目表现出一定的偏见。例如，在其长期的职业生涯中，勒·柯布西耶和弗兰克·劳埃德·赖特都发表过为普通居民设计的大规模住房的设想，但这些倾向却没有出现在展览策划的作品中。相反，他们被呈现出来的展品都是为公司或私人设计的住宅。

对于本次展览的评论往往集中于侧重建筑所需的高造价成本这一特点。而这恰好揭示了策展人对现代建筑过于偏向资本密集的性质。建筑学者菲利普·麦克马洪（Philip McMahon）指出，"该书的标题和插图使其风格看上去如此国际化，却置特定的环境、气候或费用于不顾"[1]。仿用策展人的方式，麦克马洪也用资本投资的语言来论证其对建筑成功的作用。他说："美国建筑师学会声称，1929 年在这个国家的新建筑中花费了 40 多亿美元，其中价值 30 亿美元是负债，而不是自建成之日积累的资产。"[2] 他认为，一个建筑是否成功取决于它在开发商的财务报表上的记录，而不是能否对普通人带来好处。

于是需要追问的是，为什么策展人声称现代建筑有利于最低工资者和整个社会，而事实上却是有利于选定的少数资本家？在本次展览中，其强调资本主义重要性的理由究竟何在？

首先，它可能源于展览主办单位——纽约现代艺术博物馆以及整个纽约艺术和建筑界所受的赞助和运营性质。如展览手册暗示的，博物馆是"1929 年夏天由一群美国艺术赞助人建立的。其中主要是纽约人，也包括波士顿、芝加哥和华盛顿的委托人。这些赞助人认为，他们所代表的时代

[1] A. Philip McMahon，"The International Style：Architecture since 1922 by Henry – Russell Hitchcock，and Philip Johnson"，*Parnassus*，Vol. 4，No. 4，1932，p. 31.
[2] A. Philip McMahon，"The International Style：Architecture since 1922 by Henry – Russell Hitchcock，and Philip Johnson"，*Parnassus*，Vol. 4，No. 4，1932，p. 31.

图 4 现代建筑展场景

艺术在既有的机构中没有得到足够的展示"。① 有鉴于此，博物馆强调"密切关注建筑领域的国际动向"。② 因此，作为一个向社会特定阶层推广高雅艺术的机构和场所，博物馆对展览的资本叙事呈现出直接的影响便在情理之中。

其次，另一个凸显资本影响的案例，是策展人能通过展览向观众展示现代建筑的实用性。由于当时美国已是一个大部分私有化的资本主义社会，政府拥有的住房权力和资源薄弱，也许甚至在今天，住房建设也不得不依靠筹集资金和依赖开发商。换句话说，策展人选用的方式是以目标受众所熟悉的语言进行交流的。建筑历史学者巴里·伯格布尔（Barry Berg-doll）认为，策展人"决心展示美国的公共建筑，而不是规划作品，并因此向观众们保证，新的建筑绝不会是一种政治乌托邦"③。

再次，作为首届举办的建筑大展还考虑到其对全美平行机构的影响，策展人必须提出一个强有力的实效论点，为正在展示的项目带来特定效

---

① Philip Johnson, *Built to Live in*, New York: Museum of Modern Art, 1931.

② Philip Johnson, *Built to Live in*, New York: Museum of Modern Art, 1931.

③ Barry Bergdoll, "Future Anterior", *Journal of Historic Preservation*, *History*, *Theory*, *and Criticism*, Summer 2008, Vol. 5, No. 1, 2008, iv-ix.

益。正如展览案例所见，至少在当时，大多数"成功的"现代建筑项目是私人住宅和企业大厦，而不是大众或公共的住宅项目。

最后，当时的建筑师们已形成一种惯性思维，即大胆推测建筑对于解决社会更大问题的动力作用，同时为问题的解决提供简单方案。刘易斯·芒福德（Lewis Mumford）在展览手册中针对住房部分的阐述，即可视为类似方案的缩影。该模式常被当时的同行们分享，如柯布西耶同期推出的"瓦赞计划"（Plan Voisin）。该计划将巴黎老城区按现代主义的设计推倒重建，遭到当时各界的强烈抨击。

三　建筑如何推动社会？

芒福德认为，"即使在过去是最好的房子现在也已失去了原有价值，因为它们是按照过时的生活方式设计的"。依照他的看法：

> 自工业革命以来建造的大量住房都是不卫生、低效、丑陋和不适合居住的，即使按其创造者当时的标准也是如此。因此：消灭并取代它便成为现代规划的主要职责之一。[①]

在这些建筑师看来，旧的建筑已不适合居住，而现代建筑可以解决这个问题。

因此，把这种十分极端却相当普遍的"修辞"作为彼时美国这样一场"开创性"展览的结论所在，也就顺理成章了。

本次展览声称，现代建筑"拥有最大的实际优势，并将（建筑的）无用性、不适当和浪费减至最低"[②]。然而，通过仔细阅读其展览手册却可发现，策展人并未解答这一次行业的"创新"究竟能让什么人群从中获益。在展览的讨论中，策展人似乎认为照明和审美是工人阶级住房问题的核心所在，而不是经济实力及机会的落差。这难免让人生疑。奇怪的是，即便

---

① Museum of Modern Art, *Modern Architecture*: *International Exhibition*, New York: Museum of Modern Art, 1932, p. 179.
② Edward Alden Jewell, "Modern Architecture Shown", *New York Times*, 1932, https：//times-machine. nytimes. com/timesmachine/1932/02/09/105777056. html.

不是建筑师的《纽约时报》评论家爱德华·朱厄尔（Edward Jewell）竟也认同策展人的观点。他虽置身于建筑领域之外，但或许仍属于受资本家影响的精英阶层。

于是值得深思的问题出现了：建筑究竟服务于资本家还是普通用户？建筑如何在资本的深度影响下为广大民众服务？解答这些问题的线索错综复杂。首先需要讨论建筑对社会影响及其界限。这本质上不完全由建筑师甚至其出资方自己决定，而受制于整个社会的共同体。遗憾的是，近一个世纪之后，即使到了今天，对这样一个基本问题的追问也没有找到明确答案。

图 5　现代建筑展场景

结　语

就像"纽约现代建筑展"的策展时代一样，当今世界许多发达国家的社会结构，仍然深受自由市场和资本的影响及驱动。在美国，政府部门在提供公共住房方面发挥的作用越来越小。洛杉矶和纽约等大城市日益增多的无家可归的人群就是明证。大多数规模化的住房开发仍然由私人公司建造经营，也就是沿袭着建筑师弗兰克·劳埃德·赖特那个时代提出的城市规划与设计模式。即使是一些为大众设计的居住楼房，采用这类的开发模式也意味着依然需要依赖银行和开发商的商业回报，而不是侧重使用者与公众的长期利益。

　　总而言之，与本次展览策划者的宣传相反，在美国，现代建筑及其产生的技术与经济效用并没有带来解决公共住房问题的契机。这似乎表明，建造技术和建筑设计本身也并未实现当时"进步主义者"所宣称的社会变革。

成都艺术空间的地方感

周莉娟*

摘要：本文考察了一个艺术家组织近四年里围绕成都展开的在地行动，聚焦于他们对自身与此地之关系的试探、实验和呈现，着重讨论了其行动中的"返回"，认为"返回"是他们确立人地关系的重要途径。这些艺术家将成都作为行动的空间，一面在后现代语境中解构既有话语对此地的命名，一面追问其特殊性、地方性，最终通过自身肉身的反复返回使得此地得到确认。

关键词：地方性人地关系　艺术空间　替代性艺术

本文的主要研究对象是一群以成都为中心展开工作的年轻艺术家。他们在 2016 年发起了一个名为"100 公里"的艺术实践项目，自 2016 年年底第一次出行至 2020 年 5 月"寻找家园"展览结束，"100 公里"共完成集体出行 7 次，其中离开成都的出行 6 次，在成都市内的出行（"寻找家园"）1 次；组织展览共 11 次，其中成都市内展览 9 次，重庆 1 次，南京 1 次。

像"100 公里"这样有一定理念但没有明确的艺术品生产计划、目标和期限的艺术行动，在当代艺术界常被称为替代性的艺术实践。这类行动之所以被称为"替代性"的，是因为其以对抗现有艺术体制为出发点，以探索更多表达的可能性为目标。所以不管是对艺术自身的发展，还是对人类表达的拓展来说，替代性的艺术实践都有一定的价值。艺术圈内部也在呼唤这一类的实践，比如成都当地的策展人李杰就认为"100 公里"对成都当代艺术的可持续发展来说有重要意义："在没有评论、策展、机构的

---

* 周莉娟，四川大学文学与新闻学院博士研究生，研究方向为艺术人类学。

情况下……还应该有更多的艺术家运动起来。在成熟的机构/双年展已经略显疲态的时候，这个城市的活力才刚刚起来。"① 而从另一个角度看，探究这些艺术家以某地为主题展开的表达，也在城市化进程中、在人与土地的联系越发松散的时代，为我们研究个体如何认识自身与地方的关系提供了一个视角。

一　以解构为初衷的艺术行动

"100 公里"为自己设定的规则十分简单——在"以成都天府广场为圆心、直线距离 100 公里为半径"的区域中活动——所以项目名为"100 公里"。② 当然，"100 公里"有时候是一个"虚数"。"100 公里"的参与者反复宣扬着这一系列品质。这一系列品质可以概括为"否定"：他们否定主题先行，否定固定的资助方，否定固定的展览、制作和办公场地，否定长远的具体规划和明确目标，对参与成员的快速流动也持随意的态度。针对此组织的"否定"姿态，及其"以成都天府广场为圆心……把自己抛向未知"③ 的实验性、探索性模式，同样工作和生活在成都的行为艺术家周斌将"100 公里"称为一个"学习共同体"。但笔者认为，如果以"共同体"去命名这个否认确定性的自组织，那么旅游人类学中使用的"临时共同体"④ 更准确。共同体的"临时性"，可以让艺术家获得短暂的"假释"，从体制化的艺术圈中走出，进入与广袤的土地和随机的当地人形成的"松散、游移、短时段的人群共同体的社会伦理关系"⑤ 中，经历各自的期待、摸索、交换、满足或失望，在这些分散的个人经验中，和短暂离开自己家乡的旅游者一样，艺术家们通过出行，短暂地置身于自己熟悉的语境之外，重新思考自己的创作。

---

① 《1314×100km 专题论坛：如果实验室是答案，那么问题是什么？》，原文载：https：//mp. weixin. qq. com/s/ezomNW642VV9t8mmG7RtAw，最后访问时间：2021 年 5 月 1 日。
② 《"100 公里"第一回简介》，https：//mp. weixin. qq. com/s/iH1YR_yu1-puqGqsdb2byg，最后访问时间：2021 年 9 月 1 日。
③ 《"100 公里"第一回简介》，文本资料由艺术家提供。
④ 彭兆荣：《旅游人类学："临时共同体"的民族志关照》，《旅游学刊》2012 年第 10 期。
⑤ 彭兆荣：《旅游人类学："临时共同体"的民族志关照》，《旅游学刊》2012 年第 10 期。

以否定的姿态对确定性展开反思，正好也是文学理论中的文学现象学、接受美学、解构主义的重要路径。系统地参与质疑文学中的确定性的重要理论家包括罗曼·英伽登（Roman Ingarden）、沃尔夫冈·伊瑟尔（Wolfgang Iser）、罗兰·巴特（Roland Barthes）、雅克·德里达（Jacques Derrida）等。概括地说，可以从两个角度理解文学理论家对"确定性"的否定：一是读者解读，即俗话说的"一千个读者眼中有一千个哈姆雷特"；二是语言自身作为一个表意系统，其结构总是在"趋向"确定的途中，比如最基础的，能指与所指间连接的任意性。① 视觉艺术作品中的不确定性与文学分享这两个方面：视觉符号与其接收者之间的连接是任意的，视觉符号与其表意之间的连接也是任意的。

"100 公里"这个流动的临时共同体，其"解构"的价值取向更显著地表现在他们唯一坚持的是"随机"。说这是一种"坚持"，是因为"随机"在其发布的文本中被反复强调，毕竟在现实中，尤其是在文化情境中，人的行为完全随机不可能实现。所以，行动者借助文本来反复明确这个目标，看似在提醒观众，实则是提醒自己。比如他们在每次行动之前都要发出一段宣言，这些宣言总是尝试否定确定性和目的性，其中首先被否定的确定性就是出行的目的地与意义间的稳固联系：

> 迫使艺术家在四川盆地的盆底与盆壁间的分界地带搁置过往经验，面对一个巨大的俄罗斯转盘把自己抛向未知。②
>
> 青蛙是没有记忆的，这是前苏联数学家辛钦（Aleksandr Khinchin）谈到的一个模型，要承认客观世界中有这样一种现象：其未来仅由现在决定，而我们关于过去的知识丝毫不影响到未来。③
>
> 我们把一些线团复杂地交织在一起，不停地否定着实在的方方面面。
>
> 线性的时间不再存在……④

---

① 本段关于文学的不确定性的观点和引文均出自：尚必武、胡全生《后现代主义小说的不确定性管窥》，《求索》2006 年第 2 期。

② 《"100 公里"第一回简介》，文本资料由艺术家提供。

③ 《"100 公里"第二回简介》，文本资料由艺术家提供。

④ 《"100 公里"第三回简介》，文本资料由艺术家提供。

除了在项目说明中一次次地强调未知、取消确定性，若单从现有的"五回"行动目的地的选择来看，每一次的出发也都是再一次否定确定性——他们的出行目的地有时候取自偶然想起的艺术史逸闻，有时取自随机的一位项目组成员的个人生命史：

> 《100 公里》的第一回对应冈萨雷斯·托雷斯作品《无题（完美爱人）》中左边钟表分针所指作为目的地。①

达·芬奇作品《最后的晚餐》中多马（Thomas）的手指所指向的位置所在地作为第二回的目的地。

艺术家杨方伟命理五行缺水，他希望去一个有很多水域的地方，对应成都天府广场为圆心 100 公里半径的所在地，乃是仁寿县的黑龙滩水库，故以此片水域作为第三回的目的地。

1988 年，阿布拉莫维奇与乌雷分别从长城东、西两头出发，徒步走向对方。以此行为艺术为灵感，在 2017 年的 100 公里第四回中，来自重庆与成都的艺术家在两个城市间的资阳市安岳县龙台镇汇合。

第五回的行动之地由艺术家李子然给出：

> 他偶然翻他父亲十多年前的一本全国旅游图册，在四川地图部分，他父亲用黑色圆珠笔标注了两个地点，其一是天府广场，另一处是青城山；于是青城山成为第五回艺术家聚集的地方。②

"100 公里"的解构运动，不仅仅发生在艺术家的旅行和创作中，他们也尝试参与理论讨论，并将自己坚持的"否定"和"抛向未知"理念带入理论话语场域。"100 公里"的设置，概括地说就是，以天府广场为圆心，取 100 公里外的某一个地点为某一次创作活动的"采风点"。因为这个设

---

① 《"100 公里"第一回简介》，文本资料由艺术家提供。
② 摘抄自"100 公里"第一回到第五回的项目陈述。文本资料由艺术家提供。

置与"特定但任意的地方"相关，所以"100 公里"不断被卷入有关当代
艺术创作中的"地方"的讨论中。2019 年 3 月，张晋在成都本地的艺术媒
体《1314》上发表了一篇名为《当在地变成形式》的文章（同时在"100
公里"的自媒体平台上转载）。这篇文章可视作行动者对其卷入的话题的
正面回应，其对话的正是"地方"这个试图裹挟艺术家实践的术语，想要
质问"术语"作为艺术创作之标准的合法性。

这篇文章标题中的"在地"，张晋以 Locality 对应之，相应的，"地方"
对应"Local"。张晋将"在地"（Locality）视为一种"形式"（Form），将
所有的"地方"（Place）都看作艺术家实践的"临时空间"（Temporary
space），并认为这些临时的空间都是替代性的空间（Alternative space），因
为它们容纳着替代性的实践（Alternative practice）。这群青年艺术家频繁地
使用替代性（Alternative）一词，表达出他们挑战一致性、挑战主流、挑
战前辈的志向。从当代艺术史的角度看，"100 公里"的实践所吸引的讨
论，之所以会主要围绕"在地""地方"这类术语展开，究其原因是与近
年中国当代艺术界突然爆发的社会转向（Social turn）相关。这个转向在欧
美艺术圈中爆发于 20 世纪 60 ~ 70 年代，在 21 世纪初被重新集中讨论。在
西方，"社会转向"的主要目的是对抗艺术品与消费品的混淆，但在中国，
情况似乎恰恰相反，或者这个"转向"引入中国的时候，已经是它与自身
反抗的对象合流的时候。所以，在中国，这种"转向"的基础动因是：在
经济下行、外贸困难、创新的压力下，由机构和资本主导的、被动跟随西
方潮流的中国当代艺术发展策略。"100 公里"虽然在一开始是艺术家不自
觉的冲动行动，但行动进入语境后，迫于向受众解释的压力，艺术家也不
得不借用流行的术语解释自己的冲动行为。实际上，从"100 公里"发起
后的第二年开始，就已经可以看到，这些艺术界流行的术语对艺术家的创
作实践产生了直接影响。比如张晋参加"100 公里"时的作品《看风景的
人》（2018），就是艺术家被动但自觉地与话语对话的典型。

《看风景的人》创作于"100 公里"的第五回，出行目的地是青城山
后山。作品中用到一张工程地图——这张地图正是张晋在青城山后山某荒
废的建筑工地捡到的。艺术家捡到地图的现场，正是地图所规划的工程所
在的工地。但工程已经中断，几年过去，那里仍然是一个工地，还多了

"遍地乱扔的烟头，矿泉水瓶，塑料袋等，一切看上去都挺冷漠的"①。理论家们从"词"本身出发拓展理论，艺术家也以自己的方式回应关于"词"的争论。《看风景的人》所回应的正是"现场"（site）一词。张晋把这张从建筑工地捡来的、该工地的布局图放大，转印在绢质画布上，然后平铺在展厅门口的地面上。虽然"无名者已在其上画了四个红色圆圈，被圈中的塔吊已成为当地景观非常重要的一部分"，但艺术家要在之上继续标注和涂抹。艺术家将一支由微电子控制器控制的墨水笔悬挂在地图上方四个塔吊之间，一次又一次地从半空落下，墨水笔笔尖与地图短暂接触后分离，并在此过程中留下墨点。由于悬挂着的笔会因周围环境影响而轻微晃动，所以每次留下的墨点不可能在同一处。装置落笔速度很快，以至于转印的工程地图上很快就形成了一片蓝色墨点组成的色块，像一片污渍，或是要遮盖什么。

在这个作品中，site 与艺术的关系被反复质问。Worksite 可译为工作场地，其中 work 也有"艺术作品"的意思；建筑工地则是 Construction site。Specific 一词强调特定的、明确的、具体的。通过构词游戏，《看风景的人》这个使用建筑工地蓝图作材料的艺术作品关注点发散开来，"site"一词使建筑工地、艺术家采风现场、艺术品制作现场等与重复的自由落体运动相关联。同时，"site"在当代艺术语境中既有的严肃性也被其在日常生活中的多义性消解。《看风景的人》将词语置于多重语境之下，实现了类似文学作品的"仿讽"修辞，作品和它要讨论的术语间的连接一旦建立，尤其再联系作品中反反复复无意义的标注动作，很难阻止观众产生将其标题"看风景的人"理解为艺术家对"地点特定"（Site - specific）这种在地工作方式的反思，或者更可能是嘲讽。艺术家就此提出自己对"site"一词本身所具备的多重性、流动性及其解构力的洞察，也提出自己对地点特定的艺术实践之正义性的质疑：大部分以某个地点为现场或主题而开展的艺术创作，对此地既有结构和表象都造成破坏，其本质与自然风景区的烂尾工程有何区别？

---

① 张晋：《看风景的人》，艺术家自述，来自《100 公里第五回》展览，了了·艺术传播机构，2018 年 1 月，成都。

作为"100公里"的发起人，张晋以对话的态度提出地方、在地、现场等词，自然是想说明"100公里"的实践与艺术界流行的术语并不完全对应。艺术家想要突出自己的工作过程，比如"100公里"的工作过程是"出发－归来－制作－展示－讨论"然后重复。张晋认为在重复一个过程的过程中，有希望"摆脱艺术正确的旋涡"，从中生出"真实的"本土性。因为一次替代性艺术行动的影响力十分有限，"但如果把时间轴线拉长，填入空间的内容更丰富更有品质……本土性就会慢慢凸显"①。

"解构"深入了"100公里"实践的行动肌理。就如上文所说，《当在地变成形式》一文可以视为艺术家对自己的行动的理论化阐释，《看风景的人》与此对应，可视为艺术家对理论术语的艺术表达——而这种在艺术家和艺术理论家之间穿梭的行为，正是当代艺术家解构自身身份的实践。

图1　张晋《看风景的人》（2018）

图片来源："100公里"。

二　被解构的地方

上述被艺术家们自己定义为"随机"的选择，其实所依据的都是明确

---

① 张晋：《当在地变成形式》，原文地址：https://mp.weixin.qq.com/s/PzrWaCDFVw2NMqD uXe_a6g，最后访问时间：2021年5月1日。

的甚至可以被文字记录的"历史"：西方艺术史与个体生命史。他们反复声称要对抗的"确定性"，更多地表现为艺术界既有的权力体制的否定——甚至对艺术界既有体制的否定也只是一种姿态。在一系列的对抗之后，这些艺术家自觉或不自觉地，还是返回了他们声称要对抗和反思的艺术体制中，返回了视觉性的、体制性的艺术展览现场。

如上文所述，"100公里"从否定出发；艺术家们撰写了一些配合行动或解释行动的文本，也常常以否定为出发点。但他们的行为，却常常以返回某种既有的确定性为行动的结果。这种"否定-确认"的行动逻辑，体现在艺术家与地方的关系上，即，他们以离开成都为初衷展开行动，最终却以回到成都市区内举行展览为一次行动完成的标志。从100公里之外返回成都的艺术创作可能呈现何种面貌？这些创作可能与成都有何种关系？这些创作又和艺术家们临时停留之地有何种关系？"100公里"给出了许多样本，此处以其第五回行动为例，来尝试回答这两个问题。

参加"100公里"第五回的艺术家有10位。在2017年年底，他们去到距离天府广场100公里处的青城山后山进行短暂停留和考察。2018年1月，参与这次行动的艺术家们便在位于成都城南天府大道南延线的"了了·艺术传播机构"举办了名为《100公里第五回》的群展，展出了他们在去往青城山后山的行动中创作的作品。在展览中我们可以看到，其中4位艺术家的创作中有明确的目的地的图像，即张晋的废弃工程图、李子然的烂尾别墅、张佳颖的废弃齿轮厂和沈阳超的墓园。但其他6位的作品很难看出与青城山后山有何相关性：普耘使用了泡沫和垃圾，邱文青利用了瓦砾和黑色垃圾袋，杨方伟采用了彩色乒乓球，李红宏的装置是一台嚣张的钢架，吴芸芸用到了行动讨论现场的录像，刘斯博更是展示了自己备考时的无聊创意。甚至，可以从这几位艺术家的作品中看到在有意地"去地方化"，有意地解构既有话语在"青城山"留下的印记，如"道教圣地"相关的标志从不出现在这些作品中。他们更倾向于将表达从历史、社会等宏大话语中撤离，而返回艺术家的短暂的、偶然的个体经验中。

比如说，观众可以从群展中的一件作品里读到关于这个艺术家展开行动之地的一些具体却看似客观的信息，就像李子然在《住在烂尾别墅里》（2018）的艺术家自述里写下的：

从 2007 年开始，通过征地和协商，青城山的地产被大量开发，经过 2008 年震后改建，至 2017 年，由于市场的高估和配套的滞后等原因，山里只留下了众多的滞销房产和烂尾工程。现在青城后山当地居民的土房早已被拆掉，剩下的只有不知道这辈子开发商能不能来修完的别墅。而当地的居民实际要的只是一个不透风的房子和一片可以种的地——"自己有手有脚养活得了自己"。这是他们离不开的故土，也是外来资本在这里赌输了的筹码。①

这段看似客观的对"采风点"的描述，其实与艺术家的自身经验密切相关。"这是他们离不开的故土，也是外来资本在这里赌输了的筹码"，这句话既是在描述当地、当地人与外来资本的关系，更是在描述艺术家自己身处其中的冲突：以成都为典型的中国西南地区是他们离不开的故土，即使肉身离开了，精神也与这里绑定。这里同时也是外来话语争夺的场所。对艺术家们来说，"这里"既指如成都、青城山一类的风景地点，也指现代艺术一类的专业领域。在现代化的浪潮中，外来的资本、话语等，深刻地改造了这些在中国西南地区成长起来的艺术家的"这里"。

另外，虽然以解构、未知为口号，这场以"抛向未知"为姿态的行动，既然选择了回到展场，就要面对"叙事"。作为展览的"100 公里第五回"，其解构是经过设计的，而不是像行动者一再宣称的那样，完全拥抱不确定性。观众可以从展览中读出连续的叙事。首先是《看风景的人》（张晋，2018），位于展厅入口，从概念上（地点特定）和形式上（青城山后山）开宗明义地指出了这个展览的依据。在地图上重复涂抹笔墨的《看风景的人》和重复投掷彩色乒乓球的《难以抵达的快感》（杨方伟，2018）并置，呈现了两种看似瞄准目标、实则毫无意义的机械行为。《看风景的人》中，墨水笔在不确定的位置（site）周围振荡、聚集、积累；《难以抵达的快感》则目标明确，但因为人为或自然的阻碍，只能时而命中目标。经过《看风景的人》和《难以抵达的快感》，观众往展厅内移动，可以看见，在一个相对完整的空间中，是另一组形式对应、相互并列的作品：李

---

① 李子然：《住在烂尾别墅里》，艺术家自述，来自《100 公里第五回》展览，了了·艺术传播机构，2018 年 1 月，成都。

红宏的《主观差异》（2018）和吴芸芸的《夜航船》（2018）。这两个作品形成内容和文本的交叉对应，吴芸芸的作品呈现了各种讨论现场的"主观差异"，李红宏制作的翕张的钢架结构形似"航船"，强化了探索过程中人所感受到的喧哗、动态和晦暗（有趣的是，两位艺术家的名字的读音也形成对仗）。再往内观展，排列着李子然拍摄的烂尾别墅、张佳颖拍摄的废弃齿轮厂［《困》（2018）］和刘斯博制作的"艺术史三国杀"［《用三国杀武装美术史》（2018）］，构成一个"废墟"的空间。再往内又是另一个相对独立的空间，用于呈现邱文青和普耘的两个现场行为艺术作品，邱文青在瓦砾废墟上堆满充气的黑色塑料袋（《幻象Ⅱ》（2018）），普耘在一堆垃圾上喷满白色泡沫并让观众等待泡沫退去露出下面的垃圾［《泡沫》（2018）］。《幻象Ⅱ》和《泡沫》也如《主观差异》和《夜航船》的呼应一般，形成了形式上的对应——黑色或白色的松软充气结构，共同指向某种看似丰满的结构渐渐塌陷的命运。展厅的最内部与展厅的入口对应，并有一扇长条的玻璃窗允许自然光进入展厅，照着沈阳超的《墓园》（2018）——是过于明显的"结束""末路"意味。《墓园》的屏幕上不断切换着一些眼睛。这些眼睛来自墓园中的遗像，是艺术家从墓园的墓碑上拍摄下来的。与眼睛相对的墙上，是墓园对面的风景的投影。艺术家沈阳超曾在这片陌生的墓园停留一下午，尝试进入遗像的眼睛与风景之间徒有其表的观看关系，并将之搬到展厅。

至此，在这个拒绝了策展人的展览空间中，艺术家们仍旧顺利完成了一个流畅的叙述：从徒劳地击打目标，到在晦暗的路径中摸索，到荒废的世俗野心，到结构塌陷、废墟呈现，到于末路时与死亡对视——仿佛一个社会理想的全部生命历程。

但是，一个很明显的问题是，展览中经过设计的叙述，其实已经与作为特定地点的青城山几乎无关，并与作为行动观照和立足点的成都关系也不清晰，以及"地方"——成都或青城山后山似乎都不在场。"100 公里"系列的其他展览也是这样的情况：这些创作并不能向观众传递一个清晰可辨识、可认同的"地方"。

三 用可见的行动轨迹重新指出此地

笔者倾向于将"100公里"视为一个关于在地艺术实践的在地研究，其研究路径又是艺术实践——这个语言游戏般的描述，从艺术实践开始，经过现实生活和现实的地方、经过理论场、经过多重的话语，再回到艺术实践。这个"离开－返回"，也可以说是"否定－确认"的模式贯穿"100公里"行动的方方面面。如上文提到的，艺术家将自己抛向距离成都100公里以外的未知之所，最终的目的却是返回成都，这一行动"规则"也处于"100公里"的整体行动逻辑之中。参与"100公里"的艺术家，以否定既有的创作模式为驱动力，将自己抛向关系、日常生活、真实事件等符号难以抵达之处，并通过抛向未知，解构成都此地既有的历史、政治、经济、文化等话语，及艺术家自身所处的艺术体制、艺术圈话语。但最终的目的却是"返回"：返回他们工作和生活的成都，也返回他们试图逃离的艺术体制——展场和作品。

行动者将此看似徒劳的"离开－返回"置入自身的行动设置中，在以"地方"为名的实践中反复执行，使得"地方性"概念本身的一个重要问题显现出来，也就是前文提到的：在这些基于个体经验的在地表达中，似乎无法看到一个历史的、社会的、"熟悉的"、可辨认的地方——或者这个问题应该反过来说，那样更接近这些以解构和对话为姿态的艺术家们的初衷：脱离科学的、历史的、社会的甚至艺术的话语之后，某个特定地方的特殊性是什么？有什么意义？进一步的，这样以异质性为前提且与全球化相对的地方是否存在？

安东尼·吉登斯在《现代性的后果》中指出，现代性建构了一个虚化的"空间系统"，这个系统超越所有具体的地方，并且所有具体的地方服从这个空间系统的规划。① 将一个个具体的、异质性的地方统一抽象为"空间系统"，既是现代化、全球化的基础，也是现代性对特殊性的典型压

---

① 〔英〕安东尼·吉登斯：《现代性的后果》，田禾译，黄平校，译林出版社，2000，第15~18页。

制手段。"100 公里"的行动者们身处的正是这样的语境，他们面对的关于"地方"的焦虑，很大程度上就是来自同质性对异质性的压制。因而他们在实践中提出了如上的问题，质问"地方"的特殊性和真实性，也是在质问人地关系的特殊性和真实性。所以我们在"100 公里"第五回的展览中看到，艺术家们在描绘地方时，尽量与名字、历史、意义、共同记忆等分离，而试图专注于一个仅容纳一个人和他的立足之地之关系，就是他们试图回答这些问题时的一个实验；而根植于"100 公里"行动逻辑内部的，也许艺术家自己都没有意识到的那种看似徒劳的、反复的返回，则是这个实验的一个面向。

"100 公里"的反复返回，一方面让艺术家在反复的返回中，反复清理与地方相关的实践中的"话语"成分，另一方面则是一种将"成都"作为"目的"的目光投掷实验——艺术家利用自己展示者、表达者的身份，将目光吸引到自己身上，然后由自己的肉身携带公众的目光，完成一次又一次朝向"此地"的投掷，通过一次次"离开"天府广场，将成都的确定性从以天府广场为典型的、符号层面的确定性中释放出来，想要由此重新建构出一个"成都"的确定性。

但因其以否定、解构为姿态，这些艺术家最终描绘出的，并不是人与地方的关系，而是这种关系的消逝：他们描绘了不在场的"地方"之"不在场"。"地方"的不在场，典型如段义孚所描述的，去国怀乡之人在大海上看到并指出的家乡神山——神山是不在场的家乡之可见性[1]；在"100公里"中，代替不在场的地方出现在视线中的，也是一个占位的符号，就是艺术家们一再提及但从未到达的"天府广场"。

天府广场是成都地图的中心，地下有成都市最大的地铁站和最繁华的地下商场，地面则有图腾柱为不在场的精神占位。城市的"符号"在地表占据一个空旷的公共场域，地下才是日常交通和交易发生的枢纽，人类的生产生活在图腾之下"不可见"处。从天府广场向南（无限）延伸的天府大道，则是成都模仿北方都城形成正南北格局的历史理想在现世的投射，

---

[1] 段义孚：《空间与地方：经验的视角》，王志标译，中国人民大学出版社，2017，第130 页。

也是它对现代城市规划的服从。从地图上看，天府大道在成都本地顺山势水势的造路风俗中，像杂乱但有机的皮肤纹理上一道光鲜笔直的疤痕。"100公里"的艺术家们，每次行动都去往距离天府广场约100公里远的地方进行体验、取材、创作，然后回到成都办展览。但他们从来没有真正抵达过天府广场，天府广场对这个项目来说是一个坐标、一个占位，与广场上的图腾一样，一个可以围绕之建构意义的空的轴心，一个承接目光的空旷中心。艺术家在行动中以肉身承接目光，或者说他们扮演了目光，他们反复以投掷的姿势离中心而去，最终的结果却又是回向中心。

"100公里"这种"返回"某符号性的地方为行动模式的艺术实践，在中国当代艺术界并不鲜见。更著名的"长征计划"就是比"100公里"更早发生、影响力更大的以"返回"为行动模式的替代性艺术行动。"长征计划"于1999年发起，是一个以艺术实践者为主要参与者的长期项目，立足于北京，以行走、论述、展示、写作等多样的媒介为方法，以1934～1936年的"红军长征"这一历史事件为原型和"隐喻性的框架"，其目的主要是"探讨各种革命记忆和当下语境的关系"和"重新诠释历史意识"。[1] 在"长征计划"中，延安被设定为向它而去的位置。"100公里"计划中的天府广场，其符号价值与"长征计划"中的"延安"相似，但是被设定为一个离它而去的位置。但从另一个角度看，"长征计划"的延安也只是历史中的延安，所以天府广场和延安两者，在它们对应的艺术计划中都不可能抵达。对艺术创作来说，"100公里"计划中的天府广场和"长征计划"的延安几乎可以等同。它们都是一个随时被指向但又不在场的位置，是一个所指，是留给乌托邦以使其不至于堕落的位置，[2] 一个永不可达、只能通过当下的艺术现场呈现而显现的位置。关于"100公里"的初衷，其发起人不止一次提到，最主要的一个初衷是"行动起来"——其中寄托了艺术家想要逃离理论和话语的需求，另一方面，联系"地方性"，"行动起来"也是为了对抗成都艺术家的身体上的"安于室"和"沉思"的惯性。我们可以将"100公里"的行动理解为"冲动"的具身

---

① 更多信息可参见其网站，http://longmarchproject.com/zh/。
② 张彭松：《社会乌托邦理论反思》，清华大学博士学位论文，2004。

化，不是表面上的离开此地的冲动，而是"否定"的冲动，否定话语和权力，也否定自身的惯性，这种否定被具身化为"离开和返回"。

陆兴华在评论"长征计划"时，认为这一类由"冲动"转化而来的"肉身在路上"，是当代艺术"现场"之典型。不过"长征计划"要返回的是历史事件，如法国的"巴黎公社"、俄国的"十月革命"，这样一些"人类世界历史现场"①，20 世纪 30 年代的"红军长征"也是其中之一。但陆兴华将这些"返回"称为"返回现在"，不是从现在返回历史，而是从不同的历史甚至不同的未来中，一次次地返回我们的生活和行动：

> 长征（指艺术项目"长征计划"）不是走进过去，而是从过去和未来同时返回。②

> 必须学着同时从几个时代来回看我们这个时代……使它不凝固为一种历史。③

> 当代艺术的起源和终点都在当前之中。④

"100 公里"的出行也是这样一种在时间中展开的、朝向此地的反复"返回"。与行动相伴随，其系列展览分别命名为"100 公里第一回""100 公里第二回"，依此类推，突出了其行动的可重复性。如果说"长征计划"是从特定的"历史事件"返回当下，"100 公里"就是从不确定的"那里"返回确定的"这里"。"天府广场"既为不在场的地方和地方性占位，也为行动者以否定的姿态切近的目标——确定性占位。"100 公里"围绕天府广场展开活动的行为，从形式上来看，类似"地域崇拜仪式"中"神祇被周期性地请出巡境，以确定其边界所在"的重要仪式。⑤ 在"100 公里"构建的形似地域崇拜仪式的行动中，"天府广场"扮演"神祇"——广场上

---

① 陆兴华：《当代艺术做什么？》，上海锦绣文章出版社，2012，第 156 页。
② 陆兴华：《当代艺术做什么？》，上海锦绣文章出版社，2012，第 156 页。
③ 陆兴华：《当代艺术做什么？》，上海锦绣文章出版社，2012，第 60 页。
④ 陆兴华：《当代艺术做什么？》，上海锦绣文章出版社，2012，第 55 页。
⑤ 王东杰：《国中的"异乡"：近代四川的文化、社会与地方认同》，北京师范大学出版社，2016，第 58 页。

甚至聚集了许多图腾。艺术家扮演被神祇附身、代替神祇巡境的偶像。

"100 公里"的整个计划中，成都的城市中心"天府广场"处于和"家乡的神山"一般的位置上。在这个思路下，2019 年"100 公里"发起了一次名为"寻找家园"的集体出行，这一次为了照应行动题目中的"家园"一词，他们不再以"距离天府广场 100 公里"为行动准则，而是将之改为"三天三夜不能回家"：用"去其 100 公里"指出天府广场，用"三天三夜不能回家"指出"家"。在"离开－返回"的逻辑之下，在"家园"缺席的文本中，艺术家们去哪里并不重要，关键是"回"，既是回到成都的"回"，也是"第一回第二回第三回第四回第五回"的"回"。笔者与张晋谈起过"回"的使用，用"回"的初衷已难以追溯，艺术家在事后遭遇问题时，总会即时地、全新地构建意义。所以在那次交流中，张晋首先将"回"解释为"章回"，挪用了汉语文学的民间传统，其次，对应英文中一个对抗（比如格斗）回合的"round"，一个个"回合"就是一次次对抗。虽然事后的建构常常有美化和补救的成分，但至少在张晋如上述般向笔者解释"回"的使用的那个时刻，他向"100 公里"灌注了古典的"在野"精神和格斗的"对抗"精神。

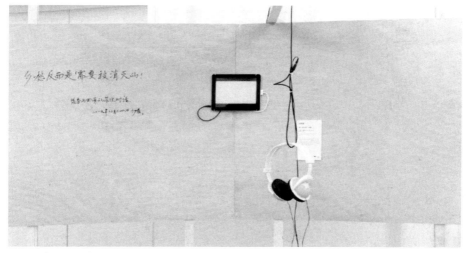

图 2　写在墙上的字是："乡愁反而是需要被消灭的——张晋与田萌的某次对话，二零一九年十二月二十八日抄录（铅笔写的是：keywords)"，《100 公里——寻找家园》展览现场。

图片来源：笔者自摄。

和"回"这个字一样，"地方"也是一个可以在使用中被反复书写、反复阐释的词语。艺术家的反复返回，也可视作对概念所具备的可反复书写的素质的回应。艺术家通过反复返回一个地方来加深和巩固自己对这个地方的理解，加深和巩固自己与这个地方的关系，同时激发其他人对自己与这个地方之关系的反思——为什么我们关于此时此地的认识如此不同？本文着重关注了"100公里"的行动模式，也是试图佐证这样一个观点：人类要使自己行动的空间成为文化的一部分，既可以通过建造、耕作等功能导向的实践，也可以通过"无功利"的表达。这些表达可能是边界明确的，如摄影和绘画，也可能是"开放式"的，如本文提到的这些通过行动过程对话自身所处之话语的艺术实践者。

神话史诗与多民族文学

走进 21 世纪的口头史诗：以柯尔克孜族《玛纳斯》史诗为例

〔德〕卡尔·赖希尔 *

叶尔扎提·阿地里　范丽扎提·阿地里　译 **

阿地里·居玛吐尔地　审校 ***

[译者按] 德国波恩大学古典学教授卡尔·赖希尔是当前西方屈指可数的中亚及突厥语民族口头史诗研究的领军人物。他擅长多民族口头史诗的综合研究。他的《突厥语民族的口头史诗：传统、形式和诗歌结构》（*Turkic Oral Epic Poetry*：*Traditions*，*Forms*，*Poetic Structure*）一书 1992 年由加兰出版社出版英文版。全书条理清晰，论述充分而细致，堪称世界突厥语民族口头史诗研究的经典之作，目前已经有英文、俄文、土耳其文和汉文版本面世，在国际突厥学、史诗学界产生了很大影响。汉文的翻译由中国社会科学院民族文学研究所阿地里·居玛吐尔地研究员完成，并于 2011 年由中国社会科学出版社出版。卡尔·赖希尔教授精通柯尔克孜（吉尔吉斯）语、乌兹别克语和哈萨克语，而且多次在我国新疆以及吉尔吉斯斯坦、乌兹别克斯坦和哈萨克斯坦进行田野调查，因此能够宏观地把握突厥语民族口头史诗。他充分吸收《玛纳斯》等突厥语民族口头史诗经典的资料，运用"口头程式理论"等前沿学术成果，从不同层面对突厥语民族口头史诗进行广泛的比较研究，对史诗文本，突厥民族史诗的体裁、题材和类型，故事模式，史诗的变异，史诗的程式和句法，歌

---

* 卡尔·赖希尔，德国波恩大学教授，在古典学、史诗学尤其是中亚各民族史诗研究方面颇有建树。

** 叶尔扎提·阿地里，西北民族大学讲师，文学博士，研究方向为外国文学与比较文学、少数民族文学；范丽扎提·阿地里，杭州师范大学外国语学院比较文学与跨文化研究专业硕士研究生。

*** 阿地里·居玛吐尔地，中国社会科学院民族文学研究所二级研究员，研究方向为口头诗学、史诗学、中亚文学。

手在表演中的创作，史诗的修辞和歌手的演唱技艺等都有涉及。除此之外，他还发表过《玛纳斯史诗传播中的变异性和稳定性》（1995 年）、《口头传统及乌兹别克和卡拉卡勒帕克史诗歌手的表演》（1985 年）、《哈萨克史诗的程式句法》（载《口头传统》，1989 年）等有影响的论文。主编了《口头史诗：演唱和音乐》（*The Oral Epic*：*Performance and Music*，"多重文化中的音乐研究"丛书第 12 卷，柏林，2000 年），《演唱过去：突厥语民族和中世纪英雄歌、神话和诗学》（*Singing the Past*：*Turkic and Medieval Heroic Poetry*，*Myth and Poetics*），《〈叶迪盖〉——一部卡拉卡勒帕克英雄史诗》（*Edige—A Karakalpak Heroic Epic*，赫尔辛基，2007 年）等。

　　本文经作者授权，根据《美国民俗学》2016 年夏季卷（总第 129 卷，第 326～344 页）其所发表的论文进行翻译。论文围绕吉尔吉斯斯坦独立以来《玛纳斯》史诗在该国的传播方式、传播渠道、传统的转型以及口头史诗传统在大众媒体时代的命运，《玛纳斯》史诗的程式化特征语境对于口头史诗传播的影响，史诗歌手的学习和成长，史诗的保护现状，史诗文本在大众媒体时代以多种媒介形式的呈现以及探索等进行了深入探讨，给读者多向度呈现了当下吉尔吉斯斯坦对于人类非物质文化遗产代表作《玛纳斯》史诗的传承与保护的新态势。

　　吉尔吉斯共和国在独立之后的第四年，也就是 1995 年，举行了名为"《玛纳斯》1000 周年"的大型庆典活动，以庆贺他们的重要史诗《玛纳斯》诞生一千周年。就像这部史诗有一个唱本的篇幅共计超过 50 万诗行一样，庆祝活动的规模也很大。联合国教科文组织宣布 1995 年为《玛纳斯》庆典之年，时任联合国教科文组织总干事的费德里科·马约尔在庆祝活动结束时发表演讲，来自许多国家的官方代表团到英雄的故乡塔拉斯平原观看了《玛纳斯》舞蹈和戏剧演出，并在当地支起的毡房里感受到了吉尔吉斯斯坦人民接待的热情。与此同时，该国还组织召开了一个国际学术研讨会，论文题目关涉史诗的不同方面。吉尔吉斯斯坦首都比什凯克公共广场上的喇叭里高声播放着史诗歌手演唱的《玛纳斯》内容。吉尔吉斯斯坦首任总统阿斯卡尔·阿卡耶夫发表了题为《〈玛纳斯〉——吉尔吉斯灵魂的不落之星》的演讲，演讲英文版文稿同时分发给各国代表团成员。毫无疑问，"《玛纳斯》1000 周年"是吉尔吉斯斯坦独立、吉尔吉斯民族以及对民族文化遗产自豪感的一次展示。

鉴于这些庆祝活动的政治意义和文化意义，《玛纳斯》史诗的产生是否真的已经一千周年已是次要问题了。学者们将史诗中的一些人物（特别是英雄玛纳斯本人）、事件与公元 840 年战胜当时的回鹘汗国的历史联系起来。当时吉尔吉斯在南西伯利亚拥有霸主地位，势力范围扩展至贝加尔湖岸和叶尼塞河上游河岸的阿尔泰山脉和丘陵地带。13 世纪前期，他们对这些地区的征服随着成吉思汗的崛起而结束。将史诗起源定格在这个历史时期导致了许多问题，且没有得到学者们的一致赞同。鉴于史诗最早的书面记录文本的出现并不早于 19 世纪中叶，史诗的起源问题尚需进一步探讨。当然，也发现过史诗的一个短小的早期"文本"。这一片段是在一部用波斯文撰写的史学著作中发现的，写作时间可以追溯到 15 世纪末 16 世纪初。这部著作用一定篇幅论及了玛纳斯及其亲戚、同伴、敌人，还引用了其中被翻译成波斯文的六行诗。因此可以保守地说，截至 1995 年，《玛纳斯》即便没有一千年，也至少经历了五百年的历史。这么说，当然也不排除这种可能性，即吉尔吉斯史诗传统的起源确实是相当古老的。令人惊讶的是，关于吉尔吉斯史诗传统，与其说其产生时间——无论已经多么久远——还不如说是其自身延续到了今天，进入了 21 世纪。

一 《玛纳斯》：在其他活形态史诗的语境中

《玛纳斯》当然不是现存唯一的活形态口传史诗。只要查看联合国教科文组织非物质文化遗产列表，就可以知道吉尔吉斯传统史诗只是其中之一。事实上，还有众多的口传史诗并未在联合国教科文组织所列出的名单之中。在印度史诗传统中，无论是北方的拉贾斯坦邦的帕布吉（Pābūjī）史诗还是西南的图鲁邦的斯利（Siri）史诗，均没有出现在联合国教科文组织非物质文化遗产名单中。虽然毛里塔尼亚的口头史诗名列其中，但马里的戈里奥迪斯（Griots）口头艺术却没被列入。当中也没有提到至今依然富有生机的科索沃如戈瓦呙戈（Rugova Gorge）的传统史诗。在突厥语族民族中，土耳其人、阿塞拜疆人、雅库特人和吉尔吉斯人的口头传统史诗是最具代表性的，后者包括居住在吉尔吉斯斯坦的吉尔吉斯人和居住在中国新疆的柯尔克孜人①。但是就口头史诗和传奇叙事长诗的类型而言，在突厥语族民族中，只有吉尔吉斯人还保持着活态的繁荣态势。说唱故事的原生态艺人们常常以音乐人的身份致力于学习传统演唱艺术，并从出版物中潜心背诵和记忆史诗文本。在很大程度上，当今的口头史诗已经成了一种舞台表演艺术。

这是很早以前就已经发生的现象。口头史诗自 19 世纪以来就被宣称濒临失传。1864 年，匈牙利突厥语言文学专家赫尔曼·万贝里（Hermann Vámbéry）在中亚旅行中带回了乌兹别克当地流行的口头史诗的手抄本。他后来刊发这些资料时介绍说，"terakki，即进步已成为冲锋号"，并预测"古老中亚的浪漫主义和独特的世界观快要走到尽头"②。当然，万贝里关于"terakki"的预测是正确的，社会在进步发展，这也是不可避免的。尽管如此，口头诗歌和口头史诗仍继续蓬勃发展到了 20 世纪下半叶。万贝里特别提到的现象在乌兹别克社会中也是存在的。

大约一百五十年后的 2008 年，土耳其民俗学家伊力哈木·巴契阔自（İlhan Başgöz）观察了土耳其近年来社会变化迫使口头史诗表演传统走向消亡的现实，并将其写在了自己关于土耳其民间长篇叙事诗（hikaye）著作的尾声。在结语中，他绝望地以"悲伤的告别"为题写道：

> 土耳其在过去的五十年里发生了巨大的社会和经济变革，数百万人从乡村迁移到城市（涵括整个土耳其和欧洲），这提高了他们的识字水平（几乎属于普及化），促进了高级文化和低级文化之间的交流，口语与书面语之间的界限变得模糊，最后，来自大众传播的巨大的技术革命也极大地加快了书写时代传统史诗演述的消亡。③

---

① 吉尔吉斯斯坦人口 600 多万（吉尔吉斯人占 65%），中国新疆的柯尔克孜族人口约为 20 万。
② Vámbéry, H., ed., trans., *Jusuf und Ahmed: Ein özbekisches Volkseposim Chiwaer Dialekte*, Budapest: 1911, pp. 3 – 4.
③ Auezov, M., "Kirgizskayanarodnayageroicheskayapoèma Manas（The Kyrgyz heroic folk poem Manas）", In Bogdanova, Zhirmunskiĭ, and Petrosyan, 1961, pp. 15 – 84.

巴契阔自对土耳其长篇叙事诗的研究表明，叙事诗在色彩、形态以及叙事框架等方面与其他突厥语口头传统史诗相似。对于苏联时期的突厥语民族来说，记录口头史诗最有效时段所采用的方法是口述记录而不是录音，从第二次世界大战结束到 20 世纪 70 年代均如此。而在一些地区，口头史诗的记录早在 20 世纪 20 年代就已经开始。在某些情况下，我们甚至还能寻找到更早期的录音资料，例如吉尔吉斯史诗歌手坎杰·卡拉（Kenje Kara）在 1903 年至 1904 年间演唱的吉尔吉斯史诗《玛纳斯》系列的第二部《赛麦台》，以及 1928 年乌兹别克歌手法祖里·尧勒达西（Fāzil Yoldāsh – oghli）演唱的录音记录的乌兹别克族史诗《阿勒帕米西》①。还有一些伟大的史诗歌手如吉尔吉斯斯坦的玛纳斯奇萨恩拜·奥诺孜巴科夫（Saghymbay Orozbaqov）于 1930 年过世，乌兹别克斯坦的巴合西（Bakhshi）埃尔盖什·朱曼布勒布勒（Ergash Jumanbulbul），过世于 1937 年。还有部分史诗歌手死于 20 世纪 50 年代和 60 年代，其中包括哈萨克斯坦史诗歌手穆伦·斯格尔巴耶夫吉绕（Muryn – jyrau Seng – girbaev，1954 年去世），乌兹别克斯坦史诗歌手法祖里·尧勒达西巴合西（1955 年去世）和雅库特史诗歌手伊诺坎迪·提莫菲耶夫 – 第普罗考夫（Innokentiǐ Timofeev – Teploukhov，1962 年去世）。吉尔吉斯斯坦史诗歌手萨雅克拜·卡拉拉耶夫（Sayaqbay Karalaev，1894～1971）的《玛纳斯》唱本是史诗最长的记录文本，该歌手于 1971 年去世。21 世纪初，仅存的几个以口口相传的传统方式学会和掌握演唱篇目并以传统风格进行演唱（不是在舞台上）的传统史诗歌手也先后离世。2005 年，卡拉卡勒帕克最后一个传统史诗歌手朱玛拜·巴扎诺夫（Jumabay Bazarov）过世，之后绍尔的最后一个史诗演唱者弗拉基米尔·亚古洛维奇·塔纳噶谢夫（Vladimir Yegorovich Tannagashev）于 2007 年在阿尔泰过世。当今仍在世的柯尔克孜玛纳斯奇居素普·玛玛依已经 95 岁（2013 年，本文写作时）②，其整合了如今赫赫有名的、包含大约 22 万诗行的《玛纳斯》唱本。

---

① 乌兹别克斯坦史诗录音资料见于圣彼得堡俄罗斯科学院俄罗斯文学研究所档案馆。非常感谢美国俄亥俄州迈阿密大学丹尼尔·普热尔（Daniel Prior）教授提供相关录音资料。

② 居素普·玛玛依于 2014 年 96 岁高龄时仙逝。——译者注

二 《玛纳斯》史诗的过去和现在

被认为结构松散的《玛纳斯》史诗其实是史诗系列集群，内容贯穿几代英雄的业绩。因此，实际上只有第一部是描述玛纳斯的。这部史诗系列集群通常被称为《玛纳斯》三部曲，它由三个独立史诗组成，分别称为《玛纳斯》、《赛麦台》（塑造玛纳斯儿子的形象）和《赛依铁克》（以玛纳斯的孙子为内容）。这可以说是这部系列史诗的"规范"的结构形式。然而，还有其他一些唱本包含了更多的后代英雄人物。由居素普·玛玛依记录的最完整唱本中，从玛纳斯一代一直延续到了第八代，史诗唱本增加了凯耐尼木、赛依特、阿斯勒巴恰－别克巴恰、索木碧莱克和奇格台。由萨雅克拜·卡拉拉耶夫演唱的史诗系列唱本（篇幅超过 50 万行）包括上述主要的前三部以及赛依铁克的儿子的叙事内容。但萨恩拜·奥诺孜巴科夫（Saghymbay Orozbaqov，1867～1930）的唱本只有第一部《玛纳斯》被记录了下来（篇幅超过 18 万行）。最早的《玛纳斯》文本是哈萨克旅行家和民族志学者乔坎·瓦里汗诺夫于 1856 年记录下的史诗集群当中的传统章节《阔阔托依的祭奠》。1977 年，这个史诗文本由亚瑟·哈托编辑和翻译出版，包括大约 3200 诗行，描述了玛纳斯老朋友的儿子包克木龙为纪念他死去的父亲阔阔托依而举行的盛大祭奠（Hatto，1977）。瓦里汗诺夫在他的《关于吉尔吉斯的笔记》中写道：

> 毫无疑问，吉尔吉斯民间天才的创作主要的或者说唯一的以韵文形式创作的就是玛纳斯的传奇长诗。《玛纳斯》实际上是一部百科全书，它将人们的地理、宗教知识和关于人们道德观念的故事、叙述、传说整合在一起，并将其投射到一个时间段，集中到一个主人公英雄玛纳斯的身上。《玛纳斯》史诗是全体人民的创作，是经过漫长时间精心培育而逐渐发展成熟的果实，它是一部民间史诗，一个诞生于草原的《伊利亚特》。①

---

① Ch. Ch. Valikhanov, "*Sobraniesochineniĭ v pyatitomakh* (Collected Works in Five Volumes)", ed. Zh. M. Abdildin et al., Alma‐Ata: Glavnayaredaktsiya Kazkhskoy Sovetskoy Ėntsiklopedii, vol. Ⅱ, 1985, pp. 7 – 82.

瓦里汗诺夫将《玛纳斯》史诗定性为"一个诞生于草原的《伊利亚特》"是最合适的。《玛纳斯》具有广阔的视野以及"荷马史诗"高度上的诗歌风格。《玛纳斯》表达了吉尔吉斯人民对历史根源的观感，并以传统诗歌的形式确认和加强了自己的文化和民族特征。它的长度限制了我们对其内容进行摘要，但已有的一些情节定会为后续讨论其背景提供很多助益。

像许多突厥语民族史诗和民间故事中的英雄一样，玛纳斯是一对长期没有子女的年老夫妇（加克普夫妇）的儿子。加克普和他的妻子琦伊尔德晚年才终于得一儿子，并举办了赋名盛宴，为他取名"玛纳斯"。在拉德洛夫的文本里，四个先知在宴会现场就一致预言这孩子将是一个拥有辉煌未来的英雄。玛纳斯也确实印证了预言的正确性：他成功地击退了来自部落内部与外部的敌人。在其征战生涯中，玛纳斯由四十个勇士伴随，他们与其并肩作战，但他的许多艰难历险都是与他来自卡勒玛克的结义朋友阿勒曼别特共同经历的。阿勒曼别特皈依伊斯兰教后，首先受到了哈萨克汗阔克确的周到招待。后来，阿勒曼别特与阔克确发生矛盾争吵，便离开他去投靠玛纳斯。在拉德洛夫文本的后续情节中，玛纳斯两次中毒，但每次都幸运地苏醒恢复。然而，即使是如此强大的英雄玛纳斯也难逃一死：他最终死在了他的契丹宿敌空吾尔拜手中，但留下了自己的后嗣——他勇敢的儿子赛麦台。这只是玛纳斯生平经历的大致轮廓，还有一些内容，例如他迎娶美丽的卡妮凯——铁米尔汗的女儿，他远征别依京对抗契丹汗王空吾尔拜时关于他个人的篇幅宏大、情节复杂的内容。比如在萨恩拜的唱本里，仅仅是关于玛纳斯迎娶新娘的章节就约有 4000 诗行，而"远征"一章有 15000 行之巨。总而言之，关于《玛纳斯》史诗系列集群，在吉尔吉斯斯坦已经有超过 200 万行被记录下来。

口头史诗的蓬勃发展，必须要有一批才华横溢的口头史诗歌手和高度重视口头语言艺术的文化环境。19 世纪中期，拉德洛夫这位吉尔吉斯斯坦口头诗歌的搜集者确实发现吉尔吉斯人流畅而非凡的修辞技巧：

> 吉尔吉斯人以令人惊叹的方式出色地掌握并使用母语。他们说话总是那么流畅，没有停顿或踌躇支吾，总是清晰、精确而优雅地表达

自己的思想。即使是日常话语，他们也尽量用有韵律的词汇巧妙构建句子与句子之间的衔接，使每一个句子的节奏都显示出一种明显的诗歌特征。可以说，吉尔吉斯的演说家们都喜欢用优雅的措辞来表达和打动听众。人们随处可以看到观众如何陶醉于这种演述，对此倾注全部热情，并且对演述质量加以审视和给予自己的评价。观察歌手试图用明快、优雅、精心创编的演唱去吸引和打动听众是极为有趣的。听众从另一个角度积极参与到优秀史诗歌手的演唱当中，从中获得巨大的乐趣和享受。他们前倾着身体，瞪大眼睛，端坐着聆听歌手表演，对每一个适时出现、用语巧妙的词语，对史诗创编中的妙趣横生的诗句，用兴奋而热烈的呼喊声和掌声做出回应，表达他们对史诗歌手才能的赞赏。①

自拉德洛夫记录到现在，虽然吉尔吉斯人带有旋律的优美语言表达方式并没有显著改变，但享受这种语言艺术的场景却发生了很大的改变。吉尔吉斯语作为一种书面标准语言来使用始于 1924 年。它最初使用阿拉伯文字母书写，但在 1928 年，官方行文以拉丁字母取代了阿拉伯文字母，1941年又被斯拉夫字母基里尔文取代。独立后的吉尔吉斯斯坦继续使用基里尔文字。在许多情况下，阅读者取代了用聆听方式欣赏史诗的听众。《玛纳斯》史诗存在着多种阅读方式：它可以作为儿童故事画成漫画让儿童去了解，可以作为成人的散文故事供读者阅读，可以改成故事给儿童讲述，还可以以韵文史诗形式提供给更广泛的读者群，而且它还有科学的口头文本供学者们研究，例如萨雅克拜、萨恩拜和居素普·玛玛依的唱本。

除了这样的书面形式，史诗也被用于创作歌剧和电影脚本。1937 年，吉尔吉斯斯坦国家剧院在伏龙芝市（现在叫比什凯克）成立，1942 年其分成吉尔吉斯斯坦国家歌剧院和芭蕾舞剧院。1939 年，基于《玛纳斯》史诗第二部《赛麦台》，V. 乌拉索夫（Vladimir Vlasov）、A. 马勒德巴耶夫

---

① Radloff, Wilhelm, ed. and trans. , "*Proben der Volkslitteratur dernördlichentürkischenStämme: Der Dialect der Kara - Kirgisen*". St. Petersburg: Kaiserliche Akademie der Wissenschaften. 1885, vol. 5, p. 3, 汉译文详见阿地里·居玛吐尔地《〈玛纳斯〉史诗歌手研究》"附录"，民族出版社，2007，第 243 页。

（Abdylas Maldybaev）、V. 弗里（Vladimir Fere）创作了歌剧《阿依曲莱克》（Aychürök）并进行了首演。1946 年，歌剧《玛纳斯》诞生，同样由上述作曲家们创作（see Alagushev, 1995：41 – 59）。还有几部基于《玛纳斯》史诗内容及其演唱者的生平而创作的电影，其中两部是为萨雅克拜·卡拉耶夫创作的纪录片：一部是由波洛特·夏木西耶夫（Bolot Shamshiev）于 1965 年拍摄的电影《玛纳斯奇》，另外一部是由梅里斯·乌巴凯耶夫（Melis Ubukeev）拍摄的《大玛纳斯奇》。第一部用俄语拍摄，第二部用吉尔吉斯语拍摄完成，吉尔吉斯斯坦著名作家钦吉斯·艾特玛托夫做解说员。最令人感兴趣的是第三部电影《玛纳斯诞生的预兆》（*The Birth of Manas as a Presentiment*），2010 年由努尔别克·埃根（Nurbek Ergen）拍摄完成。它关注了八位现代吉尔吉斯人的职业，包括玛纳斯奇、库姆孜琴演奏者、边防警察、商人、在莫斯科酒吧工作的年轻移民女子以及在日本工作的社会学教授等。这部电影反映了在转型过渡时期的社会，人们如何应对随着 21 世纪到来的新变化与挑战，及其对旧价值观念和传统道德所产生的强烈冲击。这部电影极富说服力地论证了传统的力量对当今社会仍然发挥着重要作用，甚至在某些情况下还能为摆脱困境和创新提供参考。这部电影并不是为了呈现《玛纳斯》史诗故事而创作，而是在强调史诗是吉尔吉斯人传统文化的宝库。导演对此这样说道："这部电影对于年轻人、历史学家以及那些关心着我们国家发展与未来命运的人民来说是非常有意义和有吸引力的。"①

努尔别克·埃根制作这样一部电影，表明后苏联时代吉尔吉斯斯坦社会对于现代世界传统价值观的深切关注。影片里的每一个主人公都是通过引用《玛纳斯》里的内容来引入的，甚至其中还提到了他或她的家族与氏族部落印记的关系，而这些氏族印记，在今天的吉尔吉斯人中仍然在区分牲畜归属的烙印上得到使用。《玛纳斯》史诗在吉尔吉斯人民自我认知方面处于核心位置，也得到吉尔吉斯斯坦政治体制的支持。1995 年的"《玛纳斯》1000 周年"庆祝活动结束后，按照总统签署的法令，负责筹备和组织该活动的政府班子也转变成"《玛纳斯》史诗国家

---

① 参见 http：//diesel. elcat. kg/index. php? showtopic = 2326823，最后浏览日期：2013 年 10 月 9 日。

宣传指导委员会"。该法令还包括在 1996 年至 2000 年的五年计划内翻译出版《玛纳斯》史诗英文版等举措。其中有两项教育举措值得一提：一是"为达到儿童与青少年的《玛纳斯》精神爱国教育目的"，在吉尔吉斯语学校中增加学习《玛纳斯》史诗的课时；二是委托俄罗斯语言学校增加介绍《玛纳斯》知识。虽然这个国家宣传指导委员会已经不复存在，但在吉尔吉斯斯坦最高政治层面上，对《玛纳斯》的重视态势依然在延续，这可以从以吉尔吉斯斯坦总统名下的网站上一个名叫"玛纳斯"的特别版块得到证明①。

吉尔吉斯斯坦做了许多努力，来宣传《玛纳斯》及相关知识是吉尔吉斯斯坦人民的核心文化遗产，并有很多扶持史诗歌手且支持对其演唱内容进行记录的项目在推进。在这里我介绍两项项目情况。

第一个是由联合国教科文组织赞助的名为"吉尔吉斯斯坦的阿肯艺术及史诗演唱"（The art of the *akyns* [*aqyns*], the Kyrgyz epic tellers）的项目。该项目最初于 2003 年公布，并于 2008 年被联合国教科文组织列入"人类非物质文化遗产代表名录"②。"阿肯"这个词通常是表示吉尔吉斯斯坦诗人，同时也指在库姆孜琴的伴奏下即兴创作演唱自己作品或者演唱那些被称为"小型史诗"（也就是流传于民间的那些《玛纳斯》八部系列集群内容之外的口头史诗作品）的民间歌手。在最初向联合国教科文组织提交申请时，实际上提交了两份名单，一个是"aqyns – singers（manaschïs）"即"阿肯歌手（玛纳斯奇）"③，另一个是"aqyns – singers of 'small' epics and aqyns – improvisers（tökmö – aqyns）"即"阿肯的小型史诗演唱和即兴创作者"。这个项目的申报组织者别克苏勒坦·贾科耶夫（Beksultan Jakiev）先生是吉尔吉斯斯坦著名的作家和舞台导演，他列出了十六个玛纳斯奇和十三个阿肯（aqyn）的名单。根据别克苏勒坦·贾科耶夫提供的资料，名单中最年长的玛纳斯奇出生于 1917 年，最年轻的出生于 1979 年，有八名出

① 参见 http：//www. president. kg/kg/manas_eposu/，最后浏览日期：2013 年 10 月 10 日。
② 参见 http：//www. unesco. org/culture/ich/index. php？lg = en&pg = 00011&RL = 00065，最后浏览日期：2013 年 10 月 11 日。
③ "Akyn"阿肯为演唱所有民间韵文体作品的歌手："Singer"为一般民间歌手，"improviser"为民间即兴歌手。

生于 1917 年至 1949 年之间的玛纳斯奇至今仍然在世。在这八人中，最年轻的歌手（singer）艾散罕·朱马利耶夫（Asankan Jumaliev）出生于 1947 年，2013 年仍然在世，第二年轻的歌手（singer）吾尔卡西·曼别塔利耶夫（Urkash Manbetaliev）出生于 1934 年，已于 2011 年去世。贾科耶夫名单里比较年轻的八位歌手出生于 1951 年至 1979 年之间，为此贾科耶夫特地为其列表加了这样的备注："此外，有多于四十名史诗演唱者是中学生或高等院校的学生。"贾科耶夫的第二个名单里一共列出十三个人，他们均出生于 1927 年至 1966 年之间，贾科耶夫补充道："还有几十名学生和小型史诗演述者，他们还不能称为即兴演唱者，他们仍然需要更多的实践经验。"在玛纳斯奇的名单当中，还有两位女性史诗歌手的名字——赛迭乃·毛勒朵开（Seydene Moldoke – qyzy，1922～2006）和阿依扎达·苏巴阔交耶娃（Ayzada Subaqojoyeva，1979～）。在阿肯的名单当中，也有一位女性，名叫玛利亚·凯热穆（Mayra Kerim – qyzy，1962～2009）。这几位女性民间歌手当中，赛迭乃·毛勒朵开是最重要的一位。她是一名"赛麦台奇"（semeteychi），即专门演唱《玛纳斯》史诗第二部《赛麦台》的歌手。2007 年 10 月，在吉尔吉斯斯坦国家教科文组织的支持下，贾科耶夫在比什凯克组织召开了一次关于"史诗遗产及其保护"的国际学术研讨会，会议大约收到了 20 篇论文。另外，贾科耶夫先生还将自己收集到的各个版本的《玛纳斯》进行修改整合之后出版了一个《玛纳斯》史诗综合整理本。[①]

第二个是"艾依格乃"（Aigine）项目。这是一个由艾依格乃文化研究中心实施的扶持和记录民间口头艺人创作的项目。它本身是一个由古丽娜拉·阿依特巴耶夫（Gulnara Aitpaeva）个人发起并于 2004 年 5 月设立的非营利的非政府性基金会。它一共提出了三项任务目标：

· 研究并保护吉尔吉斯斯坦境内的自然/文化遗产及其多样性；

· 保护、发展传统知识并将其与现代生活融合，旨在将传统文化的积极潜力渗入各级公共和政治生活的决策当中；

---

① Jakiev, Beksultan, *Manas: Qyrghyzdardyn baatyrdyq èposy*（"*Manas: A Heroic Epic of the Kyrgyz*"）, Bishkek: Biyiktik, 2007.

·从神秘知识和科学、自然与文化、传统和创新、西方与东方及其他各种经常被视为对立的经验之间寻求融合统一与内在关联性。

这个项目的《玛纳斯》部分的第一阶段工作内容包含从不同的史诗歌手口中以视频形式录制《玛纳斯》史诗第一部的五十个片段。

这个视频可以从中心官网平台上观看和下载。到目前为止，《赛麦台》和《赛依铁克》分别有 39 个和 35 个片段已经上传到平台。在 2013 年 5 月的新闻发布会上，曾宣布史诗三部已经制作完成，视频时间长度总计约有 51 个小时。共计 15 名玛纳斯奇参与了项目的前两部分，其中有些玛纳斯奇只唱了 1 个片段，而另一些人唱了 20 个片段。

其中，一些歌手早已在吉尔吉斯斯坦享誉全国，获得过许多知名奖项及荣誉称号。塔拉斯出身的撒马特·阔其阔尔巴耶夫（Samat Qochkorbaev）在 2004 年的史诗演唱比赛中获奖，三年后笔者才有机会从他口中录制了《赛麦台》的一个选段。撒马特·阔其阔尔巴耶夫于 2004 年获得被通讯社称为"大奖赛"的比赛的一等奖，二等奖由多略特别克·萨德阔夫（Dolotbel Sadekov）获得，三等奖由热斯拜·伊萨科夫（Erisbay Yisakov）获得，而这几位都是艾依格乃项目的参与者。2007 年，笔者还从热斯拜·伊萨科夫口中录下了《赛麦台》的一个选段。

三　歌手和他们的职业召唤

这些玛纳斯奇是如何学习他们所表演的诗歌的？他们是否在艾依格乃这样的项目所实施的史诗演唱比赛上向那些对吉尔吉斯史诗遗产感兴趣的学者或者在特定的时间向听众演唱这些诗歌呢？

2013 年 11 月，在比什凯克召开的一个名为"第一个吉尔吉斯汗国"①的学术研讨会上，塔兰塔勒·巴科奇耶夫向会议提交了一篇以《史诗〈玛纳斯〉社会主义意识形态》为题的论文。我问他是不是从正式出版的史诗文本学会《玛纳斯》的，他的回答是"不"，然后他补充说："如果我通

---

① "吉尔吉斯（黠戛斯）汗国"指吉尔吉斯（黠戛斯）于公元 840 年在欧亚大陆取得统治地位时的政权。

过记忆文本来学习史诗的话，我最多只能学会 15 或 20 分钟的演唱片段。"
那么，他是如何学习史诗的呢？

像其他玛纳斯奇一样，塔兰塔勒·巴科奇耶夫做过一个梦，并自梦中
得到鼓励吟诵史诗。事实上，他做过好几个梦。在他的第一个梦中，当时
他还是个小男孩，玛纳斯的妻子卡妮凯出现在他梦中。这些梦和愿望是吉
尔吉斯史诗歌手回答"为什么""如何"成为一名玛纳斯奇等问题的一个
标准解释。热依萨·柯德尔巴耶娃（Raisa Qydyrbaeva）根据手稿用俄文刊
发过其中几个梦的来源。作为案例，我们在此列举著名史诗歌手萨恩拜·
奥诺孜巴科夫的一个梦：

　　在萨恩拜与他哥哥阿利舍尔从伊塞克湖向阔其阔尔搬迁的路上，
他一家人都患了天花。当时萨恩拜因为发烧，不仅精神有些错乱，而
且还做了这样一个梦：他似乎行走在阔其阔尔平原上，看到了很多支
起来如同山峰一样巨大的毡房。毡房旁边拴着很多体格硕大的马匹，
它们耳朵竖立，蹄子如同巨大的碗。在毡房门口处，甲胄武器被堆放
在一起。萨恩拜不知道缘由，十分好奇并进入其中一个毡房。毡房里
坐满了人，而且这些人个个都身体超大。他们让萨恩拜坐到一个尊贵
的位置上，其中一人正在讲述一些有趣的故事，其他人则听着故事放
声大笑。原来，这是玛纳斯四十勇士之一的阿吉巴依。其中有人开口
说道："这个小伙子要给我们讲述史诗。"然后就要求萨恩拜开始演
唱。萨恩拜说自己不会演唱史诗。此时，一个身穿驼绒大衣、头戴一
顶大帽子、手持战斧的年轻人走进毡房，他威胁萨恩拜说："不立刻
演唱，就要被砍成碎片。"然后，刚才那个讲述故事的人转过头对萨
恩拜说："我的孩子！你很年轻。不要拒绝，你就告诉他你会演唱史
诗，要不然你就会在这里丧命。"萨恩拜被迫说自己能够演唱史诗。
他环顾四周，看到史诗歌手们坐在毡房的不同角落开始演唱史诗。其
中一个演唱玛纳斯的诞生，另一个在演唱阔兹卡曼①的故事，第三个

① 根据拉德洛夫的记录本，阔兹卡曼是玛纳斯的叔叔，他有五个儿子，其中一个背叛并毒
害了玛纳斯。详见 Hatto, Arthur T. , ed. and trans. , "*The Manas of Wilhelm Radloff*", Asia-
tische Forschungen, Vol. 110. , Wiesbaden: Harrassowitz. , 1990, pp. 227 – 303。

则演唱玛纳斯的远征。当萨恩拜反复三次回答他能够演唱史诗后，那些坐着的人都拿起武器离开了毡房。突然间，毡房内变得亮堂起来，黎明正好到来。在黎明中，萨恩拜清楚地看到他们离开。此时他才从昏迷中醒来，并对家人大声呼喊起来："你们看到那些离开毡房的人了吗？"萨恩拜所有患病的家人都突然感到自己好多了。那位拿着斧头威胁萨恩拜的是赛麦台。他就是这样讲述自己的梦。①

这里列举的这类作为证据证明史诗歌手职业召唤的梦，从其他突厥语民族口头传统歌手身上也可以看到。这种做梦的母题也广泛流传于土耳其民间爱情长诗或史诗中。伊力哈木·巴契阔自（İlhan Başgöz，1969；Reichl，1992：57－62）解释这个母题来自前伊斯兰教的萨满文化时期，并提出这个解释还辐射其他突厥传统。这些梦和幻觉当然不是突厥语民族史诗歌手和口头诗人所独有的现象②。早在公元前 8 世纪，古希腊诗人赫西奥德在他的《神谱》中就描述：有一天，他在放牧他的羊羔时，缪斯"给他呼入一个神奇的声音来庆祝即将发生的事情以及已经发生的事情"③。也可以列举中世纪的例子，例如盎格鲁－撒克逊的文盲农户塞德蒙（Cædmon）获得神圣的诗歌灵感和天赋这一神奇礼物的梦。还有挪威诗人哈利毕勇（Hallbjorn）试图在诗人索立夫（Thorleif）的坟墓前创作一篇赞美他诗歌时进入了梦乡，索立夫却走出坟墓，在哈利毕勇熟睡时教他如何创作赞美诗。这些启蒙梦和职业召唤强调了成为一名专业诗人（或传统歌手）需要得到一个礼物。这的确是一个礼物，只有那些具有超凡天赋并全心全意沉湎其中的人才会因此而发展。

---

① Qydyrbaeva [Kydyrbaeva]，R. Z. ："Èpos Manas：Genezis，potika，skazitel' stvo (The Epic of Manas：Genesis，Poetics，Art of the Narrators)"，2nd ed. Bishkek：Sham，1996，pp. 288－389.

② Başgöz，İlhan，"Dream Motif in Turkish Folk Stories and Shamanistic Initiation" Asian Folklore Studies，1969，Vol. 26，pp. 1－18；另见 Karl Reichl："Turkic Oral Epic Poetry：Traditions，Forms，Narrative Structure"，New York：Garland，1992，pp. 57－62.

③ Evelyn－White，Hugh G.，ed. and trans. "Hesiod，The Homeric Hymns and Homerica"，Loeb Classical Library，London：Heinemann，1914，p. 81.

四 歌手的训练

虽然这些论述给人的印象是在做梦者醒后，他会呈现出完美的史诗歌手或诗人的技能，但毫无疑问，吉尔吉斯玛纳斯奇在自由地演唱史诗之前，必须经过一段时间的训练。康艾西·科尔巴谢夫（Kengesh Qyrbashev）论及萨恩拜是从十四岁或十六岁开始演唱《玛纳斯》史诗的，然后他又对萨恩拜的导师作了如下详细的描述：

> 与所有的玛纳斯奇一样，萨恩拜演唱《玛纳斯》也与他做过的梦有关。当然，其他一些玛纳斯奇对萨恩拜的演唱风格产生了重大影响，这些玛纳斯奇包括巴勒克（Balyq）、纳伊曼拜（Naymanbay）、特尼别克（Tynybek）、阿克勒别克（Aqylbek）以及德伊罕拜（Dyqan-bay）等。萨恩拜最初是从特尼别克口中听到《玛纳斯》的。他还曾见到过当代著名玛纳斯奇巴勒克，并曾在年轻时听过他演唱。萨恩拜的哥哥阿利舍尔（Alisher）也是一位颇有名气的玛纳斯奇。卡·热合马杜林（Q. Rakhmatullin）曾这样论述："根据玛纳斯奇夏巴克（Shapaq）的说法，萨恩拜在第一次听到老一代玛纳斯奇、特尼别克的老师琼巴什（Chongbash）的史诗演唱之后，非常兴奋，并立刻决定跟随琼巴什学习《玛纳斯》史诗。①

学徒玛纳斯奇学习史诗是什么意思？拉德洛夫在介绍他自己编辑和翻译的《玛纳斯》文本以及其他吉尔吉斯口语诗歌时说，吉尔吉斯史诗歌手在每一次的演唱中一方面"即兴创作"，但另一方面也有很多为自己的演唱而储藏在记忆中的、像拉德洛夫自己所说的现成的叙事母题：

> 每一个有天赋的歌手都往往要依当时的情形即兴创作自己的歌，所以他从来不会语句语词对应、丝毫不差地将同一首歌演唱两遍。然而，他们并不认为这种即兴创编代表着一次新的创作……因为根据其

---

① Abdyldaev, È., et al., eds. "*Manas èntsiklopediya* ("Manas Encyclopedia")", 2 vols. Bishkek: Qyrghyzèntsiklopediasynyn Bashqyredaktsiyasy, 1995, pp. 165 – 172.

丰富的表演经验，如果我可以这么说的话，他将现成的众多叙事单元以恰当的方式按照史诗情节发展的需要加以组合。[1]

拉德洛夫在这里所描述的情景，十分符合后来米尔曼·帕里和阿尔伯特·洛德在研究南部斯拉夫史诗歌手时在"口头程式理论"中提出的"在表演中创作"的概念。

然而，只要仔细观察吉尔吉斯史诗及其各种记录变体和版本，就会发现尽管其中也可以找到程式化的诗句，但它们出现的频率要比帕里和洛德所搜集分析的资料中的少得多。这其中，一部分原因是诗歌的韵律，另一部分原因是吉尔吉斯族史诗的风格决定的。吉尔吉斯族史诗的韵律（通常是指民间诗歌）是由音节构成，《玛纳斯》（以及其他吉尔吉斯史诗）的韵律是七音节诗行[2]。诗行通过垂直的（诗行第一个字母开头的）头韵以及押韵形式与不规则的组合相连接（类似于古代法国《萨逊的大卫》中的laisses）。诗行之间的这两种连接方式各自独立使用，也不完全有规律，有很多诗行即没有头韵和押韵。一个例子会使这个相对自由的创作方式变得清晰：

> Ulamadan ulasaq，为了把古老的传说继续咏唱，
> Uluulardansurasaq，向老人们寻根问底，
> 135 Murunquötkönchaqtarda，在那遥远的年代，
> Batysh，tündük jaqtarda，在我们的东北方，
> Enesaydegenjerbolghon，有一个叫叶尼塞的地方。
> Jeri sonunkengbolghon，那里土地肥沃地域辽阔，
> Özönütoqoycherbolghon，河谷里树木葱茏绿树成荫，
> 140 Törlörütulangkürbolghon，山坡上丰美的牧草随风飘荡。
> Egin ekse mol bolghon，人们播种耕耘丰收在望，

---

[1] Radloff, Wilhelm, ed. and trans., "*Proben der Volkslitteratur dernördlichentürkischenStämme*: *Der Dialect der Kara - Kirgisen*", St. Petersburg: Kaiserliche Akademie der Wissenschaften. 1885, Vol. 5, p. 15.

[2] 这并不是说诗行的构成总是七个音节，八音节诗行也很普遍，当然更长的或短小的诗行也可以遇到。详见 Prior, Daniel, ed., *The "Semetey" of Kenje Kara*: *A Kirghiz Epic Performance onPhonograph*, Wiesbaden: Harrassowitz, 2006, pp. 96 - 100。

Az aydasaköpbolghon，种的少收获多，

Oroonunbaaryjyqtolghon，地窖仓库里储满米粮。

Azyp – tozupbarghandar，浪迹四方的游子，

145 Bayyralyptoqtolghon，迷恋这里不愿返乡。

Bay – jardysybilgisiz，富人和穷人无法分清，

Baarynynqardytoqbolghon，人人丰衣足食人丁兴旺。

Enesayelinbashqarghan，统治叶尼塞百姓的

Qal Mamaydegenqanbolghon.① 是一位叫卡勒玛玛依的汗王。

审视上述史诗片段我们可以看到，只有某些诗行呈现垂直头韵（133～134 行，145～147 行），但除了极个别例外（如 144 行、146 行和 148 行）所有诗行押尾韵。押韵在大多数情况下由 "bolghon" 形式构成，意为 "……过"。押韵形式 "tolghon" 两个实例，两个都是自由形式的（意为 "tolghon，满"）和作为一个后缀（"toqtolghon"，从 "toqtol – 停留" 加上后缀 "– ghon"）。"Bolghon（tolghon）" 有一个单音节词作前缀（或由一个单音节词黏着语素如 "toqtolghon"）。这意味着实际的 "韵" 式如下：

jerbolghon；*kengbolghon*；*cherbolghon*；*kürbolghon*；*mol bolghon*；*köpbolghon*；*jyqtolghon*；*toqtolghon*；*toqbolghon*；*qanbolghon.* ②

这样的押韵格式在《玛纳斯》史诗中很常见。它们可以被延伸到很长的长度，从而展示史诗歌手的演唱技能。

另一种押韵格式基于动词形式派生和屈折语素韵（或半谐音），有时候这类动词是拟声词。我将在这里给出一个简短的例子，再次从居素普·玛玛依的《玛纳斯》唱本中摘录，并使用斜体标出押韵元素：

---

① 参见《玛纳斯》第一卷，居素普·玛玛依演唱，柯尔克孜文，新疆人民出版社，2004，第 3 页；英文参见《玛纳斯》，卡尔·赖希尔译，五洲传媒出版社，2014，第 9 页；汉译文参见《玛纳斯》第一卷，阿地里·居素吐尔地译，新疆人民出版社，2009，第 11 页。——译者注

② 字面意思分别是 "曾是一个地方" "曾很广阔" "曾是一片茂密森林" "曾是丰美的牧场" "曾经很充足" "曾很多" "曾很丰富" "填充满" "曾停留" "丰衣足食" "曾为汗王"。

Qtyghyyy*qytyldap*，克特葛依结结巴巴，

4920Tilikekechboluuchu，舌头粗大是个结巴，

Kepaytal bay*qyqyldap*. 说不清话呜呜哇哇，

Astalay basyp Chongjindi，冲金迪（玛纳斯）缓步上前，

Kelipqaldï*chuquldap*. 慢慢走到他跟前。

"Erliginmununkörsöm" – dap，"我要看一看他勇气！"

4925Jamghyrchyturat*multuldap*，加木格尔奇在暗喜中期待。

Tonunabatyptoqtoboy，激动的身体撑开了皮大衣，

Alp Jamghyrchy*qutuldap*.① 无法控制内心的激动。

与押韵和半谐音相关联的动词都以相同模式构建：以"– p"动名词结尾，派生后缀"– da –"（将词标记为一个动词），语素"– ul –"（富有表现力的声音或运动，即基本拟声的）和动词的词根。因为吉尔吉斯语有元音和谐律，词根元音渲染了元音接续的语素，因此也强调了声音模式的相似性。

将这些短小的段落同居素普·玛玛依演唱的《玛纳斯》史诗系列第一部共计54440行的内容进行比较之后，我们会惊奇地发现，只有第一段第一行可以认为是程式化的。它在史诗中共重复出现了7次。第一段第三行在史诗中只重复出现3次（以变异的形式）。其他诗行也无法被确认为属于口头程式理论的程式化。有趣的是，我在上面特别标出的"*jerbolghon*"等押韵形式也不以同样的形式和顺序在其他地方出现。

至于我以上所例举的第二个段落，押韵的词汇在吉尔吉斯语中少有例外。在居素普·玛玛依《玛纳斯》唱本第一部中，我们发现以下现象②：

qytylda – : –

qyqylda – : + 1x（在紧接着的诗行中，第一卷，第4928行）

---

① 参见《玛纳斯》第一卷，居素普·玛玛依演唱，柯尔克孜文，新疆人民出版社，2004，第47页；英文参见《玛纳斯》，卡尔·赖希尔译，五洲传媒出版社，2014，第144页；汉文参见《玛纳斯》，阿地里·居玛吐尔地译，第一卷，新疆人民出版社，2009，第171页。——译者注

② 在这里出现的"x"表示出现的数量："14x"表示增加了14倍，依此类推。

chuqulda – ： + 14x

multulda – ： + 1x

qultulda – ： + 1x

在互联网搜索（吉尔吉斯语言和民间故事，以基里尔字母拼写的资料有很多）只找到动词 "*chuqulda* –"。在上述九行诗中，只有一行可以被认为是程式化的，即第 4922 行，"*Astalay basyp Chongjindi*"（冲金迪缓步上前）。可以与史诗其他部分的内容做一个比较：

7562 + 26，349 *Astalay basyp barghany*，"他缓步走过去"

10133 *Astalay basyp Altyke*，"阿勒特开缓步走去"

53166 *Astalay basyp Alyptyr*，"他缓缓地迈着步"

虽然《玛纳斯》的有些文本比其他史诗更加程式化，吉尔吉斯史诗一般不会显示出帕里和洛德所分析的那种程式频密度。然而，《玛纳斯》史诗却有一个稳定传播的元素，那就是典型场景或母题。在这里，拉德洛夫所观察到的"现成的典型段落"或者可以说是或多或少现成的叙事单元也是完全合理的。我第一次采录到这样的片段，是在 1985 年的一次田野调查时，由居住在中国帕米尔高原上的一个柯尔克孜村子里的名叫阿布德热合曼·杜乃（Abdurahman Düney）的歌手所演唱的《赛麦台》史诗片段。仔细分析这个史诗片段，可以看到它与《赛麦台》的其他文本有极大的相似性，那就是当妻子阻止他外出时，赛麦台气愤地鞭笞妻子这一场景。我将自己在 1985 年记录的文本同其他三个文本——居素普·玛玛依的文本、萨雅克拜·卡拉拉耶夫的文本以及波·尤奴萨利耶夫主编的综合整理本——进行比较之后，显示它们在描述鞭子以及母题的顺序方面存在高度相似性。某些特定的词语在不同文本中是完全相同的，包括一些描述鞭子的押韵词组。如上面所列的第二个片段中，这些词包括复合型后缀的动词形式。描述鞭子的相似概念在这个场景之外也能找到，比如在《阔阔托依的祭奠》这一章节中。①

---

① Karl Reichl, *Turkic Oral Epic Poetry*：*Traditions*，*Forms*，*Narrative Structure*，New York：Garland，1992，pp. 223 – 235.

简而言之，成为一名成功的玛纳斯奇的先决条件，在于拥有超强的记忆力以及充分吸收史诗的韵律和诗性成语。他（或她）必须熟悉史诗的情节和它的诗歌构建现成部件，即各种场景，其中许多是由那些"难忘的词汇"所组成的典型场景（如上面所讨论的位置）。不管传统性风格、表达、创编如何，杰出的史诗歌手们都会努力将本人的创作融入文本。比如上面引用的居素普·玛玛依的典型段落中，就将柯尔克孜原始故乡定格在叶尼塞河上游的地区。这个细节在萨恩拜·奥诺孜巴科夫或者是在萨雅克拜·卡拉拉耶夫的唱本中都没有找到。

结论：发展的传统

毫无疑问，玛纳斯奇的史诗演唱艺术基于其天赋和努力。他们讲给我们那些神灵梦授的故事，并不是要告诉我们他们的艺术才能来自超自然的手段，也不是他们从梦中醒来就成了语言艺术大师，他们强烈地感受到了促使他们成为史诗歌手的力量，而且被选中和被召唤，有时候甚至是要违背自己的意愿。像所有的召唤一样，无论是宗教的还是世俗性质的，这种要他成为玛纳斯奇的召唤从根本上决定了一个人的命运，并提出了能量、时间、耐力、热情和奉献方面的严格要求。演唱《玛纳斯》要求有一个精神维度，那就是要让众多吉尔吉斯人感知到这一点。正像艾依格乃项目中所明确论述的，他们所追求的目标之一是寻求"从神秘知识和科学、自然与文化、传统和创新、西方与东方及其他各种经常被视为对立的经验之间寻求融合统一与内在关联性"。

近年来，在一个特定的情况下，强调神授的灵感已经在吉尔吉斯斯坦导致了一场激烈的辩论。一部 2009 年出版的名为《阿依阔勒玛纳斯》（*Ayköl Manas*）的十卷本作品，据说是 1995 年由《玛纳斯》史诗的所谓"第一位作者"加依桑·玉麦特（Jaysang Ümöt – uluu）趁着该书作者布比玛利亚·穆萨（Bübü Mariyam Musa – qyzy）在居住地附近的朱木尕勒 – 阿塔（Jumghal – Ata）圣墓麻扎朝拜时，在冥冥中特意向其灌输的。这本书引起了公众的强烈抗议，对这部书表达强烈反对的包括历史学家、民俗学家、《玛纳斯》学者、各界文人和记者。这部书是一部混合的诗歌（以非传统的 11 或 12 音节的押韵双行诗组成），其中有个人的主观臆断（冥想中获得的），还包含了一些令人惊奇的希腊神话中的元素。2013 年，一本以《伟大的〈玛纳斯〉及其篡改者》为题的书出版，书里编选了 52 篇反对布比玛利亚·穆萨的文章。无论何人对这个问题有何种研究，都不可能彻底说服和改变人们对于《阿依阔勒玛纳斯》一书的看法。事实是，由十卷构成的书不仅已经写出来了，而且被读者阅读了（然后强烈反对），证明了史诗《玛纳斯》在今天的吉尔吉斯斯坦依然具有强大的生命力的事实。

后苏联时代的吉尔吉斯斯坦是一个现代国家，尽管在其社会和文化生活中存在着强大的传统链。这是我们的全球化世界的一部分，几乎没有一个社会能够保持住自己拥有的完整传统。努尔别克·埃根拍的电影《玛纳斯诞生的预兆》中，在对部分人进行采访时，他们很羞愧地承认自己对《玛纳斯》史诗并不真正了解。但在上传到 YouTube 的网络视频中，在 2011 年吉尔吉斯广播设立 80 周年庆祝活动上，有一名五岁的儿童当众演唱了《玛纳斯》史诗。很明显，传统在继续，而且得到了观众的欣赏。当有人向了解和知道伟大的玛纳斯奇萨雅克拜·卡拉拉耶夫的老学者提出询问时，他们会说口头史诗已经走向衰亡，当今的年轻玛纳斯奇只是即将消亡的传统所剩下的一抹余晖。事实也许就是如此，但即便这仅仅是一抹余晖，它却是令人印象深刻的，是非常明亮的。

批判、借鉴与重思：缪勒神话学在中国[*]

杨　艳^{**}

摘要： 缪勒神话学以"太阳神话说"和"语言疾病说"著称。这两大学说虽有局限，也被人类学派超越，但蕴含有关语言隐喻性的洞见，对神话研究至今仍有启迪价值。百余年来，中国学界对缪勒神话学的态度呈现多元演进态势，这也与语言学、宗教学等学科思潮的演变密切关联。神话学界从 20 世纪早期间接译介、摒弃缪勒神话学到 20 世纪中后期对它更加直接、客观的译评，再到 21 世纪的多维重思和批判性借鉴，这一演变历程主要基于对缪勒《比较神话学》的研究。中国学界还需依据缪勒的其他神话学原作，适度跨越学科边界，更系统深入地研究缪勒神话学，以取其精华。这有益于开放、独立、审慎地发展中国神话学。

关键词： 缪勒　太阳神话　语言疾病　中国神话学　比较神话学

引　言

弗莱德里赫·麦克斯·缪勒（Friedrich Max Müller, 1823 – 1900）是 19 世纪著名的德裔英籍学者。缪勒继承并发展了德国浪漫主义神话学派，开创、推动了英国比较神话学。他也与中国神话学的兴起和发展有多维关联。大体而言，在世界神话学史上，缪勒以"太阳神话说"和"语言疾病说"著称，往往以被人类学派打败的形象出现。

随着神话学与民俗学等学科的发展，一些中外学者重新审视缪勒神话

---

* 该文为国家建设高水平大学公派研究生项目（留金发〔2018〕3101，证书编号：201806010229）结题成果之一。

** 杨艳，中央民族大学外国语学院讲师，研究方向为缪勒的学问思想及其接受史。

学。其中，20 世纪中期，理查德·M. 多尔森（Richard M. Dorson）[1] 和刘魁立[2]都对缪勒神话学作了相对客观、历史的评述，在学界影响尤为深远。进入 21 世纪以来，卢伦斯·范登博斯（Lourens Van Den Bosch）[3]、罗伯特·A. 西格尔（Robert A. Segal）[4]、何源远[5]、陈刚和刘丽丽[6]等既注重缪勒神话学的内涵，又在神话学史上剖析其功过。很大程度上，学界的反思修正了有关缪勒神话学的粗线条印象。

然而，中外学界主要立足欧美神话学史重思缪勒神话学，尚未全面地梳理缪勒神话学的中国接受史。[7] 事实上，中国神话学的兴起和发展与缪勒神话学有着长久、多元的关联，延续至今。本文梳理缪勒神话学在中国的百余年接受史，尝试揭示缪勒神话学在中国的接受脉络，以期为中国神话学独立自主、开放审慎地借鉴外来学术思想带来一些启示。

本文首先概述缪勒神话学的演化脉络。缪勒的神话学著述丰富，既有重复又有演进，还与他的语言学、宗教学著作交融，一文难以言尽。由于何源远、刘潋[8]、陈刚和刘丽丽已翔实地评介了缪勒的《比较神话学》（"Comparative Mythology"，1856），本文略述《比较神话学》，更侧重缪勒神话学的历史演化脉络。在此基础上，本文将缪勒神话学在中国的接受分三个阶段梳理：20 世纪早期、20 世纪中后期、21世纪。

---

① Richard M. Dorson，"The Eclipse of Solar Mythology"，*The Journal of American Folklore*，1955，Vol. 68，No. 270，pp. 393 – 416.
② 刘魁立：《欧洲民间文学研究中的神话学派》，《刘魁立民俗学论集》，上海文艺出版社，1998，第 252 ~ 256 页。
③ Lourens Van Den Bosch，*Friedrich Max Müller：A Life Devoted to Humanities*，Leiden：Brill，2002，pp. 243 – 292，519 – 530.
④ Robert A. Segal，"Friedrich Max Müller on Religion and Myth"，*Publications of the English Goethe Society*，2016，Vol. 85，Issue 2 – 3，pp. 135 – 144.
⑤ 何源远：《读缪勒〈比较神话学〉》，《西北民族研究》2012 年第 2 期。
⑥ 陈刚、刘丽丽：《语言疾病与太阳学说遮蔽下的缪勒神话研究》，《青海社会科学》2018年第 4 期。
⑦ 陈刚和刘丽丽在《语言疾病与太阳学说遮蔽下的缪勒神话研究》（《青海社会科学》2018年第 4 期）中简要回顾了缪勒神话学的中国接受史。此文是国内外第一篇相关文献，对本文帮助甚大。但是，此文未深入、细致地梳理缪勒神话学的中国接受史。
⑧ 刘潋：《麦克斯·缪勒比较神话学浅议》，《内蒙古师范大学学报》（哲学社会科学版）2018 年第 3 期。

一　缪勒神话学的演化脉络

1856 年，缪勒发表《比较神话学》。[①] 这一长文是缪勒神话学的雏形。[②] 文中，缪勒以历史比较语言学为基本方法、以《梨俱吠陀》（*Rig - Veda*）和古希腊文献为一手材料，追溯了诸多印欧神话尤其是希腊诸神神话的起源。缪勒认为，许多希腊诸神的名字最初是太阳等自然现象的拟人名称。而且，许多荒诞无理的诸神故事源于古人对自然的拟人描述，尤其是对太阳的拟人描述。举例而言，阿波罗追达芙妮的神话源于"太阳（阿波罗）逐晨光（达芙妮）"[③] 这一拟人表述。[④] 简言之，缪勒提出了"太阳神话说"。

缘何曾是太阳的名称变为神名？为何有关太阳的拟人描述变为人格神的故事？缪勒在《比较神话学》文末总结了这一演变的原因：神话是"语言的一种古代形式"[⑤]，尤以拟人形式为特征，用于表述古代的一切事物。随着语言和思维的演化，一些描述自然现象同时也喻指神圣力量的拟人形式（quale）[⑥] 演变成人格神的故事。换言之，印欧诸神及其神话源于古代的后人对前人语言的误解和演绎。这即是"语言疾病说"的雏形。

到 19 世纪 60 年代，缪勒在两卷《语言学讲义》（*Lectures on the Science of Language*）[⑦] 中发展了他的神话学说。缪勒明确提出，神话是"语言疾

---

① Max Müller, "Comparative Mythology", *Oxford Essays*, London: John W. Parker and Son, 1856, pp. 1 – 87.

② Marjorie Wheeler - Barclay, *The Science of Religion in Britain*, *1860 – 1915*, Charlottesville: University of Virginia Press, 2010, p. 46.

③ 周作人：《周作人论儿童文学》，刘绪源辑笺，海豚出版社，2012，第 224 页。

④ Max Müller, "Comparative Mythology", *Chips from a German Workshop*, Vol. 2, London: Longmans, Green, and Co., 1867, p. 92.

⑤ Max Müller, "Comparative Mythology", *Chips from a German Workshop*, Vol. 2, London: Longmans, Green, and Co., 1867, p. 143.

⑥ Max Müller, "Comparative Mythology", *Chips from a German Workshop*, Vol. 2, London: Longmans, Green, and Co., 1867, p. 143.

⑦ 此书是缪勒 1861 年和 1863 年在大不列颠皇家学院（Royal Institution of Great Britain）两系列讲座的讲义集。讲义集多次再版，不同版本虽有调整，但基本内容大致相同。本文参考的是 1871 年版《语言学讲义》（第 6 版）。

病"（a disease of language）①。狭义上讲，神话指希腊、印度等世界各族的古老诸神故事。这些故事的产生大都源于"语言疾病"：古老的语言形式虽然流传，但原义被遗忘，又被赋予新义，而新义往往是对原义的误解。举例而言，缪勒认为，雅典娜从宙斯头中生出的神话故事源于"雅典娜（黎明）从宙斯（天空）头中（东方）生出（升起）"的讹传演绎。②

缪勒意识到，类似的"语言疾病"并非局限于古代印欧诸神神话的产生。他将视野拓展到对印欧语言的观察。广义上讲，神话指语言原义被遗忘又被赋予新义的语言疾病。③ 这一现象古今普遍存在。④ 而且，这一现象并非局限于印欧语系，而是世界各语言的共性。这是因为，语言的一个基本特性是隐喻性：语言和思维既不可分割，又不完全吻合。随着语言的演化，语言和思维相互影响、不断演变，难免因脱离语境而被误解。⑤ 相较而言，古代拟人具象的隐喻形式更丰富，更易引发原义的遗忘和误解，产生的"语言疾病"更多，即衍生的神话更多。现代语言中，类似的"语言疾病"减少，但依然存在。⑥ 由此可见，在 19 世纪 60 年代的著述中，缪勒的"语言疾病说"基于印欧语系的神话溯源，同时也超越了时空，延伸到对语言隐喻性的深思。

到 19 世纪 70 年代，缪勒在《神话哲学》（"On the Philosophy of Mythology"，1871）中将"语言疾病说"升华到哲学层面：由于语言的隐喻性，神话是语言演化历程中原义被遗忘、新义误解原义的必然结果。⑦ 在对神

---

① Max Müller, *Lectures on the Science of Language*, Vol. 1, London: Longmans, Green, and Co., 1871, p. 12.

② Max Müller, *Lectures on the Science of Language*, Vol. 2, London: Longmans, Green, and Co., 1871, pp. 548 – 551.

③ Max Müller, *Lectures on the Science of Language*, Vol. 1, London: Longmans, Green, and Co., 1871, pp. 12 – 13.

④ Max Müller, *Lectures on the Science of Language*, Vol. 2, London: Longmans, Green, and Co., 1871, pp. 572 – 633.

⑤ Max Müller, *Lectures on the Science of Language*, Vol. 2, London: Longmans, Green, and Co., 1871, pp. 368 – 420.

⑥ Max Müller, *Lectures on the Science of Language*, Vol. 2, London: Longmans, Green, and Co., 1871, pp. 572 – 633.

⑦ Max Müller, "On the Philosophy of Mythology", *Introduction to the Science of Religion*, *with Two Essays*, London: Longmans, Green, and Co., 1873, pp. 353 – 354.

话的哲思基础上，缪勒聚焦到狭义的神话故事。此时，与50年代的《比较神话学》相比，缪勒的视野超出了印欧神话。他开始援引人类学神话素材，例证世界各地的一些神话也源于语言误解，尤其是关于太阳的拟人表述的误解。① 缪勒的例证并不严谨。他难免以"语言疾病说"和"太阳神话说"套用世界神话，有牵强附会之嫌。尽管如此，缪勒关于语言隐喻性的洞见不可低估：语言虽不是产生神话的唯一原因，但是，语言隐喻性催生的"语言疾病"与世界上一些神话的起源密切相关。

《神话哲学》标志着缪勒神话学在英国维多利亚时代达到了巅峰，也预示着它的衰落。此文发表的同一年，E. B. 泰勒（E. B. Tylor, 1832 - 1917）的《原始文化》（*Primitive Culture*）出版。这标志着文化人类学派的兴起。人类学派从人类认知和心理演化的角度解释神话起源，批判缪勒的语言学方法。其中，安德鲁·朗（Andrew Lang, 1844 - 1912）是缪勒最著名的人类学对手。在这一论争中，朗代表的人类学派占上风。这使后世学者误认为，缪勒固执守旧，是人类学派的敌人。

诚然，就神话学方法、对原始心理的认识而言，缪勒与人类学派对峙。缪勒坚持"语言疾病说"为基础的"太阳神话说"，反对人类学派以野蛮心理、智识低下来解释原始神话起源。而且，缪勒强调，"太阳神话说"背后是原始人因自然而唤起的宗教感知，含着敬畏无限的崇高精神，而非野蛮、少知的原始心理。② 然而，这些分歧并非意味着缪勒是人类学派的敌人。很大程度上，缪勒是人类学派的同事和净友。早在文化人类学刚兴起时，缪勒在《神话哲学》中已运用人类学神话素材，也意识到人类心理的一些共性。③ 随着人类学派的兴盛，缪勒也承认神话学方法的多元，将泰勒等人类学家看作自己的同事（fellow - labourers）④。由此可见，缪勒

① Max Müller, "On the Philosophy of Mythology", *Introduction to the Science of Religion*, *with Two Essays*, London: Longmans, Green, and Co., 1873, pp. 366 - 394.

② Max Müller, *Contributions to the Science of Mythology*, Vol. 1, London: Longmans, Green, and Co., 1897, p. 51.

③ Max Müller, "On the Philosophy of Mythology", *Introduction to the Science of Religion*, *with Two Essays*, London: Longmans, Green, and Co., 1873, pp. 366 - 394.

④ Max Müller, *Contributions to the Science of Mythology*, Vol. 1, London: Longmans, Green, and Co., 1897, p. 27.

对人类学派持开放、跟进的态度。同时，作为语言学者，缪勒审慎地意识到，人类学派缺乏对原始民族的语言研究，他们猜想原始心理的思路不够严谨。比如说，在缪勒看来，人类学派的"万物有灵"（animism）等概念虽有创新之处，但容易流于笼统，附加主观猜想，难以解释神话起源。①

缪勒对人类学派的批判性认识体现在他 19 世纪 80 年代及以后的著作中，尤其是他的《自然宗教》（*Natural Religion*，1889）②、《物理宗教》（*Physical Religion*，1891）③ 和《神话学贡献集》（*Contributions to the Science of Mythology*，1897）中。一定程度上，这些著作预示了 20 世纪神话学界对人类学派的反思和超越。然而，在 19 世纪晚期，朗代表的人类学派势头正盛，缪勒的诤友之声被淹没，缪勒神话学说的局限被凸显，甚至被夸大、曲解。

二　20 世纪早期的间接译介

缪勒神话学落寞之时，正值清末民初西学东渐兴盛之际。进化论人类学等 19 世纪的西方先进思想传入中国。缪勒神话学作为"落后"的学说，主要随当时的人类学、宗教学和神话学著作间接传入中国。

章太炎是最早评介缪勒神话学说的中国学人。1902 年，章太炎在《文学说例》中援引姊崎正治（1873～1949）指出，缪勒提出的"神话为言语之疾病肿物"本质上是语言"表象主义"的一部分。④ 在章太炎看来，"言语本不能与外物吻合，则必不得不有所表象……有表象主义，即有病质"⑤。这一认识暗合了缪勒对语言隐喻性诱发语义讹传的解读。很大程度上，这与章太炎和缪勒相似的学术背景密不可分：二人都是语言文字学出

---

① Max Müller, *Contributions to the Science of Mythology*, Vol. 1, London: Longmans, Green, and Co. , 1897, pp. 181 – 220.
② 《自然宗教》是缪勒的吉福德讲座（Gifford Lectures）系列一的讲义集，其中第 16～18 讲专门论述神话学。
③ 《物理宗教》是缪勒的吉福德讲座系列二的讲义集，其中第 11～12 讲与神话学关系尤为密切。
④ 章氏学（章太炎）：《文学说例》，《新民丛报》第 5 号，1902 年 4 月 8 日，第 76～77 页。
⑤ 章氏学（章太炎）：《文学说例》，《新民丛报》第 5 号，1902 年 4 月 8 日，第 76～77 页。

身。尽管他们研究的语种和具体思路不同，但都深入探讨了语言的隐喻特性（即语言的"表象主义"）。面对语言这一不可避免的病质，章太炎强调，"最为多病者，莫若神话"①。这契合了缪勒所警惕的语言隐喻性导致的"语言疾病"（神话）。

所不同的是，章太炎的具体逻辑与缪勒相反。缪勒强调，语言疾病产生神话。章太炎则认为，神话催生语言疾病：神话传说使语言符号衍生出新的引申义，因而加深了语言的"表象主义"之病。二者的差异与章太炎间接、零星接触缪勒神话学有关。章太炎主要在姊崎正治的《宗教学概论》中偶遇缪勒的"神话为言语之疾病肿物"这句话。② 由于未能直接、全面地接触缪勒原作，章太炎对这句话的理解难免与缪勒的逻辑不同。尽管具体逻辑不同，总体而言，如上段所述，章太炎赞同缪勒的"语言疾病说"，注重语言与神话的因果关联。③

从神话学史来看，章太炎对缪勒"语言疾病说"的赞同态度在中国神话学兴起时的影响较小。而周作人批判缪勒"语言疾病说"的立场几乎占主导。在《神话与传说》（1922）④、《神话的趣味》（1924）和《习俗与神话》（1933）中，周作人犀利地批判了缪勒。周作人认为，缪勒的"语言疾病说"属于"退化说"⑤，与进化论人类学说相悖。缪勒此说既不能从心理视角解释神话起源，还局限于印欧语族，无法解释其他语族的相似神话。⑥ 一方面，周作人对缪勒的批判超越了语言学思路，更关注人类心理演化，这有其进步性；另一方面，周作人片面解读了缪勒的"语言疾病说"。如第一节所述，缪勒的"语言疾病说"基于印欧语系的研究，又深入对人类语言隐喻性的洞察，具有一定的普适性。而且，"语言疾病"主要指语言从拟人具象到抽象的演进中产生的误解"退化"现象。这是语言

---

① 章氏学（章太炎）：《文学说例》，《新民丛报》第 5 号，1902 年 4 月 8 日，第 76～77 页。
② 章氏学（章太炎）：《文学说例》，《新民丛报》第 5 号，1902 年 4 月 8 日，第 76～77 页。
③ 需留意的是，章太炎后来修改《文学说例》，将其更名为《正名杂义》，先后收录在《訄书·修订版》（1904）和《检论》（1915）中。虽几经修改，其中关于缪勒"语言疾病说"的文段几乎未变。这表明，章太炎对缪勒此说保持赞同。
④ 《神话与传说》原载于 1922 年 6 月 26 日《晨报副镌》。此文与周作人 1924 年发表的《神话的趣味》中有关缪勒"语言疾病说"的评述大致相同。
⑤ 周作人：《周作人论儿童文学》，刘绪源辑笺，海豚出版社，2012，第 153～222 页。
⑥ 周作人：《周作人论儿童文学》，刘绪源辑笺，海豚出版社，2012，第 222～224 页。

进化中的退化，并非周作人认为的简单"退化说"。还需留意的是，缪勒坚持认为，语言与思维不可分割。因此，"语言疾病说"同时也意味着产生神话的思维之病，或者说心理之病。简言之，虽然缪勒的"语言疾病说"不见得完全准确，却比周作人认为的更深刻丰富。

周作人对缪勒"语言疾病说"的误解与他间接接触缪勒神话学密不可分。周作人主要通过朗的《神话、仪式与宗教》（*Myth，Ritual，and Religion*）了解缪勒此说。① 如第一节所述，朗是缪勒神话学的劲敌。他在《神话、仪式与宗教》等著作中尖刻地批判缪勒。② 朗的批判虽然不乏洞见，但他对"语言疾病说"的理解有片面性：既未能从语言隐喻性的层面理解"语言疾病说"的普适性，也未能从语言和思维不可分割的角度认识"语言疾病说"与思维心理的关系。由于周作人十分赞同朗的学说，他也吸纳了朗对缪勒学说的偏见。透过朗的滤镜，周作人主要看见"语言疾病说"的荒谬，未能客观地理解此说，遂将其摒弃。神话学史上，周作人是借鉴西学、开创中国神话学的关键角色。因此，周作人对缪勒的摒弃大致代表了20世纪早期中国神话学界的主导心态。

与周作人差不多同期，黄石在《神话研究》（1927）中论及缪勒神话学。一方面，黄石参考缪勒的《语言学讲义》卷二和《比较神话学》③ 原文，译介了缪勒神话学的思维逻辑。④ 这是国内直接选译缪勒神话学的最早著作，对缪勒神话学的认识比周作人和章太炎更全面、客观。另一方面，在对缪勒神话学的评判上，黄石参考了周作人和朗⑤，突显了缪勒神话学的失败之处。在黄石笔下，缪勒神话学"终不成圆满解释。所以一经学者的指摘，便颓然而倒了"⑥。简言之，黄石对缪勒神话学的认识虽然更直接、全面，但是，他对缪勒神话学的基本立场与周作人一致。

① 周作人：《我的杂学》，北京出版社，2004，第144～149页。
② Andrew Lang, *Myth，Ritual，and Religion*, London：Longmans, Green, and Co., 1887.
③ 黄石参考的《比较神话学》出自《缪勒文选：语言、神话与宗教》卷一（*Selected Essays on Language, Mythology, and Religion*, Vol. 1, 1881）中。详见 Max Müller, "Comparative Mythology（*Oxford Essays*, 1856）", *Selected Essays on Language, Mythology, and Religion*, Vol. 1, London：Longmans, Green, and Co., 1881, pp. 299–424.
④ 黄石：《神话研究》，上海文艺出版社，1988，第42～53、62页。
⑤ 黄石：《神话研究》，上海文艺出版社，1988，第232页。
⑥ 黄石：《神话研究》，上海文艺出版社，1988，第53页。

与此同时，20 世纪早期也有对缪勒神话学相对公允的论述。其中谢六逸在《神话学 ABC》（1928）中也概述了缪勒神话学。① 比黄石更深入的是，谢六逸揭示了缪勒神话学的基本前提：语言与思维不可分割、相互影响的矛盾关系使"语言疾病"不可避免。而且，谢六逸还推荐了缪勒晚年的代表作《神话学贡献集》和《自然宗教》。② 这是中国学人对缪勒神话学著作的最早推介，提供了直接、深入地理解缪勒神话学的关键线索。与此同时，谢六逸承认，缪勒的神话学说被人类学派超越。简言之，与黄石、周作人相比，谢六逸在介绍缪勒神话学说时，内容更加全面深入，语调也更客观平实。

谢氏的公允态度与他的自我定位和材料来源密切相关。一方面，谢氏以"编者"③ 自称。这一自我定位使他更历史、客观地评述神话学史，其中包括缪勒的神话学说。另一方面，谢氏直接参考的是西村真次的《神话学概论》④ 和高木敏雄的《比较神话学》⑤，"此外更以克赖格《神话学入门》（ABC Guide to Mythology）为参证"。⑥ 谢氏指出，西村氏的《神话学概论》"条理极明晰，所收材料也颇丰富"⑦，不同于"只各主一说"的著述。与西村氏相似，谢氏书中也包含不同的神话学说，其中包括对缪勒神话学说的评介。同时，借鉴高木敏雄，谢氏也以"太阳神话说"分析黄帝战蚩尤、天照大神与素盏鸣尊等中日神话起源。⑧ 可以说，谢氏对缪勒神话学的客观评述主要受高木敏雄和西村真次的影响。与周作人等受朗代表的人类学派"一说"影响的同辈相比，谢氏因材料源头的相对客观丰富而更如实地评介缪勒神话学说。

综上所述，清末民初，缪勒的神话学说主要是间接传入中国的。其媒介主要是英国人类学家和日本宗教学家、神话学者的著述。很大程度上，

① 谢六逸：《日本文学　神话学 ABC》，中州古籍出版社，2016，第 136~137、148、157 页。
② 谢六逸：《日本文学　神话学 ABC》，中州古籍出版社，2016，第 136 页。
③ 谢六逸：《日本文学　神话学 ABC》，中州古籍出版社，2016，第 130 页。
④ 西村眞次（1927）『神話學概論』早稲田大学出版部。
⑤ 高木敏雄（1924）『比較神話学』武蔵野書院。
⑥ 谢六逸：《日本文学　神话学 ABC》，中州古籍出版社，2016，第 130 页。
⑦ 谢六逸：《日本文学　神话学 ABC》，中州古籍出版社，2016，第 130 页。
⑧ 谢六逸：《日本文学　神话学 ABC》，中州古籍出版社，2016，第 172~173 页。

章太炎、周作人等学人对缪勒神话学的态度异同与他们直接接触的媒介密切相关。其中，周作人的人类学思路在中国神话学兴起时的影响最大。加上茅盾等神话学奠基人对人类学派的青睐①，在20世纪早期，缪勒神话学在中国主要遭受被摒弃的命运。

三　20世纪中后期的新契机

然而，缪勒神话学在中国并未销声匿迹。如本文第一部分所述，缪勒神话学的基础是历史比较语言学。一定程度上，历史比较语言学与中国的小学有相通之处。既然历史比较语言学能用于神话研究，那么，小学也可以。而且，神话与民族社会历史密切相关。因此，以小学契入神话学，也是民族社会史研究的一部分。清末以后，章太炎等小学功底深厚的学人开始借助语言分析神话，梳理民族历史。从这一角度看，缪勒神话学与以小学为基的神话、历史研究有天然的契合之处。因此，缪勒神话学虽然在20世纪早期的西学东渐中失势，但这并未切断它与中国学问的关联。

这一关联尤为集中地体现在丁山的著作中。1948年，丁山先生在《古代神话与民族》自序中坦言：

> 用比较语言学剖析史前时代的神话，不自我始。马克斯·缪勒（Max Müller）所著《语言学讲义》曾以语言学为工具，发现雅利安民族所有的神名，常是指宇宙的现象。②

由此可见，很大程度上，丁山的神话研究方法受缪勒启发。一方面，这与丁山的学术训练密不可分。如刘宗迪所言，丁山的语言文字学出身使他对缪勒神话学情有独钟。③　另一方面，这也与1928年以后傅斯年等学习

---

① 蔡茂松：《比较神话学》，新疆大学出版社，1993，第32、50~58页；潜明兹：《中国神话学》，上海人民出版社，2008，第52~56、81页；马昌仪：《前言》，载茅盾著《中国神话研究初探》，上海古籍出版社，2011，第12页；叶舒宪、谭佳：《比较神话学在中国》，社会科学文献出版社，2016，第47~55、59页。

② 丁山：《古代神话与民族》，商务印书馆，2005，"自序"第10页。

③ 刘宗迪：《丁山的神话研究》，《民俗研究》2016年第6期。

德人、建立历史语言研究所的学术思潮相关。① 在这一思潮中，缪勒的《语言学讲义》引起中国学者关注。如第一节所述，《语言学讲义》包含对缪勒神话学说的深入阐释。因此，此书的流通也推动了缪勒神话学说的传播：不仅丁山从《语言学讲义》中了解缪勒的神话学说，语言学家俞敏也谈及缪勒书中的"神话为语言之瘿疣"②。可以说，20世纪早中期，引进欧洲历史比较语言学的思潮促进了缪勒神话学说的传播，尤其引发语言学者的关切。比丁山等人稍晚，历史语言研究所的管东贵在《中国古代十日神话之研究——十日神话的来龙去脉》（1962）中也精要地介绍了缪勒的"语言疾病说"。一方面，管东贵认为，语言学派有局限，需结合"当时人的知识背景及思维方式连带起来研究"③。另一方面，他认为，"语言学派的基本观点在神话学上是仍有相当的价值的"④。

以上20世纪中期的语言学者对缪勒神话学的讨论虽然简略，却表明缪勒的神话学说是"仍有相当的价值的"，甚至被丁山等人借鉴。其价值的重现得益于中国小学和欧洲历史比较语言学的交会、发展。然而，缪勒的神话学著作当时未被译介。随着中国神话学在50~70年代的低谷期⑤，缪勒神话学陷入落寞。

到20世纪80年代，缪勒神话学在中国迎来了新契机。这一契机与改革开放以后中国宗教学的正式兴起密不可分。如本文第一部分所述，缪勒的神话学与宗教学相互关联。一定程度上，缪勒的神话学是宗教学的铺垫，也是宗教学的有机部分。而缪勒又以"宗教学之父"著称。⑥ 因此，中国宗教学学科建设之初，学界也引入了他的神话学。其中，极具开创性

① 王汎森：《傅斯年：中国近代历史与政治中的个体生命》，王晓冰译，生活·读书·新知三联书店，2012，第71、74、87页。
② 俞敏：《论古韵合帖屑没曷五部之通转》，《燕京学报》1948年第34期。
③ 管东贵：《中国古代十日神话之研究——十日神话的来龙去脉》，载马昌仪编《中国神话学文论选萃》（下），中国广播电视出版社，1994，第118页。
④ 管东贵：《中国古代十日神话之研究——十日神话的来龙去脉》，载马昌仪编《中国神话学文论选萃》（下），中国广播电视出版社，1994，第118页。
⑤ 马昌仪：《中国神话学发展的一个轮廓（编者序言）》，载马昌仪编《中国神话学文论选萃》（上），中国广播电视出版社，1994，第13页。
⑥ 〔英〕埃里克·J.夏普：《比较宗教学史》，吕大吉、何光沪、徐大健译，上海人民出版社，1988，第44~45页。

的贡献是，金泽于 1989 年翻译出版了缪勒的《比较神话学》。① 作为国内第一部缪勒神话学的译作，此书推动了学界对缪勒神话学更为直接的认识。金泽的中译本还包含了 A. 斯麦斯·帕尔默（A. Smythe Palmer）1909年为"太阳神话说"辩护的导言②和 R. F. 利特尔戴尔（R. F. Littledale）1870 年讥讽"太阳神话说"的论文③。因此，金泽的译本也客观呈现了缪勒神话学说在英语学界的接受情况：在缪勒神话学说居主导地位的 19 世纪70 年代初，学界已有批判之声；到缪勒神话学说几乎被遗忘的 20 世纪早期，也有学者捍卫其真理的一面。

金泽的译作开启了中国学界对缪勒神话学更直接、全面的研究。《比较神话学》中译本序中④，刘魁立揭示了缪勒神话学与德国浪漫主义、欧洲历史比较语言学的渊源关系。⑤ 在学术史和思想史语境下，刘魁立既指出缪勒的主观唯心之误，也强调缪勒的历史贡献：

> 曾被同时代的某些反对派的批评家绝对化和漫画化了的，又被后世某些批评家通过百科全书等二手资料的导引而大加挞伐的这一学说，并非是那样地荒诞不经的和一无是处的伪科学……他的勇于播种科学种子、勇于进取……注重资料研究，注重实证，把语言研究、神话研究同宗教研究、文化研究和历史研究熔为一炉，我想，在这些方面是会使我们获得一定教益的吧。⑥

总体而言，在 20 世纪中后期，缪勒神话学说在中国的传播遇到两大契

---

① 1989 年，金泽也翻译出版了缪勒的《宗教的起源与发展》。1989 年是中国宗教学的一个重要出版年：除了金泽的译作外，陈观胜等翻译出版了缪勒的《宗教学导论》，吕大吉主编了《宗教学通论》。这些宗教学译作和著作都论及缪勒神话学，但缪勒神话学并非重点。因此，本文没有讨论这些宗教学著述。但是，这些宗教学著作对本文帮助很大。

② 〔英〕A. 斯麦斯·帕尔默：《导言》，〔英〕麦克斯·缪勒著《比较神话学》，金泽译，上海文艺出版社，1989，第 1~20 页。

③ 〔英〕R. F. 利特尔戴尔：《牛津的太阳神话》，〔英〕麦克斯·缪勒著《比较神话学》，金泽译，上海文艺出版社，1989，第 141~153 页。

④ 《中译本序》写于 1987 年，发表于 1989 年。

⑤ 刘魁立：《中译本序》，〔英〕麦克斯·缪勒著《比较神话学》，金泽译，上海文艺出版社，1989，第 1~8 页。

⑥ 〔英〕A. 斯麦斯·帕尔默：《导言》，〔英〕麦克斯·缪勒著《比较神话学》，金泽译，上海文艺出版社，1989，第 7 页。

机：20 世纪早中期对欧洲历史比较语言学的引入和 20 世纪后期中国宗教学的正式兴起。由于缪勒神话学的跨学科性，这两大契机引发了学界对缪勒神话学说的兴趣和批判性认识。大致而言，在 20 世纪中后期，学界对缪勒神话学的接触更直接，对它的认识也更客观、全面，甚至有丁山、管东贵一样的语言学者强调它"仍有相当的价值"。与 20 世纪早期间接了解缪勒神话学说并深受人类学派影响的情形相较，上述态度更趋于客观。

四　21 世纪的重思和借鉴

很大程度上，20 世纪后期对缪勒神话学的客观译评为重思缪勒神话学指引了大方向。进入 21 世纪，学界对缪勒神话学的重思尤其体现在以下三篇论文：何源远的《读缪勒〈比较神话学〉》（2012）、陈刚和刘丽丽的《语言疾病与太阳学说遮蔽下的缪勒神话研究》（2018）和刘潋的《麦克斯·缪勒比较神话学浅议》（2018）。

一方面，何源远对缪勒神话学的评述承沿了刘魁立的论述。另一方面，何源远明确指出了缪勒对"神话"的两层定义。这是 20 世纪中国学界所忽略的。如本文第一部分所述，"神话"在缪勒笔下有狭义和广义之分。无论狭义还是广义，神话都与语言的隐喻性特质、语言的演化讹传密不可分。因此，何源远强调，缪勒《比较神话学》对"语言特性的重视、对语言和思维之联系的精彩论述、对语言导致误解的明确意识，可能反而是许多后来者（人类学家）所缺乏的"[1]。简言之，何源远对缪勒神话学的评述既承沿、细化了前辈观点，又发现了缪勒神话学的一个亮点。

何源远之后，陈刚和刘丽丽以《比较神话学》为主要文本，更加翔实地梳理了"缪勒具有创造性和矛盾性的神话研究"[2]。在学界长久低估缪勒神话学的语境下，陈刚和刘丽丽尤其强调了缪勒以语言溯源神话的创见。这与何源远的观察十分契合。而且，陈刚和刘丽丽也指出，缪勒注重语言溯源的同时，其实也关注文化、思维、人类历史等相互关联的

---

[1]　何源远：《读缪勒〈比较神话学〉》，《西北民族研究》2012 年第 2 期，第 166 页。

[2]　陈刚、刘丽丽：《语言疾病与太阳学说遮蔽下的缪勒神话研究》，《青海社会科学》2018 年第 4 期。

层面。这一观察修正了学界对缪勒"语言疾病说"只局限于语言的偏见。在凸显缪勒神话学贡献的同时，陈刚和刘丽丽纵观神话学史，揭示缪勒神话学的缺憾，启发神话学者既注重语言溯源又考虑人类文化的其他因素。

与陈刚和刘丽丽同年，刘溦也重思了缪勒的《比较神话学》。相较而言，刘溦的参考材料更多元，也更关注缪勒与人类学派的关系。一方面，她结合缪勒《宗教的起源与发展》，论及缪勒对神话与宗教的认识。这是中国神话学者忽略的一个重要维度。20 世纪以来，中国学界对缪勒神话学的认识主要着眼于"语言疾病说"和"太阳神话说"的基本含义，极少关切其背后的宗教观。从这一角度看，刘溦的论文益于学界对缪勒神话学方法与宗教关怀的深思。另一方面，刘溦参考朗的原作和多尔森的论文，分析缪勒神话学与人类学派的复杂关系。这也是国内学界留意但尚未具体探讨的一个方面。刘溦认为，朗从人类心理视角批判缪勒的"语言疾病说"有其合理、开创的维度。同时，朗很大程度上误解了缪勒的神话学说。刘溦的论述虽简短，但提醒学界更客观、全面地认识朗与缪勒神话学之争。一定程度上，这也是对 20 世纪早期周作人等深受人类学派影响、摒弃缪勒神话学的重思。

总体而言，何源远、陈刚和刘丽丽、刘溦等学者文本细读和学术史视野并重，较为客观地呈现了缪勒神话学说及其命运。这比 20 世纪中国学界对缪勒神话学的认识更细致、全面。他们还论及缪勒对"神话"的定义、缪勒的宗教观、缪勒与朗的复杂关系等 20 世纪学者易忽略的重要维度，这为更全面地重思缪勒神话学带来了新思路。

然而，何源远等学者的论述主要基于《比较神话学》中译本，虽然对缪勒的《宗教学导论》和《宗教的起源与发展》中译本有所涉及，但几乎没有研究缪勒的其他著作。由于一手材料的缺乏，上述论文难以揭示缪勒神话学的演化脉络。此外，上述论文中的二手文献也主要是汉语著作和译作，英语文献相对较少。刘溦虽然参考了多尔森等国外学人的经典论文，但限于篇幅，未能展开论述。综合来看，若要对缪勒神话学进行更系统、深入的研究，学界仍需挖掘更丰富的一手和二手材料。

除专门研究缪勒神话学的论文外，21 世纪以来，一些中文神话学史也论及缪勒神话学。① 大致而言，这类著作与谢六逸的《神话学 ABC》类似，主要概述缪勒"太阳神话说"和"语言疾病说"。这类著作历史视野广阔，勾勒出缪勒神话学既辉煌又被人类学派超越的历史形象。由于这类著作未细致分析缪勒神话学，本文不作赘述。

但有一书值得关注：谭佳的《神话与古史：中国现代学术的建构与认同》②。书中，谭佳扼要分析了缪勒神话学常被忽视的一个维度③：

> 神话……是语言的古代形式……是一种形式（quale）而不是实体（quid）的东西，它还有点像诗歌、雕刻和绘画，几乎适用于古代世界所赞美或崇拜的一切。④

如谭佳所论，缪勒在《比较神话学》文末对神话的认识超越了具体神话故事，也把神话视为古代的一种语言形式。谭佳这一观察与何源远相近。但是，谭佳更强调缪勒从（语言）形式层面对神话的认识。这突破了从情节内容层面对神话的理解。遗憾的是，谭佳的论述重点不是缪勒神话学，未结合缪勒的《语言学讲义》等著作进一步分析。若将这段引文置于缪勒的神话学著作脉络中，可以发现，这段引文预示了缪勒在《语言学讲义》和《神话哲学》中从语言隐喻性、语言形式与思维层面对神话的阐释。

由于隐喻性是古今各地语言的一个共性，语言在演化中难免产生讹传，因此，缪勒从隐喻性层面对神话的溯源至今仍有一定的参考价值。如

---

① 王增永的《神话学概论》（2007，第 27、340～341 页）、杨利慧的《神话与神话学》（2009，第 203～206 页）、王铭铭的《人类学与神话学》（《西北民族研究》2010 年第 4 期）、王倩的《20 世纪希腊神话研究史略》（2011，第 75～78 页）、叶舒宪和谭佳的《比较神话学在中国》（2016，第 8～10、21～26、36～38 页）、谭佳主编的《神话中国》（2019，第 208～214 页）都扼要评述了缪勒的神话学。这些学者学术视野广阔，但未具体深入地分析缪勒神话学。此外，黄怀秋的《神圣的探问：经典宗教学家引论》（2013，第 24～30 页）等宗教学史著作也精要地评介了缪勒神话学。

② 谭佳后来在《比较神话学在中国》（2016，第 8～10 页）和《神话中国》（2019，第 208～214 页）重申了她对缪勒神话学的认识。

③ 谭佳：《神话与古史：中国现代学术的建构与认同》，社会科学文献出版社，2016，第 66～71 页。

④ 〔英〕麦克斯·缪勒：《比较神话学》，金泽译，上海文艺出版社，1989，第 139～140 页。

吴晓东在《历史还是神话：对涿鹿之战的再考察》"附录（文献推荐）"中坦言，他的神话研究范围虽与缪勒不同，但是，"有一点相同之处，就是我通过语音的演变路线，把中原神话里一些主要的神，包括后羿与嫦娥……都追溯到了太阳或月亮，正如缪勒将许多神话中的名字都考证为太阳一样"①。当然，这并非意味着缪勒神话学说的复兴。随着神话学的发展，考古学、心理学、社会学、图像学等研究思路推动了神话研究的多元性。与此同时，语言文字对神话研究依然很有必要，甚至扮演基础性的角色。如王倩在《20 世纪希腊神话研究史略》中所言：

> 缪勒在一百年前倡导的"自然神话理论"，尽管被众多学者批评与质疑，在中国当下的神话与文学人类学研究中却发挥了莫大的作用，以语言与文献为主的"四重证据法"在某种程度上成为文学人类学突破学科研究范式的基础。②

综上所述，21 世纪以来，中国学者主要依据缪勒的《比较神话学》，对缪勒神话学作了专门细致的重思，能动地借鉴了缪勒神话学方法。随着神话学的多维发展，缪勒的神话学说虽大势已去，但其中的真理元素仍是中国神话研究的必要养分。若要更深入地取其精华，中国学界还需进一步梳理、研究缪勒的其他神话学著作。

结　语

回顾中国神话学百余年历程，学界从间接、零星地评介缪勒神话学走向更直接、全面地译介和研究，对缪勒神话学的大致态度也从摒弃走向客观反思与本土化借鉴。稍具体而言，20 世纪早期，缪勒神话学间接传入中国。章太炎、周作人、谢六逸、黄石等对缪勒神话学的评介主要受英国人类学、日本宗教学和神话学的影响。其中，周作人受人类学影响、摒弃缪

---

① 见谭佳《神话中国：中国神话学的反思与开拓》，生活·读书·新知三联书店，2019，第425～426 页。
② 王倩：《20 世纪希腊神话研究史略》，陕西师范大学出版总社，2011，第278 页。

勒神话学的态度在 20 世纪早期占主导。但是，缪勒神话学与中国学术的关联未被切断。到 20 世纪中叶，随着历史语言研究所的建立和发展，缪勒的神话学说有所传播。丁山等人了解缪勒神话学，并且立足中国语言文字学、借鉴缪勒。但当时仍缺乏对缪勒神话著作的直接译介。到 20 世纪 80 年代，金泽翻译的《比较神话学》和刘魁立的文章客观地呈现了缪勒神话学的功过。这为学界更直接、全面地重思缪勒神话学奠定了基础。21 世纪以来，何源远、陈刚和刘丽丽、刘潋等重思缪勒神话学，在学界低估缪勒神话学的语境下，凸显缪勒神话学的丰富内涵和真理元素。这表明，随着神话学的发展，缪勒神话学对中国神话学界仍有启迪之用。总体而言，缪勒神话学虽不再耀眼，但光辉仍在。中国学界对缪勒神话学的认识趋于客观多元。

　　然而，由于一手材料缺乏等因素，中国神话学者对缪勒神话学的研究主要限于他的《比较神话学》，很少研读缪勒的其他神话学著作。其中，《语言学讲义》只是被丁山等跨界语言学学者了解，尚无神话学者研究此书。缪勒的《神话哲学》、《自然宗教》和《神话学贡献集》等著作也未被中国学者研究。这些著作阐释了语言、神话、宗教等的相互关系，其内容与《比较神话学》虽有重叠，但论述更加深入，承载着缪勒神话学的演进脉络。其中，与《比较神话学》偏重对印欧语言的历史比较实证相较，《语言学讲义》和《神话哲学》深入语言隐喻性的哲思。缪勒强调，语言与思维既不可分割，又并非一一对应，而是存在变动，这是古今各语言的一个内在特性。这一内在特性意味着，世界各语言在演化传播中难免讹传、衍生出神话。从这一角度看，缪勒的"语言疾病说"有一定普适性，启发中国神话学者在以多元视角研究神话的同时，警觉语言对神话起源、演化的影响。到《自然宗教》和《神话学贡献集》时，缪勒从语言学者的视角劝诫维多利亚人类学派：研究世界各地神话的一个必要前提是懂得研究对象的语言，否则容易陷入以己度人、自以为是的误区。在缪勒看来，维多利亚人类学派以"野蛮心理""图腾崇拜""万物有灵"等解释神话起源的做法不够严谨，未能如实地认识原始思维。缪勒的上述批判性认识表明，他坚持自己的神话学说并非由于闭目塞听，更是源于语言学者的审慎。他虽然在维多利亚后期被人类学派超越，但是，他的批判性认识预示了 20 世纪早期人类学家对前辈的反思。还需留意的是，到《自然宗教》和《神话学贡献集》时，缪勒融入了对宗教与神话的理性认识。他既强调宗教与神话的关联，又严格区分二者：他把荒诞无理的神话看作宗教的病态形式，关切"领悟无限"[1] 这一宗教精神内核在人类历史上的不同表现形式。

研究缪勒的上述著作对系统地理解缪勒神话学很有必要，或将启发中国各族的语言、神话和宗教研究。尤需留意的是，《自然宗教》等著作融入了缪勒对人类学派的开放借鉴和审慎批判。这对学界反思中国神话学与西方人类学的关系、客观能动地认识西学也有助益。由于缪勒的这些著作与语言学、宗教学等学科交织，对缪勒神话学的系统研究需跨学科视野下的文本细读和学术史梳理。如此方能取其精华，助益中国神话学的反思与开拓。

---

① 〔英〕麦克斯·缪勒：《宗教的起源与发展》，金泽译，上海人民出版社，2010，第 14 页。

实录体民族志：《苗疆考察记：
在田野中寻找文本》的时空表述

斯马徽晗*

摘要： 本文以《苗疆考察记：在田野中寻找文本》作为个案，分析实录体民族志的叙述策略及意义。实录体民族志以"我"的故事为主线，以叙述者的视角记录田野调查过程。在文体形式上，实录体民族志借鉴了游记散文的框架结构及叙述策略，以"游踪"作为文章的基本线索。"游踪"是游记散文最为基本的文体特征，这样的叙述特征在与民族志表述的融合中产生了新的意义，既对传统人类学表述中的问题做出回应，同时也提供了一种在"后写文化时代"抵达他者文化的方式。

关键词：《苗疆考察记：在田野中寻找文本》 实录体民族志 民族志书写 文学人类学

一 《苗疆考察记：在田野中寻找文本》：
田野实录与游记传统的融合

（一）《苗疆考察记：在田野中寻找文本》的文学人类学书写

1997 年，上海文艺出版社出版发行了一套丛书，其名为"文化人类学笔记丛书"，第一批收入了五本著作：彭兆荣《生存于漂泊之中》[①]，潘年英《扶贫手记》[②]，易中天《读城记》[③]，王铭铭《山街的记忆——一个台

---

* 斯马徽晗，四川大学文学与新闻学院文学人类学专业 2018 级硕士生，研究方向为文学人类学。

① 彭兆荣：《生存于漂泊之中》，上海文艺出版社，1997。
② 潘年英：《扶贫手记》，上海文艺出版社，1997。
③ 易中天：《读城记》，上海文艺出版社，1997。

湾社区的信仰与人生》,①另外一本,则是本研究将要讨论的《苗疆考察记:在田野中寻找本文》。

这一系列丛书的标题将"文化人类学"与"笔记"嫁接在一起,看似平平无奇,但隐藏着突破性的意义。该系列以"笔记"概括这五部作品,在这里"笔记"并不是一种严格的文体规定,而是指出这些文本形态上的非正式特征。通常而言,这样非正式的表述只能藏于舞台之后,但是这一系列丛书的出版使得"笔记"走上了前台;冠以"文化人类学"的定语,更使得这一系列著作的出版成为突破人类学写作范式的尝试。五本著作以各具特色的方式,尝试了一种"非经典"的人类学写作。在这些著作中,《苗疆考察记:在田野中寻找文本》一书更是体现出鲜明的跨文体特征,呈现出独特的文学人类学写作的特征。

《苗疆考察记:在田野中寻找文本》叙述了作者与友人在贵州罗甸、高坡、西江、月亮山等地考察的经历,作者以第一人称叙述自己辗转各地的所见所闻,全书充满了体验性的细节描述以及生动的情境描写。作者在后记中将该作品定义为"笔记",将其理解为一种个人化的半成熟文体,与严谨规范的学术专著形成区别,这种文体不仅可以容纳情感波动和内心质疑,也能容纳被严格的学术文体所排斥的思考。②在笔者看来,这部作品显示出的是人类学田野笔记与本土游记传统的有机结合。田野笔记是人类学表述中的经典文类,但是该书以游记散文的结构再现田野过程。两种文体的结合产生了全新的效果,提供了解决民族志中时空表述困境的一种方法。

(二)作为后台文本的田野实录

田野调查是现代人类学知识生产中的重要环节。马林诺夫斯基在《西太平洋的航海者》的序言中,态度坚决地将实地调查作为人类学研究的基本要求。自此之后,田野调查与人类学方法紧密地捆绑起来,甚至成了人类学的核心。与田野调查在人类学中的重要性形成对比,很长一段时间内,田野调查的过程都是秘而不宣的。

---

① 王铭铭:《山街的记忆——一个台湾社区的信仰与人生》,上海文艺出版社,1997。
② 徐新建:《苗疆考察记:在田野中寻找本文》,上海文艺出版社,1997,第248~249页。

以田野调查本身为内容的写作长期作为一种私人文本存在。这种写作一方面如马林诺夫斯基的日记一般，记录研究者在田野点的个体经历及情感体验；另一方面则如同诸多人类学工具书中所指导的那样，涉及一系列记录田野观察的技术性文本。然而，无论是个人日记还是观察记录，都是处于混沌状态的私人写作，既不符合公共出版要求，也不符合学术话语规范。正是这种私人性与公共性的矛盾，使得马林诺夫斯基的日记出现在公众视野之后激起了如此大的争论。也正是以这本引起争论的日记为开端，田野调查本身的记录逐渐获得了它的公共形式，从幕后的私人文本走向了舞台之前。

20 世纪 70 年代以后，西方人类学界已出现了不少聚焦于田野调查的作品，如保罗·拉比诺的《摩洛哥田野作业反思》和奈吉尔·巴利的《天真的人类学家》等。《苗疆考察记：在田野中寻找文本》虽然也是对田野调查过程的记录，但是其文本构成方式与上述文本有着根本性的区别。《摩洛哥田野作业反思》与《天真的人类学家》虽然在叙述风格、情感表现等具体细节上各有特色，但是总体上均可划分为"历险记"式的叙述模式，反映特定的西方叙事传统以及后现代主义的历史语境。在《苗疆考察记：在田野中寻找文本》中，作者借用了游记散文的文体结构，这一文体更多来源于中国古代的笔记、游记以及五四以来的近代白话散文，与西方早期传教士、探险者的异域游记文体有所区别，显示出中国本土独特的文化传统。

（三）实录体民族志的游记散文传统

游记散文与人类学写作并非格格不入，实际上二者之间有着诸多互动的可能性。散文作为一种不拘体例的文体包容人类学表达的大框架，游记散文对于主体经历的实录要求也与民族志再现对象文化的愿望相符合。同时，游记散文的近代发展使得这一文体在题材和立意方面与人类学之间产生更多的互文性。具有上述特征的游记散文，并非仅是五四以后新文学的产物，与古代书写传统也有着密切的联系。

在中国的书写传统中，游记并非指代某一特定的文学体裁，更多是指一种书写主题。许多学者已指出游记的文体多样性：有的学者认为游记以记为主,赋、书、序多元并存;① 还有的学者指出,序跋、书牍、赠序、传状、碑志、杂记等文体中都有游记类的作品。② 虽然游记涉及多种文体,但最为常见且对现代游记散文产生较大影响的乃是笔记体的游记。

笔记最早指与辞赋等韵文相对的散文,后来逐渐演变成一种以随笔形式记录见闻杂感的文体的统称。北宋时,宋祁所著的《笔记》正式以"笔记"作为书名。自南宋以后,笔记形式的作品开始大量出现,笔记也成为游记写作的重要载体之一。③ 在题材方面,古代游记侧重于对自然地理的记述,这一倾向在近代发生了变化。晚清时期,中国被迫卷入世界体系当中,一大批知识分子远渡重洋。这一时期出现了大量的域外游记,内容涉及外国的自然地理,但更多侧重于政治、经济、文化制度,可以说是一种对异文化的整体性记录。五四之后,游记散文成为现代白话散文的重要组成部分,这一时期的游记散文更为关注社会现实而非自然山水,对地域文化、民族文化的记录也成为游记散文的重要内容之一。

游记散文的文体结构即是以"游踪"构筑全文,而实录体民族志借鉴了这一形式,如《苗疆考察记:在田野中寻找文本》就是以作者的行动路线构筑全文。"游踪"是一个来自游记文学研究领域的术语,如上文所述,广义上的游记并不具有文体上的规定性,中国书写传统中的诸多文体都包含有游记的内容,然而无论文本的具体形态如何变化,仍存在贯通所有游记作品的本质要素,有学者将其概括为"游踪"④ 或"游程"⑤,游记作品必须以作者的行程踪迹为基本的叙述线索。

"游踪"的结构意味着时空表述成为文本中所有内容的基本框架,研究者所面对的他者文化也必然被容纳进这一框架之中。基于"游踪"的时空表述又有其特点。首先,时间表述通常基于普适性的时间尺度,多以线性形态锚定叙述者的行动,具有一种超时空的连贯性。其次,空间表述在集中于目的地之外,也集中于行程与路途。

① 梅新林、崔小敬:《游记文体之辨》,《文学评论》2005 年第 6 期。
② 林铁、费勇:《文体融合与现代转型:20 世纪游记散文的互文性品格》,《中国文学研究》2014 年第 4 期。
③ 陶敏、刘再华:《"笔记小说"与笔记研究》,《文学遗产》2003 年第 2 期。
④ 王立群:《游记的文体要素与游记文体的形成》,《文学评论》2005 年第 3 期。
⑤ 梅新林、崔小敬:《游记文体之辨》,《文学评论》2005 年第 6 期。

上述基于"游踪"的时空表述进入民族志表达之中，在实录体民族志内部形成奇妙的化合反应。对于游记散文而言，它们仅起到标志文类的特点，在和民族志主题的融合中产生了新的意义。在民族志的叙述传统中，文本中的时间与空间并非只是叙述的背景，而是与民族志的根本目标"表述对象文化"有着密切的关联。"游踪"式的时空表述与传统的民族志表达具有显著的区别，因此也在表现他者文化、定义我者与他者的关系方面产生了全新的效果。

二　建立时间共同体：《苗疆考察记：在田野中寻找文本》的时间表述策略

（一）《苗疆考察记：在田野中寻找文本》中的时间表述

《苗疆考察记》包含三种不同层次的时间尺度：标准化的线性计时框架，以地方性事件构成的时间节点，相对性的经验性时间。三种时间尺度由宏观到微观层层推进，完成对现实时间与历史时间的编织，同时也实现他者时间与我者时间的连接。

1. 标准化的线性计时框架

该书从开头部分即已明确标定了本书的时间基准："农历丙子年正月初五至初九，即西元 1997 年 2 月 11 日至 15 日，我和游建西博士到罗甸考察，内容是当地的苗族古俗。"① 这里呈现出两种支配性的时间尺度——农历及西历。前者是中国传统历法，在当代中国社会，农历与公历均是一种标准化的计时方式，其中公历具有更强的普适性与日常性，农历往往只在传统节庆或与农事相关的特殊语境中被强调。在文章中，公历的计时框架更具支配性地位，公元纪年首先贯穿作者田野考察过程。作者的四次田野考察发生于公历 1996 年至 1997 年间，文中清楚地标示田野调查的月份及日期，并在日期的框架下记录所见所闻。年份、月份、日期将作者的行动锚定在一条具有连贯性及普适性的时间脉络中，也将作者的所见所闻锚定

---

① 徐新建：《苗疆考察记：在田野中寻找本文》，上海文艺出版社，1997，第 1 页。

在相同的时刻。因此，在文章中，苗寨的风土人情与作者处于同一时空，他者不再被置于时间之外，而被拉入了与我者同在的现实世界。

标准化的公历纪年不仅能够呈现作者与对象的共时性，也赋予读者时空上的一致感。吉登斯在《现代性的后果》中提到，标准化的时间尺度使得时间与空间分离，使得时间具有超地域的意义。① 1996 年作者在苗疆的考察及其见闻并不仅限于贵州一地，而是通过 1996 年这一时间段，被视为整体历史的一部分。尽管读者与文本所呈现的对象已不属于同一时空，但是这两个时空并非截然割裂，而是处于以公元纪年为边界的时间共同体之内，文本所呈现的他者文化因此成为与读者紧密相连的历史性现实。如果说民族志的目的在于使读者走近他者，那么通过标准性的时间框架，他者与我者已以时间共同体的形式联系在一起，这种对时空的假定塑造他者，也成为理解他者的基本场域。在标准性的时间框架下，微观的时间尺度也在同时展开，在将他者拉入现实的同时，也从他者身上发现历史与当下。

2. 地方性时间节点

在该书中，第二层次的时间尺度是地方性的时间节点。地方社会的历史并不是由公元纪年规定的均质的时间线段，地方性事件赋予均质的标准时间不同的重要性，从而勾画出有着高低起伏、主次分明的地方历史记忆。

在该书中，地方性的时间节点有两类，一类是地方节日，一类是集体记忆中的特殊事件。地方节日往往与农历计时或地方性的计时方式相关联。如在罗甸，大年三十要敲"过年鼓"，还要举行"砍牛"祭祖等一系列活动;② 在月亮山举行的"牯脏节"，则以十三年为一个周期，在农历十一月举行。③ 伊利亚德在《神圣与世俗》中提到，在宗教化的社会里，时间并不是均质且绵延不断的，节日的时间作为一种神圣时间存在于时间长河中。④ 即使在已经逐渐世俗化的社会里，时间也具有某种间断性与非均质性，使得节日与日常时间区分开来。⑤ 在该书中，在罗甸、月亮山，地

---

① 〔美〕安东尼·吉登斯：《现代性的后果》，田禾译，黄平校，译林出版社，2011，第 17 页。
② 徐新建：《苗疆考察记：在田野中寻找本文》，上海文艺出版社，1997，第 32 页。
③ 徐新建：《苗疆考察记：在田野中寻找本文》，上海文艺出版社，1997，第 190 页。
④ 〔罗马尼亚〕米尔恰·伊利亚德：《神圣与世俗》，王建光译，华夏出版社，2002，第 32 页。
⑤ 〔罗马尼亚〕米尔恰·伊利亚德：《神圣与世俗》，王建光译，华夏出版社，2002，第 33 页。

方节日使得标准时间中的特定节点、时间段、周期具有了特殊的意义，从而改变了时间的均质状态，使得其具有不同的力度与律动。

第二类时间节点是集体记忆中的特殊事件。在罗甸拉莱寨，1956 年是一个特殊的时间节点。这一年，拉莱寨的铜鼓舞经过层层选拔，获得了去北京参与少数民族民间文艺会演的机会。四十年后（1996），参加过这次表演的梁正齐对前往北京的经历记忆犹新："在北京住了一个多月，演了很多场，穿的是省里面买的新服装。拉莱寨的铜鼓舞很受欢迎。但西藏的'跟头舞'也不错，能在空中'翻几十个跟头'。"[1] 拉莱寨的铜鼓舞本有机会出国演出，但是比赛时出现了失误，打掉了鼓棒。后来有领导动员他们在北京学习，留下来读书，但大家都没有留下。这也成为梁正齐心中的遗憾："命运不好，要不也不会至今仍在挖锄头了。"[2] 对拉莱寨的人们来说，1956 年去北京演出是一个特殊的事件，既在个人生活记忆里突显出来，也在地方历史中占据了标志性的位置。

在均质的客观时间框架下，地方节日和集体记忆中的特殊事件标示出特定的时间节点，从而形成了地方特有的时间律动。一方面，标准性的时间框架从历史与想象中将"苗疆"拉入被现代性渗透的当代世界，但这样的处理并未以不容拒绝的"普适性"遮蔽地方的存在，地方性的时间节点改变了时间均质状态，并借此呈现出地方独有的文化及历史；另一方面，地方性的时间节点仍以标准化的时间框架为标识，他者并未超脱于现实之外，通过时间共同体的塑造，地方性以一种可被感知、可被理解的方式出现，这种理解既存在于作者与他者之间，更存在于他者与读者之间。

3. 相对性的经验性时间

标准化的时间尺度提供了时间共同体的基本框架，地方性的时间节点则显示出这一时间共同体并非以"普适性"压制其他声音，只是帮助理解、转化他者历史与经验的桥梁。这一时间共同体中，叙述者及其所见的他者之间的同时性已然建立，文本之外的读者也同处于这一共同体之中，

---

① 徐新建：《苗疆考察记：在田野中寻找本文》，上海文艺出版社，1997，第 36 页。

② 徐新建：《苗疆考察记：在田野中寻找本文》，上海文艺出版社，1997，第 36 页。

标准化的时间尺度在宏观层面上建立了读者与文本的历史性联系，而主体的经验性时间则使得读者超越线性时间尺度的规定，创造出与文本中实际发生于数十年前的人、事、物同时存在的体验。

实录体民族志移用了游记散文以"游踪"为线索的文本构成方式，"游踪"以叙述者的行动及其时空的转变为核心，更为确切地说，时间与空间不断地锚定叙述者的位置，"游踪"便由这一个个锚点所连贯而成。在该书中，这种锚定有两种构成方式：一种是绝对性的时间点标记，如具体的年份、月份、日期等；另一种则是主体（叙述者）的经验性时间，通常以相对性的时间描述叙述者的具体行动。

> 我们约好在贵阳客车站搭乘农工车去罗甸……十点过钟从贵阳出发，十一点过钟到惠水……到边阳时已是下午四点了……直到晚上将近七点钟时，才终于赶到了罗甸县城。①

> 早上起来，到客车站乘凯里至榕江的班车。……下午四点四十分才到，整整走了八小时。中途在永乐吃饭。②

叙述者利用大量的时间点串联自己前往罗甸的过程。叙述者描述的是自己在田野过程中的独特经验，连续的时间点所锚定并连贯而成的亦是独属于叙述者的经历。对于读者而言，在客观意义上，文本中的事件无论在时间还是空间中都处于远隔于自身的场所。读者虽然能与文本中的他者建立历史性的联系，但不能建立一种同时性的关系。然而，叙述者对自己的经验时间的描述，一方面独属于叙述者一人，但同时也从属于标准性的时间单位。无论是从"十点过钟"到"十一点过钟"，还是"三十分钟"或是"晚饭时"，这样的时间尺度对于读者而言均是可衡量、可理解的，并且是与读者的日常生活经验有着紧密的、切身的关联。作者以细密的时间锚点描述他进入当地的过程，切身的时间经验使得读者能够代入这种时间经历当中，进而从阅读的现实时间跃入文本时间，与现实意义上的"过

---

① 徐新建：《苗疆考察记：在田野中寻找本文》，上海文艺出版社，1997，第5~7页。
② 徐新建：《苗疆考察记：在田野中寻找本文》，上海文艺出版社，1997，第182页。

去"建立同时性的关联。读者与他者的历史性联系与同时性联系叠加存在，使得读者既能抵达处于历史横切面中某一瞬的他者文化，也在时间之流中对变化的对象有所感知，形成多层次对他者的理解。

（二）抵抗异时性：时间共同体的意义

文本中的时间及空间塑造并非仅能起到背景性的作用，如小说中对时间及空间的操纵能够创造独特的审美体验。民族志作品中同样有着对时间及空间的塑造。这种塑造比小说中时空经验的虚构具有更多的政治意义，时间与空间从根本意义上建构了民族志的对象——他者文化。

约翰尼斯·费边在其著作《时间与他者：人类学如何制作其对象》中对人类学话语中的时间及空间意识做了深刻的剖析。他以"对同生性的抵赖"来定义人类学研究中的时间构成方式，指出人类学的学术建构通过将被观察者排除出观察者的时间，以此创造与他者的空间距离，试图将他者构造为次级的、非个性化的客体，遮掩了人类学田野工作中互为主体性的时空现实。[1] 费边在书中阐明 19 世纪后半叶的科学主义、启蒙思想以及民族中心主义如何对初创的人类学产生影响，并从根本上奠定了人类学学科的异时论倾向。在此基础上，他指出人类学发展过程中的诸多理论范式并未直面同生性的问题。

费边以"时间"为切入口，批评人类学研究中的异时主义倾向，他的批评从方法论层面延及修辞学层面，指出民族志的叙述话语是如何建构其对象的。费边的批评与 20 世纪 80 年代的人类学反思合流，此后的诸多实验民族志均试图摆脱人类学的异时主义，从而进行了民族志叙述上的种种修正，如以未完成时态替代现在时，或以过去时直接反对异时性表述，使其民族志遭遇历史化[2]，等等。

面对民族志中的异时性问题，西方人类学界在民族志实验方面的经验

---

① 〔德〕约翰尼斯·费边：《时间与他者：人类学如何制作其对象》，马健雄、林珠云译，北京师范大学出版社，2018。

② 〔德〕约翰尼斯·费边：《时间与他者：人类学如何制作其对象》，马健雄、林珠云译，北京师范大学出版社，2018，第19页。

虽能提供参考,但并不能直接有效地运用到本土表述实践当中。在这一背景下,实录体民族志以其独特的文体结构为本土表述提供了抵抗异时性的一种文化表述方案。

民族志的异时性主要依靠以下两条路径达成:一是否定他者的历史性存在,将其文化视为悬置于时间之上的功能或结构,剥除了对象的过去、现在与未来;二是否定他者与“我们”的同时性,将他者从“我们”的现实时空中排除出去。

实录体民族志同时拒斥了上述两种表述方式,移用了游记散文的文体形式,以“游踪”作为贯穿全文的线索。“游踪”是以叙述者的行动以及时空的移动为核心,这使得时空表述成了实录体民族志的骨架。在具体的文本实践中,多层次的时间及空间建构将他者拉回历史及现实语境之中,民族志的异时性倾向被有效地压制。

与此同时,实录体民族志中的时间表述塑造出多层次的时间共同体。宏观的标准化计时框架、地方性的时间节点、相对性的经验性时间,三种类型的时间表述从不同层面塑造了包容对象、叙述者及读者的时间共同体,为抵抗传统人类学表述的异时性倾向提供了可行的方案。标准化的时间框架是塑造时间共同体的基础,叙述者的田野考察及在考察中所接触到的对象被置于统一的公历纪年框架中,从根本上将对象视为与我者同处于一个时空的现实性及历史性存在,也暗示出对象所面临的现代化历史语境。地方性的时间节点在普适框架下具有独有的历史记忆,这样的地方化表达又以标准化的时间尺度为桥梁,成为我他所共有的时间之流的一部分,地方历史因此被同样塑造为“我们”的过去。对主体经验性时间的描述以普适性的日常时间经验唤起读者与叙述者的共感,使读者得以超越现实时间的间隔进入文本时间当中,走近叙述者,也走近与叙述者接触的他者,从而创造了与对象的共时性联系。这一时间共同体一方面呈现出人类学知识生产的现实情境,另一方面将他者置入动态的、历史性的时间之流中。通过共同的时间经验,民族志的接受者既能靠近叙述者田野考察的过程,也能在历史及现实两种层面上走近、抵达他者文化,形成对人类学意义下“他者”的多重理解。

三　可抵达的田野："在这里"与"到那里"之间的空间重塑

（一）《苗疆考察记：在田野中寻找文本》中的空间塑造

作为实录体民族志骨架的"游踪"，本质上指由叙述者的行动构成的时间及空间轨迹。通过描述叙述者在前往田野地点之前与之后的行旅空间，实录体民族志文本强化他者文化在地理空间上的可抵达性与流通性。在《苗疆考察记：在田野中寻找文本》中，对行旅空间的表现以两种不同的视角展开，一种是基于叙述者第一人称的限制性视角，另一种则是超越个人感官的全知视角。

1. 限制性的经历视角：沉浸式的空间体验

> 到边阳时已是下午四点了。天气很阴，当地好像是在赶场。有许多人都站在路边等去罗甸的车。与贵州大多数乡村集市一样，边阳的场坝也不过就是一条前后贯通的公路，路的两旁摆着一些小摊，小摊后面无规划地盖有几排房子而已。由于基本上没有排水系统，遇到雨天，沿街四处都是稀泥。（《罗甸纪行》）①

上文节选的是作者前往罗甸时的经历，由于错过了早晨的班车，只能转车前往罗甸，边阳镇是途中中转的一站。这段叙述以限制性的视角展开，文中所呈现的作者所见的边阳，不仅在时间上有着严格的限制（"下午四点"以后），在空间上也仅限于"边阳的场坝"一隅。在这一有限的视野中，叙述者的声音变得犹豫起来，推测（"当地好像是在赶场"）、基于个人经历的联想（"与贵州大多数乡村集市一样"）、价值与情感判断（"也不过就是一条前后贯通的公路"、"盖有几排房子而已"）充斥在语句间，使得这段叙述具有强烈的个人色彩，也损失了一定的客观性与权威性。

---

① 徐新建：《苗疆考察记：在田野中寻找本文》，上海文艺出版社，1997，第6页。

限制性视角的表述在客观性及权威性上有所缺失, 然而这种看似有瑕疵的叙述并未使民族志文本丧失说服力, 反而强化了他者在地理存在方面的现实性。第一人称的限制性视角又被视为一种经历视角或体验视角, 如同上文引用的文段所示, 读者仿佛被困于叙述者的身体中, 只能观其所观、感其所感。在这一叙述视角下, 文字传达出的信息是片面的、主观的, 也是沉浸式的、情境化的。限制性的经验视角在叙述者与读者之间建立了一种一心同体的关联。读者的感官与思想被叙述者支配, 在文字间活动的 "我" 在某一瞬间成为或近似成为读者本身。

具体而言, 限制性的体验视角由以下三方面构成: 视野的下沉、时间性的凸显以及内向性的聚焦。视野的下沉指读者被剥夺了俯瞰式的全知视角, 并被抛掷进叙述者的身体当中。虽然丧失了全知全能的特权, 但读者被赋予了 "亲身" 体验的权利。行旅空间不再是平面上的点线轨迹, 而是变成了环绕着读者的立体空间。这种经历视角还原了旅程的历时性, 抵达田野点的过程不再是一蹴而就或空口无凭, 读者与叙述者的具身性关联使得这一过程变得循序渐进且有迹可循。

内向性的聚焦是建立这一具身性关联的基础, 这种聚焦涉及叙述者的感官、情感及思想:

> 我们的车过花溪时, 外面正飘着毛毛小雨。车是日本进口的三菱吉普。空调开得很足, 车内暖融融的, 使车窗罩着一层雾气, 看不清窗外的景色。[1] (《高坡去来》)

> 伴着夜色, 我们离别了高坡。外面的雾越来越大, 数米之外就什么也看不清。回程的路变得格外艰险。山路弯弯。车走得很慢。石门未过, 高坡就在我们身旁——贵阳则离我们似乎很远。我很遗憾, 来去匆匆, 这次竟同高坡场上 "坐花园" 的苗族青年擦肩而过, 未能去看甲定保存着数百具古棺的洞葬地点……不过我把这些遗憾留在心中, 当做助我再来高坡的诱惑动力, 同时也变为伴我返程路上连连遐

---

[1]　徐新建:《苗疆考察记: 在田野中寻找本文》, 上海文艺出版社, 1997, 第 71 页。

想的思维火花。① （《高坡去来》）

限制性的视角使得对景观的描述具有鲜明的感官特征，雾气使人"看不清窗外的景色"，这种有限的表述使人察觉到视觉的存在，"车内暖融融的"等描述则突出了触觉的维度。文中，身体性的感知是内向性聚焦的一个层面，除此之外，还有对精神层面的关注。第一人称的体验式叙述使得读者直接进入叙述者的内心世界，直接接触到叙述者的情感与思想。在称"我"的讲述之下，具身性的感官体验及零距离的精神世界使得读者与叙述者的距离无比接近，甚至使读者将自身投入叙述者的意识中，体验、经历叙述者的旅程，跟随着叙述者的双眼和脚步，一步步地走向他者。

限制性的经验视角通过唤起读者与叙述者的共鸣共感，使得基于叙述者个人的经历具有"亲身体验"的说服性。读者似乎与叙述者一起，或是错过了前往罗甸的班车，几经辗转才到达目的地，或是在蒙蒙细雨中行车前往，窗外一片模糊，难辨前路。正如前文所说，这一经验视角下的叙述充满了个人色彩和主观性，与学术表达要求的客观性迥异，但是这样的描述却仍能够甚至更有效地描绘一个可以抵达的他者空间。与学术表达传统相比，经验视角的叙述更多的是一种文学性的表达，通过丰富的细节、对身体感官的关注、内心世界的开放，唤起一种共情，诉诸普遍情感与切身的身体经验，读者与叙述者之间形成"感同身受"的审美关联。叙述者的个人经历变成了"我"的个人经历，叙述者"在那里"的经历变成了"我""在那里"的经历。这种叙述制造出沉浸式的空间想象，一个"曾经抵达过的"田野被切实地塑造出来，诉诸个体的感性。他者在地理空间上的可抵达性被有力地强化了。

2. 文字地图：超感官的空间塑造

在限制性视角的叙述之外，本文还采取了全景式的空间表现方式，如：

> 从贵阳到西江，沿东向公路行走，我们的车行路线是：贵阳—龙里—贵定—麻江—凯里—雷山—西江。沿途要分别经过黔南和黔东南

---

① 徐新建：《苗疆考察记：在田野中寻找本文》，上海文艺出版社，1997，第112页。

州的两线，在黔东南的州府凯里同湘黔铁路线分手，再转朝清水江支流丹江的上游南向行驶，进入苗岭主峰雷公山区域，最后折向道路崎岖的西江。① （《走访西江》）

我们的路线是从贵阳往花溪方向行驶，经桐木岭到青岩镇后再拐向高坡……从贵阳到高坡，一路走来，几乎每处地名都无不陈述着古今更替与人世变迁。贵阳出来，由北向南，又由西向东，依次经过的主要地点是：甘荫塘—中曹司—董家堰—花溪—桐木岭—青岩镇，然后才是黔陶乡—高坡乡。② （《高坡去来》）

作者通过文字表明行动的方向、途经的地点，并以"A—B—C"的文字形式将漫长的行程压缩在简短的文段内。《苗疆考察记：在田野中寻找文本》并未收入与之对应的地图图片，但是这样一种全知视角的叙述在本质上依据现代地图学的语法，使得文中虽未出现图片，仍能够唤起一种鸟瞰式的、超越个人感官的空间想象。首先，对旅途行程的描述整体上以现代地图惯用的鸟瞰视角展开；其次，在现实经验中按照时间顺序途经的地点，被压缩为不到几十字的简短语句，在几乎为零的文本时间中，旅途的路线及途经地点摆脱了现实中的历时性，以共时的形态出现在同一张纸上。安德森在讨论民族国家的共同体意识时，认为语言、时间意识等因素使得"想象国家"成为可能，地图则以直观的视觉形式为"想象国家"赋予了更为稳定的地理现实。而在实录体民族志中，地图式的空间表述使得他者成了更为真实的地理存在。尽管对"花溪""桐木岭""雷山"等地点一无所知，但是面对作者所展示的文字地图，读者仍能够切实地想象这一轨迹空间。同时，地图式的表述赋予了这一路线可重复性与可验证性，似乎只要按照文中的路线行进，我们就能够抵达作者曾经抵达的目的地。

"文字地图"仅是一种比喻，这种文字形式的空间描述并不具有真实地图的直观视觉效果，也不能受惠于制度性的地图符号表达系统所带来的权威。但是，"文字地图"仍然能够塑造具有现实性的、可抵达性的地理

---

① 徐新建：《苗疆考察记：在田野中寻找本文》，上海文艺出版社，1997，第116页。
② 徐新建：《苗疆考察记：在田野中寻找本文》，上海文艺出版社，1997，第65页。

空间，因为"地图式"描述的效果并非在于表层的媒介或符号系统，而在于内在的意义生成机制。

以地图来描述空间之所以成为可能，是因为对空间的想象不再受"在场"支配，"空间"可以脱离个体经验及具体场所存在。① 吉登斯在《现代性的后果》中以"虚化空间"概括这一现象，并指出"虚化空间"得以发展的原因之一在于"用不着参照某个具有明显地利之便的优势场所便可以对空间进行描述"②。对于地图而言，地理知识及逐渐制度化的制图符号系统都是不要求"在场性"的空间描述方式，如安德森所言，空间已经被划为"一个个有刻度方格的集合框架之中"③。在实录体民族志中，地图式的文字表述也同样依靠于不要求"在场性"的空间描述方式，但具体形态有所不同。在《苗疆考察记：在田野中寻找文本》中，空间被划入了由等级道路系统及行政区划系统组成的网格中。

> 贵阳到罗甸之间，经过了花溪、惠水等地，道路的情况，各不相同，等级区别也很大。后来到了拉菜，可以说在驾车的情况下，我们走遍了贵州所有等级的公路；从畅通无阻的高等级公路到甚至需要人推肩扛的乡村便道。（《罗甸纪行》）④

> 沿着新修的花溪大道（贵惠公路北段），过了甘荫塘，汽车十来分钟就到了中曹司。⑤（《高坡去来》）

> 车离开边阳后进入了乡级公路，刚驶不久就熄了火……到了拉菜时，又进入村级公路……以前不通路时，他们要走很远的山间小道，爬坡上坎，费很多时间和精力才能去往乡镇和县城。⑥（《高坡去来》）

---

① 〔美〕安东尼·吉登斯著《现代性的后果》，田禾译，黄平校，译林出版社，2011，第16～17页。
② 〔美〕安东尼·吉登斯著《现代性的后果》，田禾译，黄平校，译林出版社，2011，第17页。
③ 〔美〕本尼迪克特·安德森：《想象的共同体：民族主义的起源与散布》，吴叡人译，上海人民出版社，2011，第169页。
④ 徐新建：《苗疆考察记：在田野中寻找本文》，上海文艺出版社，1997，第8页。
⑤ 徐新建：《苗疆考察记：在田野中寻找本文》，上海文艺出版社，1997，第67页。
⑥ 徐新建：《苗疆考察记：在田野中寻找本文》，上海文艺出版社，1997，第14页。

文章详细记述了经过的道路，例如作者如何从高速公路转向县级道路、乡级道路乃至不得不下车行走的乡间土路，也详细记述了作者在途中经过的地点。文本中提及的道路及地点可被连接成为一条线索，但是文本所呈现的空间并非仅限于此，支撑文本意义的是包容了这一线索的全国性道路及行政区划层级系统。他者所处的位置被先在地置于更广的地理空间之中，这一地理空间不只是物质存在，也是被社会文化形塑的空间。道路及行政区划系统则是这一社会空间的具现，某一地点不是以纯粹的自然地理信息被定位，而是在等级道路和行政区划构成的空间网格之中获得意义。然而，道路及行政区划系统并非中性的区分单位，不同的道路及区划层级关涉于一系列等级性的经济、政治以及文化地位。当我们"进入村级公路"，"走很远的山间小道"，从贵阳市到罗甸县、边阳镇、拉莱寨之时，拉莱寨、高坡、月亮山等地点在当代经济、政治、文化空间中的边缘位置也呈现了出来。

以道路及行政区划层级系统来描述他者空间，使得表现他者所处的地理空间之外增加了社会文化空间的维度。除此之外，这种描述方式塑造了具有可靠性的空间想象效果。面对文本中全然陌生的地点，我们如何能够想象并且相信这一地点的存在？一方面如上文所分析的，通过诉诸感性的文学效果，以此"虚构"己身的在场；另一方面，则是诉诸脱离具体情境的、具有强制性的现代制度，在本文中即是指在当代社会成为"常识"的道路及行政区划体系。

全景式的叙述凌驾于个体经验之上，基于此的空间想象机制不再要求在场性。全景式叙述依据的是地图式的空间表达逻辑，地图式表达的意义在于对象被放置在更大范围的地理空间之中，不再是孤立封闭的地理存在。这种文字地图式的表述不仅揭示了他者存在的物质空间，也揭示了其存在的社会文化空间，由此形成了对他者位置的多重锚定。

（二）重建行旅空间：实录体民族志的空间表述

格尔兹在《论著与生活：作为作者的人类学家》中以"在那里"与"在这里"为关键词讨论了民族志写作的问题，他以四位具有代表性的人类学家为例，分析他们是如何运用不同的写作策略使读者信服他们确实

"到过那里"。他引用雷蒙德·弗思的《我们，提科皮亚人》的第一章，分析道："毋庸置疑，弗思肯定曾经到过'那里'。所有的细节，'蓝色的群山、压低的云层、兴奋的喋喋不休、天鹅绒般的皮肤、落叶铺就的地毯、端坐凳上的酋长'，充满了狄更斯式的丰富和康拉德式的确定导致了一种确定的看法，即接下来 500 页关于社会习俗……的绝对客观的描述可以被当作事实。"①

格尔兹对民族志中"抵达"场景的关注，揭示了经典民族志叙述中的某种传统情节，叙述通常开始于"在那里"之后，田野之外的空间被排除于文本。格尔兹的文章指出了田野之外的另一重空间"在这里"。与波利尼西亚、亚马逊、摩洛哥相比，"一个为讲台、黑板和研讨会所环绕的世界"才是民族志被撰写、被阅读并产生意义的场域。② 尽管格尔兹（也作格尔茨）指出了民族志文本之外的空间，但是"这里"与"那里"被着重标记为两个端点，其中的抵达过程却被忽视了。无论是在民族志作品中，还是在评论者的分析中，从这里到那里的路途突然消失了，抵达田野的过程被塑造成一种充满意外的陡然抛掷，似乎他者处于一个非常态的异空间之内，只能以爱丽丝踏进兔子洞的方式偶然间抵达。

萨义德在《东方学》中写道，东方学将东方描述为一个封闭的领域，它不是欧洲世界向外的延伸，而是欧洲的一个戏剧舞台。③ 舞台的隐喻揭示出这种对东方的描述具有的虚构性与想象性，也显示了一种孤立、静止的空间想象。人类学民族志的空间表述也有这样的倾向，有学者将其称为"场所民族志"。这些民族志往往聚焦于一个有着明确边界的空间，以实现一种清晰的、静态的聚焦。④ 面对这一问题，有学者提出了替代性的田野调查及民族志写作方案。马尔库斯（也译作马库斯）提出了"多点民族

---

① 〔美〕克利福德·格尔兹著《论著与生活：作为作者的人类学家》，方静文、黄剑波译，中国人民大学出版社，2013，第 15 页。

② 〔美〕克利福德·格尔兹著《论著与生活：作为作者的人类学家》，方静文、黄剑波译，中国人民大学出版社，2013，第 182 页。

③ 〔美〕爱德华·W. 萨义德著《东方学》，王宇根译，生活·读书·新知三联书店，1999，第 80 页。

④ 参见赵旭东《线索民族志：民族志叙事的新范式》，《民族研究》2015 年第 1 期；赵旭东《线索民族志的线索追溯方法》，《民族研究》2017 年第 5 期。

志"的方案,以强调移动、流动的民族志方法面对全球化带来的现实挑战。① 国内也有学者提出"线索民族志"的方案,旨在以一种追溯性的调查方式把握动态构成的真实世界。② 在实践方面,也有大量学者针对"通过性"的场所展开研究,如对民族走廊、迁徙通道的关注,以及对"路民族志"的关注,等等。③ 面对传统民族志表述中对他者的空间想象偏于静态化、距离化的问题,实录体民族志提供了另一种解决思路,即重建行旅空间,补充从"在那里"到"在这里"之间的空白。

通过切身的感官和情感细节,用限制性视角的叙述唤起一种临场感,对他者空间位置的想象及这种空间想象的可靠性都建基于这一虚构的在场体验,这种下沉式的体验性表述填充了前往目的地的线性过程。相对的,全景式的表述则依靠地图式的表述逻辑。通过直观的呈现,将田野对象的空间放置于更大的地理范围之中,也放置于多层次的社会空间之中,与依靠个体经验及文学效果的限制性视角形成对比。两种叙述的叠加,使得传统民族志表述中消失的行旅空间得到重建,也因此形成塑造他者空间的多重视角。

结　语

本文以《苗疆考察记:在田野中寻找文本》为例,分析了实录体民族志的文体结构。实录体民族志糅合游记散文的文体特征及人类学表达的目的,以写作者的"游踪"为叙事线索组织全文。"游踪"作为叙事线索为民族志文本带来了独特的时空表述视角。在传统的民族志文本中,排斥对他者的时间及空间表述是创造文本权威性及科学性的主要方式。而在实录

① 〔美〕乔治·马库斯:《十五年后的多点民族志研究》,满珂译,《西北民族研究》2011年第3期。
② 赵旭东:《线索民族志的线索追溯方法》,《民族研究》2017年第5期。
③ 参见李菲《从梭坡如何去往东女国:藏彝走廊的道路、行走与地方实践》,《广西民族大学学报》(哲学社会科学版)2017年第6期;周永明《道路研究与路学》,《二十一世纪》2010年8月号;朱凌飞、胡为佳《道路、聚落与空间正义:对大丽高速公路及其节点九河的人类学研究》,《开放时代》2019年第6期;彭兆荣《论乡土社会之道路景观》,《云南社会科学》2017年第5期。

体民族志中，"游踪"指涉了连续且明确的时间及空间，将他者拉入与作者、读者共同存在的想象共同体之中。

实录体民族志以三个层次的时间表述建立起读者与他者之间的历史性联系，也建立起同时性的关联。实录体民族志中的空间表述集中于对行旅空间的描写，一方面通过限制性的经历视角创造沉浸式的空间体验，另一方面则以地图式的文字表述进行超感官的空间塑造。前者诉诸在场性体验的塑造，后者则依托排斥"在场"的现代性制度，看似迥异的意义生产机制在同一文本中同时作用，创造出复杂的文本空间。

在实录体民族志中，以"游踪"作为线索的叙述框架，为他者的时空表述提供了多元的角度。通过多样的时间及空间表述策略，他者被切实地拉入与"我"同在的时空共同体之中。通过诉诸文学性的审美效果，文本中的叙事不仅显现为已经过去的历史事实，也以现时的体验性存在于文本阅读的过程中，一个可抵达的田野因此得到了立体的塑造。

时代情境下的历史叙述[*]

——评大城立裕长篇著作《小说·琉球处分》

常 芬^{**}

摘要：明治维新后，明治政府把侵略朝鲜、占领中国台湾作为既定方针，急于吞并独立主权国家——琉球国，作为进犯中国台湾的基地。1872 年，明治政府将琉球国王尚泰降为"琉球藩王"，1875 年 7 月，勒令琉球改藩制为日本的府县制；因琉球拖延，1879 年 3 月派兵强行接管，废琉球藩，改为冲绳县，至此，藩属中国五百年的琉球国在日本的侵略下亡国。大城立裕的《小说·琉球处分》细致入微地讲述了这一段错综复杂的历史。在该作品中，大城立裕站在"日琉同祖论"的立场，描写了琉球国如何一步步沦为琉球藩、冲绳县，从而成为日本的一部分的全过程。"琉球属于日本"是 50 年代末作家创作该小说时抱持的信念，所以，明治政府如何处理琉球国，而非琉球国如何应对明治政府，成为该小说的核心主题。

关键词：大城立裕 "琉球处分" "日琉同祖论" 松田道之

大城立裕（1925～2020）生于冲绳中城村一个世袭神女之家，1943 年入读上海东亚同文书院，日本战败后退学，辗转回到美军托管下的冲绳。上海东亚同文书院的消失带来了"青春挫败感"和"祖国丧失"的创伤，促使其走上了文学创作的道路。在冲绳的"行政管辖权"尚未托管给日本的 1967 年，大城立裕凭借小说《鸡尾酒会》荣膺日本纯文学最高荣誉——芥川文学奖。获奖后，大城立裕依旧笔耕不辍，并于 2015 年以 89 岁高龄

---

* 本文为 2019 年度教育部人文社会科学研究青年基金项目"冲绳作家抗日战争时期在中国的创作研究"（项目编号：19YJC752002）及国家社科基金项目"琉球冲绳题材日本历史小说研究"（项目编号：16BWW020）的阶段性成果。

** 常芬，博士，长江大学外国语学院讲师，研究方向为冲绳文学、日本近现代文学。

凭借个人创作生涯中的首部私小说《铁轨的那一边》摘得日本另一个著名的文学奖项——川端康成文学奖。大城立裕文学既以浓郁的历史意识和人文情怀记录了中琉关系，又以显著的"冲绳"特色为人所称道，还能够在"日本文学"的领域拥有一席之地。在某种意义上，可以将其称为跨民族联结与混血的文学。

在大城立裕描述琉球历史的随笔及小说中，主要人物和事件均有迹可循。大城立裕利用历史材料，加以丰富的想象，以个人视点无法尽数囊括的多视点进行阐释，以某种程度的精确性重新创造了他所要叙述的历史。《小说·琉球处分》即是其中一例。

该小说于1959年9月5日起在《琉球新报》上连载至翌年10月25日，总计402回。大城在创作《小说·琉球处分》时，大量引用"琉球处分官"松田道之亲自记录和编撰的书籍《琉球处分》；同时，也谨慎对比琉球高官喜舍场朝贤执笔的《琉球见闻录》。换言之，作家同时参考了明治政府和首里王府的资料执笔书写。

大城在阅读松田道之编撰的《琉球处分》的过程中，注意到松田道之与向德宏（幸地朝常）处理问题的方式及应急能力的异同，并试图写出其中的落差[1]，这是大城创作《小说·琉球处分》的最初动机。该作品以"对立"为轴心铺陈开来，其对立关系一是琉球国内的对立，二是首里王府高官与明治政府之间的对立。这种对立关系立足于史实，书中人物的言行却纯属虚构。虚实交错极易左右读者的情绪及判断力。所以，在研读该作品的过程中必须保持一定的谨慎和怀疑。

《小说·琉球处分》的最开始，大城从考古学、语言学和文化人类学的角度出发，基本上认定琉球是日本的一部分[2]。故事的高潮部分，从1872年首里王府的三司官（川平亲方、龟川亲方、宜野湾亲方[3]）收到与那原亲方的报告书开始。与那原亲方在报告书中记述，琉球出港的船只在

---

[1] 大城立裕、『大城立裕全集·第1卷小説Ⅰ·小説·琉球処分』、勉誠出版、2002、426页。

[2] 大城立裕个人观点，中国学者持有不同见解。参见徐勇、汤重南主编《琉球史论》，中华书局，2016。

[3] 也写作"宜湾亲方"。

前往宫古岛的途中，遭遇飓风，漂流至台湾岛，大量船员被杀害。而后，幸存下来的人受清朝恩典①，被送返琉球。

读罢不难发现，大城讲述的是 1871 年宫古岛岛民遇难事件。毛利敏彦曾在其著作《台湾出兵》中描述该事件：1871 年，从那霸出海的宫古、八重山船只海上遇险，漂流至台湾东南海岸，69 位船员中的 54 人被当地人杀害。随后，明治政府以身为日本人的琉球居民被台湾人伤害为由，举兵"征讨"台湾。出兵一事本源于西乡从道②的独断专行。然而，今日的历史研究观点普遍认为，出兵台湾乃明治政府向海外初次派兵的标志性事件③。这次事件虽然发生在强制实施"琉球处分"的前夕，大城却详细地描写了这一时期三司官的具体行动。

收到宫古岛岛民遇难事件的相关报告后，三司官——特别是宜野湾亲方（宜野湾朝保，唐名向有恒）坚持认为，有必要向鹿儿岛县报告该事件。大城认为，宜野湾亲方之所以主张向鹿儿岛县——也就是之前的萨摩藩——报告，是因为他是一位热爱和歌、与大和文人交情深厚的"亲日派"④。与宜野湾亲方持相反意见的是龟川亲方（龟川盛武，唐名毛允良），他发表了如下言论：

> 虽然都说我们已经被划为鹿儿岛县管辖，但是那位短发狂人的言辞实在叫人难以信服。一直以来，我都认为，比起萨摩，中国的情义更重。突然莫名其妙地闯进一个鹿儿岛，我无论如何也不想跟他们交涉。这个世间真是变得越发蹊跷了。⑤

大城参考史料，在文学作品中亦使用党羽派别来区分首里王府内部的

---

① 清国一直遵循乾隆二年的上谕处理因台风等自然灾害漂流至清国沿岸的外邦之民："著（漂流地）督抚督率有司，加意抚恤，动用存公银两，赏给衣粮，修理舟楫，并将货物查还，遣回本国。"参见〔日〕西里喜行《清末中琉日关系史研究（上册）》，胡连成等译，社会科学文献出版社，2010，第 56 页。

② 西乡从道（1843～1902 年），日本明治时期的海军大将，第一位海军元帅，明治维新九元老之一。

③ 日本出兵台湾的历史事件，详见毛利敏彦《台湾出兵》，中公新书，1996。

④ 大城立裕、『大城立裕全集・第 1 卷小説 I・小説・琉球処分』、勉誠出版、2002、437 頁。

⑤ 大城立裕、『大城立裕全集・第 1 卷小説 I・小説・琉球処分』、勉誠出版、2002、22～23 頁。

对立。在将宜野湾亲方称为"亲日派"首领的同时，给龟川亲方贴上了
"顽固派"的标签。龟川亲方以对中国的"情义"为武器发起反击，表达
了对"亲日派"的不满。与此相对，与龟川亲方持不同政见的宜野湾亲方
之所以认为有必要向鹿儿岛县报告，乃基于百余年来琉球国臣服于萨摩藩
的现实政治。他认为，从现实角度考虑，首里王府向鹿儿岛县报告此事更
为妥当。

"顽固派"与"亲日派"的对立不断升级。龟川亲方不仅反对向鹿儿
岛县报告宫古岛岛民遇难事件，而且，对于日本的新政体，他也颇有微
词："日本国朝廷更迭一事，我们实在难以接受，突然之间要我们献上祝
福，也难以释然看待。这更迭究竟是好是坏，还未有结论哪。"① 对于龟川
亲方的发言，宜野湾亲方做出如下反驳："日本国的政权更迭究竟是好是
坏，不是我们操心的事。但好也罢坏也罢，我们总要作为新一代日本天皇
陛下的臣民，尽自己的一份力量。"② 在小说中，大城立裕在以"亲日派"
称呼宜野湾亲方的同时，还将他归类到"开化派"中，认为他是站在
"理"的角度考虑政治策略。然而，亲日派（开化派）陈述的"理"，说
到底就是明治政府的主张，他们不过是将明治政府的方针原封不动地重复
了一遍而已。

1871 年 9 月 3 日，伊江王子、宜野湾亲方与喜屋武亲云上（朝扶）等
人在品川，与日本外务省七等出仕伊地知贞馨会面。他们之间的交谈
如下：

> 伊地知："维新政府成立了很多政府机关。掌管国内事务的是内
> 务省，负责外国事务的是外务省……哦，希望你们不要误会，我不是
> 说琉球是外邦。琉球毕竟是国内，属于日本的版图。但是，目前我们
> 还没有解决日清两属的问题，因为我国与清国在其他领域的纠葛亦不
> 少，方便起见，就把琉球交给外务省处理了。"
>
> "日清两属？这个问题要怎么处理？"
>
> "当今世界不存在同属两地管辖的政治体制。早晚要清算这个问

---

① 大城立裕、『大城立裕全集・第 1 卷小説Ⅰ・小説・琉球処分』、勉誠出版、2002、24 頁。
② 大城立裕、『大城立裕全集・第 1 卷小説Ⅰ・小説・琉球処分』、勉誠出版、2002、24 頁。

题，向全世界声明琉球是日本的领土。在政府内部，这样的立场也是非常坚定的。"

"政府内部？如此说来，已与清国协商过了吗？"

"暂时还没有。不过，也没有必要吧。琉球属于日本，是不争的事实。正因为如此，政府对于台湾生蕃事件给予了非常关注，很快就下定决心向台湾派兵征讨。"①

从以上对话可以大致推测出明治政府的态度：琉球属于日本。由于一些特殊原因，暂将琉球事务交予外务省处理。

不过，明治政府将琉球国"降格"为琉球藩的敕令发布于 1872 年 9 月 14 日，这意味着，在伊地知贞馨发表上述言论的时节，琉球依然是不折不扣的"琉球国"。当时，身为参议的大隈重信在公开场合声称：桦太属于国内，琉球属于国外②。1875 年 5 月 24 日发行的《邮便报知新闻》也指出："琉球的确不是我们的属国，虾夷地才是日本的一部分。"③而且，值得注意的是，隐讳地将琉球纳入内务省的管辖范围（即日本行政管理体制）内，是在 1874 年。因此，在伊地知贞馨发言的时间点，琉球不属于日本是毫无争议的事实，由外务省处理相关事宜亦是理所当然。换言之，声称琉球属于日本的伊地知贞馨有意地歪曲了事实，抑或，因为已经知晓明治政府将在近期采取实际行动，才有了如此那般的言之凿凿。

伊地知贞馨还声称，没有必要与清国就琉球的归属问题进行谈判。后来的"琉球处分官"松田道之也曾发表声明指出，明治政府遵循法理，并呼吁各方依法行事。既然主张相关各方以法理为依据协商议事，与清国展开外交谈判就在所难免。不过，伊地知贞馨的言辞断然否认了这一点。如此一来，矛盾接二连三发生。

伊地知贞馨晋升为外务省六等出仕后，前往那霸处理公务，与伊江王子和宜野湾亲方会面恳谈。在强调了藩属体制的合理性、忠告琉球遵奉朝

---

① 大城立裕、『大城立裕全集・第 1 卷小説 I・小説・琉球処分』、勉誠出版、2002、29 頁。
② 早稲田大学社会科学研究所、『大隈文書・第 1 卷』、早稲田大学社会科学研究所、1958、210 頁。
③ 郵便報知新聞「琉球は確乎たる我が属国には非ず」1875 年 5 月 24 日付。参見芝原拓自、猪飼隆明、池田正博『対外観・日本近代思想大系 12』、岩波書店、1989、418 頁。

旨后，伊地知贞馨要求首里王府交出琉球国与欧美列强缔结的"友好条约"的原本。琉球国于 1854 年 7 月与美国签署《琉美友好条约》，1855 年 11 月与法国签署《琉法友好条约》，1859 年 9 月与荷兰签订了《琉兰友好条约》，与各国缔结友好条约，无疑证明琉球是一个独立的主权国家。伊地知贞馨有备而来的无理要求，打了琉球国一个措手不及。面对咄咄逼人的伊地知贞馨，伊江王子等人惴惴不安地回答：

> "可是，伊地知大人啊，这些条约是以琉球国王的名义缔结的，如果原本不在琉球国，哦不，琉球藩的话，将来我们会很麻烦的。"
> "怎么麻烦？"
> "怎么麻烦，哎，就是万一与美国发生了纠纷，需要用到原本，而我们没有，那就麻烦了呀。"
> "他们不会来的。来的话也是来东京，与日本政府协商。"
> "这样啊……"
> "本来就没有琉球国了，你们仅仅是一个藩而已。一个藩与外国缔结条约本就是难以想象的。今后，所有的责任一律由政府承担，你大可放心。"①

明治初期，明治政府致力于废除幕末时期德川幕府与欧美各国缔结的治外法权，以及恢复本国的关税自主权等。作为独立国家，日本企图恢复主权无可厚非，但索要琉球国与他国签订的条约原本意在抹杀琉球作为主权国家的凭据，进而将其完全纳入日本的版图。如此一来，松田道之所谓的依据"法理"行事的宣言，同伊地知贞馨的言辞就存在显而易见的矛盾。

伊地知贞馨大放厥词的 1872 年，明治政府尚未修正与欧美各国缔结的不平等条约。可见，伊地知贞馨的言辞毫无真凭实据，充斥着矛盾与欺骗性。然而，面对明治政府设置琉球藩、要求首里王府交出涉外条约原本等种种无理要求，琉球一方的应对耐人寻味。

---

① 大城立裕、『大城立裕全集・第 1 卷小説Ⅰ・小説・琉球処分』、勉誠出版、2002、55 頁。

　　大城认为，"藩属体制"一词使琉球使节们生出了难以名状的憧憬之情，尤其是"亲日派"代表宜野湾亲方仿佛吞下了一颗定心丸。他们之前担忧日本的国体动荡会殃及池鱼，"如今看来，之前的种种心悸纯粹是白费心机"。宜野湾亲方感慨万千："日本的文明开化也好、政治豪情也好、雅量也好，无不叫人顶礼膜拜。今后，若没有日本帝国罩着，琉球还不是无依无靠、举步维艰。"伊江王子应声附和："所言极是！我也是反复回味着今天这个日子！宜野湾亲方，我们可是立了大功的人，是打开了国运的英雄啊！今晚是无论如何也睡不着了，走！不如去散个步吧。"① 从以上言辞可以看出，宜野湾亲方和伊江王子对明治政府将琉球国"降格"为琉球藩、纳入日本的藩属体制，抱持着积极、乐观的态度。

　　顽固派代表龟川亲方的想法与开化派截然不同。虽然彼时，他已辞任三司官，但言辞之激烈比起过往有过之而无不及："使节们说，他们看见了繁荣的征兆。但是，通过外国的干涉看见繁荣的征兆，我是无论如何也想象不来的。现在的人们真是幼稚到……"② 由此可见，琉球境内顽固派与开化派的对峙已经到了无以复加的地步。耐人寻味的是，明治政府似乎毫不在意顽固派的主张以及琉球境内的对峙，1871 年于日本全国推行开来的"废藩置县"好像顺理成章似的蔓延至琉球。

　　1873 年某日，与那原亲方同外务卿副岛种臣在自家宅邸会面。当时，副岛种臣提到了围绕宫古岛岛民遇难事件与清国展开谈判时发生的点点滴滴。副岛种臣表示，即使声称琉球是独立主权国家，或是声言琉球隶属于日本，清国也毫无动作。与那原亲方应声附和，清国之所以如此，大概是出于对邻国日本的顾虑。副岛种臣对与那原亲方的看法表示赞许，认为单从顾虑邻国这一点上看，也能明显觉察出清国的衰弱。从副岛种臣的言辞中，可以知晓明治政府将琉球的主权归属作为谈判筹码，打探清朝外交姿态、国内政治状况及国力虚实的意图。

　　1874 年 1 月，与那原亲方良杰接受明治政府的人事安排赴外务省编集

---

① 大城立裕、『大城立裕全集・第 1 卷小說 I ・小說・琉球処分』、勉誠出版、2002、35 頁。
② 大城立裕、『大城立裕全集・第 1 卷小說 I ・小說・琉球処分』、勉誠出版、2002、37 頁。

科任职，在那里，他与内务大臣松田道之成为知己。当时，松田道之受内务卿大久保利通之托前往外务省调研，松田道之向与那原亲方良杰提出了借阅琉球与各国缔结的友好条约等一系列外交资料的要求。对此，与那原亲方良杰十分惊讶。他对内务大臣借阅琉球外交资料的举动充满了疑虑，"内心涌起黑云一样的不安"。"黑云"暗喻琉球乃至东亚地区变幻莫测的命运沉浮。不久，明治政府将出兵台湾付诸行动。

与那原亲方良杰和宜野湾亲方在后者宅邸就日本出兵台湾这一举措进行了讨论。针对与那原亲方良杰提出的是否毫无保留地信赖日本这一问题，宜野湾亲方作出如下回答："因日本征讨台湾而忧虑琉日关系的人不在少数，但我却不这么看。日本出兵台湾，说到底，是出于将琉球视为己出的父母之心，而且……"① 作为亲日派（开化派）的中流砥柱，宜野湾亲方发表上述言论不足为奇。

大城描述完与那原亲方良杰和宜野湾亲方的对话后，将目光投向了前往清国进行交涉的琉球使节。他使用倾向性较强的文字评价了琉球使节在清国的表现："使节们一到清国，绝对会举行宣誓仪式以示效忠清国。这一仪式世代相传，他们在沉默中，极有可能不情愿地背叛了日本。他们在很大程度上，表现出了对清国的绝对忠诚。"② 可以说，大城倾向于明治政府的写作立场至此暴露无遗。

明治政府非常清楚，在此之前，必须"处理"好琉球问题，而解决这一问题的关键人物则是执掌内务省的大久保利通和担任内务大臣的松田道之。内务卿和内务大臣就琉球议题展开的密切交谈，说明琉球问题已被纳入内务省的工作范畴。

大久保利通对松田道之说出肺腑之言："我总觉得自己不太擅长处理琉球相关事务。我是鹿儿岛人，对祖先的过往总是暗自介怀吧。"③ 大久保利通所说的"祖先的过往"很可能是指 1609 年萨摩入侵琉球后所做的诸

① 大城立裕、『大城立裕全集・第 1 卷小説Ⅰ・小説・琉球処分』、勉誠出版、2002、110 頁。
② 大城立裕、『大城立裕全集・第 1 卷小説Ⅰ・小説・琉球処分』、勉誠出版、2002、113 頁。
③ 大城立裕、『大城立裕全集・第 1 卷小説Ⅰ・小説・琉球処分』、勉誠出版、2002、122 頁。

种行为的总称。大城之所以在小说中安排大久保利通说这一番话，一是想重申萨摩侵略琉球的史实，二是试图强调这段历史记忆在明治末期依然被继承和延续了下来。另外，大城还借大久保利通之口道出了明治政府不论付出多大代价也要"保护"琉球的理由，即以全球流通的公法为依据，明治政府非这样做不可①。但是，这种一边依据公法"保护"琉球，一边又剥夺琉球外交自主权的做法实在是矛盾至极。

不久，大久保利通敦促松田道之与琉球方面进行交涉，小说接下来描写的其实是权力转让的全过程。

1875 年 5 月 13 日，松田道之被任命为"琉球处分官"。从彼时起，他开始认真思索如何"处分"琉球、怎样采取行动。大城在小说中写道："试图以近代的合法性为依据，拼尽全力和平处理国家危机，乃松田内务大臣值得夸耀的使命。"② 松田道之试图依据法理解决难题，尽可能快、尽可能合理地骗取琉球以及其他诸国的理解。面对松田道之的强压态势，琉球方面采取的对策是，让藩王尚泰装病。与此同时，借琉球藩议会的举行尽可能地拖延交涉的时间，派专人远渡清国请求援助。

然而，松田道之对首里王府的印象不过寥寥，对王府方面的"抵抗"方式也抱持恬不为怪的态度：

> 他们并没有大陆人的坚实强干，只是个贫瘠的岛国而已。这里除了空虚什么都没有。他们本身并不强大。往他们的空虚看过去，只让我觉得毛骨悚然。像是一口深井。③

松田道之认为琉球方面的抵抗不像大陆人的抗争那般强劲有力。他所说的大陆式的强劲有力，并非指个人抗议，而是指如示威游行那般，为了谋求集体利益而团结在一起的多层次、复合式的强大力量。松田道之否定琉球具备这种强大力量，使用"空虚"二字对琉球人的品性下了注解。这种空虚指的是琉球普通民众的虚无感和首里王府内部屈指可数的既得利益

① 大城立裕、『大城立裕全集・第 1 卷小説Ⅰ・小説・琉球処分』、勉誠出版、2002、128 頁。

② 大城立裕、『大城立裕全集・第 1 卷小説Ⅰ・小説・琉球処分』、勉誠出版、2002、158 頁。

③ 大城立裕、『大城立裕全集・第 1 卷小説Ⅰ・小説・琉球処分』、勉誠出版、2002、129 頁。

者对明治政府进行的"抵抗"。

不过，回溯近代史，琉球方面的救国运动却实实在在地甩了松田道之或明治政府一记响亮的耳光。松田道之的"其狡猾欺瞒的所作所为"，三条实美（初代内大臣、太政大臣）的"对应琉球藩的权宜之计"等言论就是极好的证明①。加之，当时的日本报纸上也出现了诸如"琉球藩民的狡猾，无有出其右者"（《横滨每日新闻》）、"琉球的所作所为，甚为可恶，叫人怒火万丈"（《朝野新闻》）、"呜呼！此藩辱我国威侮我国体，于我大日本帝国不敬无礼至极，真叫人怒不可遏"（《东京曙新闻》）② 等言论，足见琉球的救国运动取得了一定的成效，使以松田道之为代表的明治政府颜面难存。

大城立裕以如下文字描述了松田道之等日本官僚驻留琉球四十余日时的心情："日本达成了明治维新的大业，正以快马加鞭的速度朝近代化国家的目标迈进。对于满腔抱负的日本官僚来说，一项工作花去四十几天却毫无进展，在当时简直难以想象。"③ 在驻留琉球五十余日时，松田道之感叹："曾经，在我眼中，数百人的琉球民众仿佛愚昧的木偶一般，如今，他们却似怎么也杀不死的怪物了。"④ 另外，大城对致力于救国运动的琉球志士并未给予肯定："指望那些琉球官僚按照松田道之倡导的近代国际法行事简直是天方夜谭。"⑤ 由此可见，大城的观点非常明确：明治政府正致力于"先进的"近代化国家建设，而琉球人则是不识时务的"落后之人"。不难想象，大城在写作过程中，将自己的想法投射到登场人物的言行上，

---

① 松田道之的言辞参见喜舍场朝贤『琉球見聞録』，東汀遺著刊行会，1952，第96页；三条实美的言辞参见明治文化資料叢書刊行会『明治文化資料叢書・第4卷外交編』，風間書房，1987，第84~85页。

② 横浜毎日新聞「琉球処分論」1876年12月11日付、朝野新聞「琉奴討す可し」1879年1月10日付、東京曙新聞「『琉奴討す可し』を読む」1879年1月13日付。该部分引用均参见芝原拓自、猪飼隆明、池田正博《対外観・日本近代思想大系12》，岩波書店，1989。

③ 大城立裕、『大城立裕全集・第1卷小説Ⅰ・小説・琉球処分』、勉誠出版、2002、232頁。

④ 大城立裕、『大城立裕全集・第1卷小説Ⅰ・小説・琉球処分』、勉誠出版、2002、232頁。

⑤ 大城立裕、『大城立裕全集・第1卷小説Ⅰ・小説・琉球処分』、勉誠出版、2002、175頁。

松田道之的心境，在很大程度上，其实是彼时的大城对"琉球处分"这一历史事件的看法。

松田道之被琉球的救国运动弄得心力交瘁，深知以近代国际法为准则行事绝无成事可能。在这种情况下，1878 年 11 月，松田道之应内务卿伊藤博文的要求敬呈了"琉球藩处分案"。1879 年 3 月 27 日，松田道之率领300 人的军队及 150 多人的警察队伍，造访首里大界寺。在大界寺，他正式宣布废止琉球藩、设立冲绳县的决议案，即琉球的"废藩置县"。1879年 3 月 31 日，旧三司官向内务官吏交出首里城以示投降，至此，"琉球处分"在形式上得以完成。

此后，琉球依然存在对抗明治政府的力量。松田道之向琉球方面交代交接事宜时，旧三司官、藩吏、高家等 70 多名人士连日在中城御殿集会，商讨对策。大城认为，他们的行为是一种自主意识的复苏，妄想恢复明治政府设置"琉球藩"之前的身份认同。因此，这种"独立"意识相当空虚，可悲的是，这群人非依存这样的假象苟活不可①。大城不依不饶地鞭挞他们的行为：

> 旧三司官们不过是想方设法地逃避责任。他们的直观世界里，明治政府的方针极其遥远，以松田道之为首的明治政府官员，没有一位与他们是亲近的，因此，尽管由于种种违拗受到斥责和处罚，他们打心眼里并未感到恐惧。但是，若被同胞追究责任，则会在良心上感到不安。他们抗拒指导者的部署，恐惧民众的责难。民众的谴责，意味着他们所处的阶级遭到了否定。②

可见，大城认为旧三司官们的"独立"意识源于逃避现实责任的空虚感，他们尚未认清或拒绝直面现实的严峻性，其抵抗行为的出发点及目标不切实际，深陷"假象"的陷阱，自欺欺人。另外，对以林世功为代表的琉球志士在清国展开的救国活动，大城也未有肯定的记述。因此，可以毫

---

① 大城立裕、『大城立裕全集・第 1 卷小説 I・小説・琉球処分』、勉誠出版、2002、366 頁。
② 大城立裕、『大城立裕全集・第 1 卷小説 I・小説・琉球処分』、勉誠出版、2002、367 頁。

不讳言地讲，大城对"琉球处分"前后，琉球方面采取的一系列抵抗行动，均持否定态度。

在《小说·琉球处分》的结尾，大城借松田道之的回忆，概括了"琉球处分"的全过程。耐人寻味的是，松田道之将这场"战斗"看作自己同藩王尚泰之间的较量：

> 在迄今为止的战斗中，我顺应历史潮流，既从自己的角度权衡过，也站在琉球匹夫们的立场考量过。到头来才领悟，那些努力不过是白费心力，说到底，其实就是我本人同尚泰二人的对决吧。尚泰的老奸巨猾真是叫人吃了不少苦头！这个抱病的愚蠢矮子，将那无数蒙昧无知的群众困在其中，建立了一个多么坚固的城堡啊。这个该被鄙视、丧失自我、罹患痴呆、一丁点儿尊严都没保持住的、弱小封建王国的残骸，我堂堂日本国内务大臣书记官松田道之的人生居然被这样一个人给搅乱了，真叫人气恼！①

大城笔下的松田道之将尚泰描摹成"抱病的愚蠢矮子"，将琉球人刻画成"蒙昧无知的群众"，将当时的琉球藩（即旧琉球国）形容为"弱小封建王国"，将琉球救国运动看作"欺瞒狡诈的所作所为"等。松田道之之所以会发出如此慨叹，大城自身观点的投射不容小觑。一言以蔽之，对林世功等救国义士的壮举不置可否，以倾向于开化派的立场著书立说，归纳出此番见解不足为奇。

总而言之，大城在《小说·琉球处分》中，站在日琉同祖论的立场，描写了琉球国一步步沦为琉球藩、冲绳县，从而成为日本的一部分的全过程。"琉球属于日本"是 50 年代末作家创作该小说时抱持的信念，所以，明治政府如何处理琉球国，而非琉球国如何应对明治政府，成为该小说的核心主题。大城将创作历史小说的惯用手法"对立"运用到《小说·琉球处分》的创作中，一来描写了明治政府和首里王府之间的对立，二来叙述了首里王府内部"开化派"和"顽固派"之间的龃龉。大城借登场人物的

---

① 大城立裕、『大城立裕全集·第 1 卷小説 I·小説·琉球処分』、勉誠出版、2002、374 頁。

言行对明治政府及"开化派"予以肯定，对首里王府的抵抗、琉球救国运动等则难以苟同。另外，大城未使用"琉球国合并"①"废琉置县""废国置县""废国建县"等尊重琉球民族尊严与情感的专有词汇命名该小说，而是沿用了"琉球处分官"松田道之亲自记录和编撰的书籍《琉球处分》的书名，或下意识地选择了多年来日本政府及日本研究界约定俗成的说法，也可能两者兼有。可以毫不讳言地说，大城使用"琉球处分"这一词语作该书的书名本身就是一个彰明较著的态度。

---

① 比嘉克博、『琉球のアイデンティティ——その史的展開と現在の位相琉球館』、2015、53 - 58 頁。

走向大众的人类学：从分析到叙述

——评《魅力人类学——吸引公众的书写案例》

王卫平*

摘要：著名社会文化人类学者托马斯·H.埃里克森的作品《魅力人类学——吸引公众的书写案例》关注了人类学作品与读者之间令人担忧的关系，以及人类学学者为何未能将自己的专业知识"翻译"为大众青睐的读物，发挥该学科应有的影响。该书将社会人类学的诸多议题与人类学书写的困难结合起来，从"复杂性和语境""快媒体和慢媒体""叙事和分析"等困难和矛盾问题展开，结合大量书写案例的分析，从中总结出经验和建议。作者提出的核心观点是人类学学者要发挥其作为公共知识分子的影响，必须放弃单调的分析方法，重新学习叙述的艺术。

关键词：托马斯·H.埃里克森　人类学写作　写文化　叙事

———

托马斯·H.埃里克森（Thomas H. Eriksen）是挪威奥斯陆大学社会人类学系教授。他既是一位著作等身的著名学者，同时也继承了斯堪的纳维亚人类学的宝贵传统，作为一名知识分子活跃于公共领域，致力于向大众宣扬人类学可能扮演的重要角色。多年来他一直关注当代的世界政治、民族主义和全球化等议题，目前已有《小地方、大问题——社会文化人类学导论》（2009）、《什么是人类学》（2012）、《全球化的关键概念》（2012）、

———

* 王卫平，华中科技大学外国语学院英语系副教授，硕士生导师，主要从事比较文化和比较文学研究。

〔挪威〕托马斯·H.埃里克森：《魅力人类学——吸引公众的书写案例》，王卫平译，华中科技大学出版社，2019。（Eriksen, T. H., *Engaging Anthropology—The Case for a Public Presence*, Oxford, UK & NY, NY: Berg, 2004.）

《时间，快与慢》（2013）等多部作品被翻译引进国内，且受到广泛欢迎。本书是其作品中较为特别的一部，英文标题为"*Engaging Anthropology—The Case for a Public Presence*"，"engaging"是"有吸引力的""迷人"的意思，"presence"是"出现""在场"的意思。这几个关键词暗示了该书关注的核心问题是，人类学者如何才能写出吸引公众的作品，从自己狭小的圈子中走出来，在公共话语场中发挥影响。这部作品不仅要处理社会人类学的诸多议题，更要关注人类学作品与读者之间令人担忧的关系。后者关注的是书写和书写形式的问题，包括表现形式、体裁和风格等问题。如何能将两者紧密结合起来，无疑是作者要面对的最大挑战。

埃里克森以一个挑衅的开场白向读者提出问题：既然人类学家能提供的东西如此之多，为什么他们在公共领域被忽视了呢？作者围绕这个问题展开论述。他首先对人类学进入公共领域的历史给予简要追溯，介绍了以马林诺夫斯基、米德和列维－斯特劳斯等为代表的人类学者作为公共知识分子的成就和影响。他从这些拥有广泛读者群和影响力的成功范例中总结出了讲述、传记等不同种类的书写形式和"解谜"、陌生化等叙述技巧。但遗憾的是，由马林诺夫斯基等人开创的传统却没有得到延续和继承。20世纪后半叶以来，越来越多的人类学者不再寻求吸引读者，而是甘愿选择"茧式"的学院生活，这对于社会显然是一个巨大的损失。作者在第二章列举出一套"原因"清单，包括知识精英主义的影响、短视的专业化、后殖民主义和后现代主义批判及学科自信的缺失等。

以20世纪以来整个社会和哲学思潮背景观之，这些指控并不陌生。难能可贵的是，埃里克森并没有停留于此，而是提出疑问：在种种不利的情境下，我们能做什么？他的做法是如剥洋葱一般，将问题背后的深层原因一一展示出来，然后令人信服地提出对应的解决办法。在第三章"复杂性和语境"和第四章"快媒体和慢媒体"中，埃里克森分别分析了人类学知识固有的复杂性与读者要求的明晰性两者之间的矛盾，以及"快速"的公共媒体与"慢速"的知识分子写作之间的矛盾。第五章"叙事和分析"与第六章"变换中心的写作"更多关注了具体的书写形式的问题。他详尽地讨论了人类学家将分析置于叙述之上的倾向为阅读制造的障碍，仔细研究了写作风格和术语使用的种种问题，将近期人类学记叙文本与成功的先例作品比照，结合大量书写案例予以检视，从成功或失败的例子中总结出经验和教训。

　　埃里克森作为一名公共知识分子拥有的责任心和执着精神，及其拥有的广博学识，让人感受深切。这些学识不限于人类学领域，还包括哲学、社会学和文学书写等领域的知识。他在书中广征博引，有时似乎是信手拈来，却无不契合贴切。在探讨简化模式和方法的可能性时，他引用了博尔赫斯的一篇著名短篇小说。在这个哲理故事中，国王命令他的制图师为他制作一份完全准确的国家地图。如果我们要书写一部能够向读者展示整个世界的人类学作品，那么问题是，我们如何对这个世界进行简化，才能把它装进一本书中。这种引入问题的方式显然比直接的分析读起来更加令人趣味盎然，也启人思考。

二

　　埃里克森要处理的第一个困难问题是，人类学知识固有的复杂性对书写提出的挑战。人类学反对简单化，学者们提供的常常是不可化约的复杂性和模糊性，以及对细节的执着；而公众期待的是简明——对复杂问题明晰的叙述和简单的答案。如何处理复杂性与简化这一对矛盾，是一部能吸引大众阅读兴趣的作品必须面对的核心问题。埃里克森从多个方面对这个问题进行了精彩的分析，并提出洞见。他指出，有些人类学书写将复杂性作为结论而不是前提，使读者望而却步；有时问题不在于人类学本身的复杂性，而在于人类学者优柔寡断的态度和对清晰明确表达方式的拒绝，这种犹豫和拒绝有时是一种卖弄。由此，他呼吁不宜以人类学的学术价值作为唯一的评判标准，如果某些更简单明晰的民族志作品能让那些不会成为人类学者的大多数读者受益，那么我们应该对之采取更开放的肯定的态度。

　　复杂和明晰、细节和简化这些矛盾对书写形式提出了巨大的挑战，在第三章"复杂性和语境"中，埃里克森提供了大量精彩的案例分析。他引用本尼迪克特的《菊与刀》、哈里斯的《食人族与国王》和列维－斯特劳斯的《忧郁的热带》等成功的书写案例，来探讨各种可能的写作形式及其值得学习借鉴之处。他关注了蒙田开创的散文文体在处理细节和张力上的潜力，提出散文随笔这种开放式讲述故事的模式或许正适合当今的人类学著述。以本尼迪克特的《菊与刀》为例。这部作品内在的复杂性并不会让人感到晦涩，而是其微妙而复杂的视角产生了效果。事实上，一些人类学作品成功地展示了这样的可能性，"既表达了复杂的思想，又能吸引读者"，列维－斯特劳斯的《忧郁的热带》正是其中的典范之作。它既是结构主义思想的经典之作，又拥有广泛的声誉。"在读者几乎没有注意到的时候，带着他们在亚马逊低地的原始部落和理论的高地之间穿梭。"① 也许，我们并不是一定要在复杂性和效率之间取舍，以牺牲一个方面来换取另一方面。

另一对与复杂性和语境相关的矛盾是普遍性和特殊性的问题，也可以理解为全球性和本地性的问题。注重细节和田野调查的民族志如何处理范围广阔的文化史？人类学者在对细节执着追求之时，常常将宏观问题抛之脑后。埃里克森认为在这一点上，我们需要向那些少数的成功之作学习，向社会、历史、文化学者甚至是自然学者学习。生理学家和演化生物学者贾雷德·戴蒙德既是学术大家，也是一位成功的科普作家，他的《枪炮、病菌与钢铁：人类社会的命运》从整体视角对人类文化给予了观照，是一部经久不衰的畅销作品。埃里克·沃尔夫在1982年出版的名作《欧洲和没有历史的人民》典范式地采取了更加历史化的方法。皮特·沃斯里的《这三个世界》则是从社会学视角来写作的典型。

当代身份政治问题既有全球化的一面，也有本地性的一面。埃里克森选取道格拉斯·霍姆斯的《一体化的欧洲》、蔡美儿的《起火的世界》、王爱华的《弹性公民》和本杰明·巴伯的《圣战与麦当劳世界》等几部作品，对其予以了深入探讨。这些作品分别关注了欧洲右翼运动、海外华人身份认同、伊斯兰和美国霸权冲突等重要问题。通过这些作品，埃里克森提出，人类学擅长处理细微差别和地方差异，但它也必须承认，全球资本主义及地缘政治决定了目前某些意识形态和文化特性具有跨国性，离散的

---

① 〔挪威〕托马斯·H. 埃里克森：《魅力人类学——吸引公众的书写案例》，王卫平译，华中科技大学出版社，2019，第20页。

区域性事件之间有着某种关联性。在关注本地性的同时，人类学者也需要离开自己的实地考察，将目光扩展到世界上其他时间和空间发生的事件。值得注意的是，在强调要把握普遍性与特殊性、全球性与本地性平衡之后，埃里克森最后仍然坚持了人类学者擅长的本地视角的意义："任何不从地方意义和地方斗争的角度看待全球化的解释或描述都是不充分的，因为这些斗争虽然有资本市场全球化的影响作用，归根结底还是表现在地方和本土。"①

另外两对复杂问题包括快与慢的冲突、叙事与分析的合理安排，作者分别在第四章"快媒体和慢媒体"和第五章"叙事和分析"中对两个问题进行了详细处理。人类学者注重情境、细节和追求学术价值的书写习惯，与其作为知识分子参与公共事务要求的时效性之间似乎是矛盾的。作者通过将注重实效性的新闻写作与人类学书写习惯和特点进行比较，提出我们可以适当地向新闻书写学习。尽管有速度上的差别，新闻书写采取的叙事模式也有诸多值得人类学书写借鉴的地方，"展示，而不是告诉"是新闻书写的标语，与人类学的学术性的书写习惯形成了有趣的对抗。人类学书写主要使用分析的方法，这是作品难以被理解的一个重要原因。

在当代人类学中，对于叙事的呼声几乎已经是老生常谈了，但成功的叙事作品还是少之又少。如果将编撰民族志看作把世界的一隅转化为一部按线索和情节展开的叙事，如何为一个具有价值的故事找到形式，如何把握分析和叙事的平衡，显然是至关重要的问题。第五章中，埃里克森选取若干作品深入分析，提出了有价值的建议。例如，蔡美儿的《起火的世界》比之王爱华的《弹性公民》更为畅销，主要原因是前者以叙事为主导，而后者以分析为主导；霍姆斯的《一体化的欧洲》被认为是一部重要的作品，但其影响力却没有达到预期。埃里克森提出的建议是，作者可以进一步整合分析框架，以一种更直白有趣的方式讲述这个故事。最后，埃里克森还提到，"我们应该认识到由叙事驱动的作品，背后实际上可能由

---

① 〔挪威〕托马斯·H. 埃里克森：《魅力人类学——吸引公众的书写案例》，王卫平译，华中科技大学出版社，2019，第130页。

参与和关切意识驱动，这样的叙述文本比起主要由分析阐释构成的作品更容易吸引读者的兴趣。"①

比起学术性的分析，叙述和描写是吸引大众更为有效的写作形式。马林诺夫斯基在《西太平洋上的航海者》中写道："对于当地风土人情的描绘，出众的业余作者总能通过某些微妙的细节处理，将我们付出了长时间与当地人民保持亲密接触获得的知识展示出来，从而使读者能够身临其境。"② 在第六章"变换中心的写作"中，埃里克森进一步通过案例分析，探索拓展传统的学术话语边界、融入叙事元素的可能。他指出，马林诺夫斯基及其大多数继承者证明，在写作实践中将科学的严谨性与吸引人的叙述性结合起来是行之有效的。人类学学者长时间田野调查后写作的作品往往充满了生动的民族志细节描绘，他们需要的是寻找和使用合适的叙事技巧将之呈现出来。戴维斯的《蛇与彩虹》正是书写技巧和翻译形式上的成功书写案例。他在该书中扮演的角色是一名探险家和讲故事的人，其次才是学者。"戴维斯讲述故事的方式带有一种独特又随性的漫谈风格，这无疑是有效的。"他以一个初来乍到者的第一人称主观视角全身心地投入一场紧张刺激的探索中，"他很乐于讲述这个故事，读者仿佛能听到他亲切的声音"③。《蛇与彩虹》证明了作者可以在约定俗成的科学话语和文类传统之外自由行走，同时又不至于将学术规范弃之不顾。

三

值得提出的是，作者本人是一位人类学学者，并不是专业作家，更不是文学家。在对人类学书写案例的讨论和分析中，他并没有系统地参考文学书写的术语或引用文学的相关理论。但是，我们可以发现，无论是作者引用博尔赫斯的短篇小说来引出简化的形式问题，探索蒙田开创的散文文

---

① 〔挪威〕托马斯·H.埃里克森：《魅力人类学——吸引公众的书写案例》，王卫平译，华中科技大学出版社，2019，第155页。

② 〔挪威〕托马斯·H.埃里克森：《魅力人类学——吸引公众的书写案例》，王卫平译，华中科技大学出版社，2019，第143页。

③ 〔挪威〕托马斯·H.埃里克森：《魅力人类学——吸引公众的书写案例》，王卫平译，华中科技大学出版社，2019，第146页。

体特有的微妙视角对处理复杂性的效果，分析解谜体裁和强调民族志细节描绘的修辞效果，还是反复地回到列维–斯特劳斯的伟大经典之作《忧郁的热带》，都揭示出作者在处理作品与读者关系上的独到之处。在埃里克森的阐述中，"视角""声音""人称""情感""张力"等叙事和诗学的关键概念并不少见，无疑暗示人类学书写与文学书写之间丝丝入扣的联系。徐新建指出，文学人类学研究的关键问题是"表述"，是"作为动词的表述"。① 埃里克森这部作品关注的正是表述问题。在对诸多书写案例的精彩分析基础上，他提出人类学作者必须重新学习书写的艺术，其中最重要的写作技巧是将分析和叙述融合起来。

此外，埃里克森本人对诸多当代作家和作品也有所涉猎，他屡次引用了 V. S. 奈保尔、帕慕克和拉什迪等作家及其作品作为案例或参照。这几位作家有着共同的特点：都有多元的语言和文化背景，在不同文明之间的交叉地带写作，其作品有着鲜明的跨国族和跨文化的特点，常常关注身份政治和不同文明冲突等主题。这些作家群体及其作品构成了当代英语文学书写的一个显著特点。从埃里克森的分析来看，这一文化现象应该放到全球经济和政治的背景下来理解。如果将这些作家的作品与同样关注身份政治和不同生活方式的当代人类学书写放到一起阅读，应该是有意义的事。由此，我想起我研究的作家 J. M. 库切（无疑也是上面所列作家群体中杰出的一位）说过的一段话：

> 如果末日方舟被赋予一项使命，带走人类所能提供的最好的事物，到另一个星球上开始崭新的生活。如果真的会这样，难道我们不能留下莎士比亚的戏剧和贝多芬的四重奏，把空间让给一个说 Dyirbal 语（南非的一种土著语言）的老妇人，即使这是一个正在挠搔皮肤、身上发出难闻气味的又老又胖的妇人？②

2003 年诺贝尔文学奖、两度布克奖获得者 J. M. 库切，是当代最有思

---

① 徐新建：《表述问题：文学人类学的起点和核心》，《西南民族大学学报》2011 年第 1 期。
② J. M. Coetzee, *Doubling the Point：Essays and Interviews*, ed., David Attwell, Cambridge：Harvard UP, 1992, p. 52.

想和创作力的作家之一。这位 20 世纪 40 年代出生并成长于南非的白人后裔作家，一针见血地指出了欧洲高雅文化和土著文化的冲突以及选择的两难。他以一生的书写致力于揭示这些二元区分和知识的构建基础，对西方文明和自我真实身份给出了深度的批判和反省。我在埃里克森与库切之间看到了许多相同之处。一个从事人类学记录，采用田野调查和分析阐释的方法，一个是虚构创作，更多依赖于形式美学，但他们的书写目的都是对人的生活状况进行勘探和拷问，理解人在世界上的生活方式，尤其是不同地域和不同文化背景中的生活状况。人类学作者可以向文学创作者学习和借鉴一些表现形式、叙事方式和简化模式，而文学创作者可以学习人类学者的视野和知识背景，从他们的辩证分析和素材中汲取营养。

结　语

在公共知识界举行的关于世界状况的辩论中，一直缺少一个至关重要的声音，一个来自另一方的视角的审查和质疑的声音。不管它来自遥远的异域，还是代表了被忽略的低下的群体，或者两者兼而有之，这个声音属于人类学。要让这个声音被更多的人听到，那么它必须关注读者，无论读者是谁，这就要求人类学学者们放弃单调的分析方法，重新学习叙述的艺术。在这个学习的过程中，人类学书写和文学书写可以互相借鉴，互相丰富。这也是一个亟待探索的课题。

探寻玉圭的前世今生：评《禹赐玄圭》

王夏瑶[*]

摘要： 玉圭作为礼器，在华夏文明中占有重要的地位。那么此器物脱胎于何处？其内涵经历了怎样的发展过程？又是如何在先民们的生活中发挥作用的？唐启翠教授在《禹赐玄圭》中运用文学人类学所提倡的多重证据法，完整地呈现出了玉圭的前世今生：一个从神话意象（斧钺）到技术意象（土圭）再到政治意象（玄圭）的发展过程，同时也整理出圭形器物各类功能之间的逻辑链条：斧钺（开创世界）→土圭（规划时空）→玄圭（执掌、治理世界）→青圭（重启世界）。

关键词： 圭　斧钺　礼　王权

放眼数千年的华夏文明，稍加留意便不难发现玉圭的身影：从神话传说中禹因平水土之功天赐的圣物，到帝王祭祀天地神祇的礼器、大臣觐见君王时所持的笏板，乃至祖先灵魂所依附的祼圭、度量天地四时的土圭，以及至今仍沿用圭形的石碑墓碑，我们不禁要问："圭"之一器究竟脱胎于何处？其内涵又经历了怎样的发展与变化？在如烟的历史长河中，我们的祖先又如何透过玉圭这一器物表述高洁的政治理想与美好的生活愿景？

《禹赐玄圭：玉圭的中国故事》[①] 一书着眼于"圭"这一器物，从夏禹开国神话——禹赐玄圭入手，运用文学人类学所提倡的多重证据法，不再将眼光局限于文字记载，而是借助考古学、社会学、人类学等多学科的图像、实物等丰富材料，对华夏文化中的神圣器物——"圭"做一立体性的阐释与解读，并致力于探寻各重证据之间互相关联的内在深层逻辑，从

---
[*] 　王夏瑶，上海交通大学人文学院 2019 级硕士研究生，研究方向为文学人类学。
① 　唐启翠：《禹赐玄圭：玉圭的中国故事》，上海人民出版社，2020。

"根"出发，将其"枝"与"叶"熔于一炉，为世人呈现出玉圭及其衍生物的完整发展脉络。

一 "禹赐玄圭"真的存在吗？

作者在该书开篇时以程咬金探地穴得玄圭和窦建德获玄圭建国的故事为引，开启全书对玄圭文化意义的探讨，探讨的起点即为作为大禹治水成功标志的"禹赐玄圭"事件。

想要寻找玄圭的原始意义，无疑要将其放置在最初发生的文化语境中才能一探究竟，因此绝不可忽视"大禹治水"这一时代背景。作者从首载"禹赐玄圭"的《禹贡》一书的写作背景出发，结合洪水遗存和玄圭实物的考古发现，认为大规模洪水－治水与玄圭同时出现在龙山文化晚期应非巧合或偶然，而作为历史叙事中禹功禹德核心象征物及有夏开国第一神器"玄圭"——这一至今可见的"物证"，无疑将夏禹治水的神话历史隐幽但形象直观地呈现在世人面前。

那么"玄圭"到底是什么？作者认为探寻这一问题应当立足长时段历史，从与有夏一朝时空相当的出土器物，也就是从龙山时代至商代出现乃至延续到周秦汉宋明清的圭形器中寻觅"玄圭"的前世今生。在龙山时代至商周出现的平首、凹首、尖首三种被指认的玉圭类型中，虽然凹首璋式圭（即习称牙璋）从色泽、分布、时代等是目前所见最吻合"玄圭"的玉礼器，然而平首斧式圭和尖首圭却是延续至明清的玉礼器。此外还有不知何名的柄形器、多孔玉刀等，亦皆神秘无比，一时间却并不能确认究竟何者为"玄圭"。然而，无论"玄圭"是哪一种，都绝不是横空出世，要想探寻其文化意义，我们无疑要从其器型的源头入手。现有的考古学实物证据实际上为我们提供了玄圭器型的发展路径：脱胎于斧钺。此外，甲骨金文作为第二重证据，其演变过程也向我们无声地证明着玉圭祖型源于手斧，并逐渐发展为传统社会中以刃首三角形为主流的标准器型。与此同时，从神话历史的角度来看，大禹治水的标志性利器是畚耜和开山斧，治成告功的是玄圭，而在传世与出土的大禹图像中，夏禹执圭与夏禹持耜两种形象亦平分秋色。可见在民间叙事和正史叙事中，具体的"玄圭"究竟长什么样并不重要，重要的是透过"禹赐玄圭"神话原型，让人看见当下或未来的王者具有大禹一样的功与德——重新开国的合法性凭证。

因而，尽管并不能确认龙山时代出现的几种玉圭类型中何者是"禹赐玄圭"的原型，作者依旧认为文化大传统提供的实物、图像与书写文献提供的文字构形、礼仪叙事等依然可以构成可资对话的文化文本，为因无文字确证而备受质疑的夏史提供一种研究路径。"玄圭"以其独具的色泽（随光玄变）、形制（脱胎斧钺或琰上或有扉牙）、纹饰（神人兽面纹、鹰鸟纹），延续并强化斧钺的某些功能——天命符瑞、权威、功德等。

斧钺又是为何能够从众多工具性器物中脱颖而出，成为华夏文明的中心符号之一——玉圭的原型呢？这与斧钺本身所蕴含的文化意涵紧密相关。在中国创世神话中，核心情节之一即为斧凿混沌从而开辟世界，神斧在此类神话中的作用即为开创新世界的时空秩序。因此，作为斧钺衍生物的玉圭，自然地拥有着一脉相承的文化内涵，作者在书中就这一点为我们做了精彩的解读：

> 斧钺的礼器蕴含着生命管理智慧从武力征服向威德兼施的转向，是王权的直观化身……由"斧钺"派生出的"父"与生命的繁衍生息血脉相传的祖先信仰相关；"王"则是父象征意义的拓展，是超越血缘的具有沟通和维系天－地－人宇宙秩序和社会秩序神力的圣王。玉圭之形脱胎于斧钺，分担了斧始初开、生命繁衍、沟通天地、天命符瑞、德威辨等、测影立中等功能，而这一切的象征之源或神话原型皆在斧始开天的创世神话典范。[①]

二　从"斧钺"到"圭璧"：创世重演与王权神授

在关于"玄圭"的最早文献记载中，它本为禹平水土成功而颁赐的瑞器，但在历史被不断重述的过程中，告厥成功的意义逐渐让位于天命符瑞

---

① 唐启翠：《禹赐玄圭：玉圭的中国故事》，上海人民出版社，2020，第58页。

的功能，其政治功用逐渐外显并成为包括大禹在内历代君王政权合法性的证明之一。圭之一器与天命王权的合法性紧密相连，作者称其为"改朝换代之际必然祭出的神器"。在华夏文明天人同构、家国一体观念的笼罩下，玉圭也成为沟通两端的重要媒介。

首先，它是王权更替时天命意志的显圣物，起到沟通天人的作用。在《禹贡》的传统中，玄圭原本是神或圣王大禹平水土之功的赏赐，但随着汉代谶纬瑞应之学的兴起，玄圭逐渐成为政治权力与秩序合法性的象征，在后世文献的记载中往往作为政权交替这一关键时刻的应运受命之符。同时，作者又将"赤乌衔圭以降周社"等"命圭"神话的原型追溯至禹赐玄圭，从神话历史的视角为玉圭作为沟通天人的信符作一证明。

其次，玉圭是沟通神灵祖先与现世的灵媒。无论是祝告礼仪中的植璧秉珪，祭礼中的圭璧以祀，裸礼所用的裸圭瓒宝，还是在汉代谶纬之风影响下而形成的玄圭、琬圭型石碑，均源于玉圭不仅如上文所言是天降符瑞，同时也是天人一体观念下祭祖祀神的祭器，还是神灵祖先凭依之器和歆飨的美味佳肴。古人以执圭向璧的方式祝告祖先神灵，正是天人之间的"书思对命"，是跨越了时间维度的时人与祖灵的沟通方式。

最后，玉圭还是君与臣、上与下沟通的圣器。天授玄圭给平治水土的大禹，君王颁授命圭给重要臣子作为身份的象征和权力的凭信，二者实为天人同构思想笼罩下以"瑞圭"为核心礼器的双向互动的权力表述。这一点在汉代以降的图绘系统中有着非常直观的反映：这些图像往往呈现出一个固定的、程式化的朝廷命官的形象表征，而且往往以执圭以告、执圭以拜的仪式性场面重现君权天命、臣权君命的神圣性和身份等级的象征性。

上述玉圭种种功能的实现，皆可概括为它的二重功用："告功"与"受命"，"析圭而爵"的赐官与"反入菫圭"的朝觐，上对下与下对上，历史无声地讲述着"圭"从一种自然或政治功绩的"赏赐""奖励"到"天命""王命"合法性象征的转变。其演变受到时代因素的影响，因而在不同的时空中呈现出不同的样貌，但若追根溯源，我们会清晰地梳理出它们仍然根植于"禹赐玄圭"的故事内涵本身：一种对创世合法性与时空秩序的确认动作，"玄圭"自然就成为天命的人间信物。

三 "土圭"与"地中"：神话-技术-礼制的源流演变

除了作为祭祀、通神的礼器之外，玉圭中还有一类"土圭"，是中国古代用以测日影、观四时、度土地的天文仪器。这样一种测天量地的技术型工具，缘何以"圭"为名？它与其他圭形器有何关联？又是否与王权符号体系有关？

《周礼》对于土圭测天量地的功能记载最为详细，又以"惟王建国、辨方正位"开篇。国家初建，首要之务即划定疆域，确立王权中心、量地制域以及制定历法敬授民时，而上述所有均需"土圭"进行测量。换言之，"土圭"是古人确立时空秩序的神圣工具。再联系前文提到的玉圭在创世时刻、沟通天人、祭祀祖先等场域中的作用，便不难理解为何这把玉质量天尺被命名为"圭"了。与此同时，每当改朝换代，新政权立国建都、更元改历等一系列动作都有着革故鼎新、开创新天地的隐喻义。因此，建国之初的"土圭测影"无疑与玄圭一样，拥有着开天辟地的创世功能。

据《尚书》记载，武王克商初定天下后的要务之一，便是命周公、召公测影度土以求"天地之中"，并在嵩山之阳、颍川之北的阳城（今河南省登封市告成镇）建造测影台，并将其定为地中，而测定地中的工具，即为"土圭"。如果我们身临如今的登封测景台，会发现景区中有一"帝尧殿"，又称"螽斯殿"，恰建于天地之中，这又是为何？唐教授认为这是后人通过赋予致日测影的仪具以阴阳和合的意义，向天神祈求生命繁衍、人丁兴旺。

纵观后世历代王朝，虽大都未将王都建于当时周公旦测定的"天地之中"，但无论是唐代的长安城还是明清的紫禁城，无一不是通过建筑布局、命名以及礼仪等，将其人为地置于"天地之中"。只因唯有如此，新政权的王权神授才有了依据。正如伊利亚德所言："神圣赋予世俗生命、力量和生命繁衍的源泉。只有居住在'世界中心'才能更好地分享宇宙初创时空的神圣性，对神圣的渴望促使人们努力神圣化其居住的真实世界，或者是在'显圣物'征兆的帮助下寻找、发现宜居的圣地，因为安全宜居的世界总是与异质、混沌、无序、蛮荒、黑暗的'另一个世界'相对存在。"①

---

① 转引自唐启翠《禹赐玄圭：玉圭的中国故事》，上海人民出版社，2020，第183页。

放眼世界，几乎所有早期文明都宣称自己处于世界的中心，而这惊人的相似性极有可能来自更为古老的、世界性的信仰体系。作者在书中将这种信仰体系总结为：

> 从混沌黑暗中诞生的宇宙，纵向分层为天堂－冥界－人间，横向布局为地中与四方……"地中"是四方会凑之地（横向），也是天－地－人交往沟通的最佳通道（纵向）。①

此外，关于"土圭"的命名，作者也有着独到的见解。"土"除了作为"度量"的"度"的通假字外，还有更深层的文化编码：土，源于地母自然神崇拜及其形象代表——"地中"社主和五行"中土"；圭，远源于初开之"斧"，近源在政治、宗教礼仪中拥有重要地位的玉圭。土与圭皆隐含着阴阳氤氲化生的生命力。

综上，《禹赐玄圭》一书为我们完整地呈现了玉圭的前世今生：一个从神话意象（斧钺）到技术意象（土圭）再到政治意象（玄圭）的发展过程，同时也为我们整理出圭形器物各类功能之间的逻辑链条：斧钺（开创世界）→土圭（规划时空）→玄圭（执掌、治理世界）→青圭（重启世界）。正如作者在书中所言：

> 圭，上兑像阳，下方像阴，圭之所在，像春物初生，见万物之始莫不自洁，故以土圭测土证影，以圭祭天祀地祝告祖先神灵，以青圭礼祭东方之神，辑瑞颁圭给受封之王侯或地方管理者，都是中国式创世神话的置换变形。②

《禹赐玄圭》一书最为亮眼之处就是跳出了文本本位，打破了学科壁垒，通过采撷各个学科对圭形器的研究成果，文、物、象融会贯通，大小传统跨时空对话，才能为读者立体、完整呈现出玉圭的发展路径与深层的文化编码逻辑。当然，随着新的考古证据的不断出现，学界对"禹赐玄圭"的理解仍会不断深入，期待着来者能将玉圭的中国故事继续讲述下去。

---

① 唐启翠：《禹赐玄圭：玉圭的中国故事》，上海人民出版社，2020，第 189 页。
② 唐启翠：《禹赐玄圭：玉圭的中国故事》，上海人民出版社，2020，第 185 页。

理论与实践

专栏导语：自我观照、自我总结与相互借鉴

——《新生代人类学家之路》跋

朱炳祥[*]

　　《新生代人类学家之路》是徐杰舜教授设计与主编、韦小鹏博士协助的关于青年人类学者成长经历的汇集。徐杰舜教授及韦小鹏博士对人类学学科建设有着高度的热情和深刻的关心。继中年一代人类学者的访谈录出版之后，他们又鼓励新一代人类学者将自己的成长道路记录下来，汇编成书。我理解这种"为他人做嫁衣裳"的工作有着特殊的、重要的意义：一方面，通过这种写作，各位青年学者自我观照、自我总结、相互借鉴与激励，确定一个新的起点，以便攀登更高的山峰，进而促进中国人类学的发展与繁荣；另一方面，作为群体人类学者的"求知主体的对象化"，可以观照时代思潮与学术走向的整体风貌，为后人留下研究遗产。

　　人类学是一个特殊的学科，它不是仅仅依靠书斋中的知识学习就可以培养出优秀的学者，还需要长期的田野工作以及其他方面的诸多条件。人类学，如有的学者所说是"实际上的反学科"，因为只有这样，才能处理社会文化背景中的经验的复杂性。人类学者是在一种营养丰富的土壤的综合滋养中生长出来的，在此种生长过程中最重要的、最基本的条件是：从事人类学研究是出自心性的诉求而不是功利的目的。列维－斯特劳斯认为他从事人类学的研究是由于内心的召唤。他说："人类学家可以在自己身上发现这种召唤，即使从来没有人教过他。"他还认为人类学具有一个非常高远的观点去研究和评判人类的社会态度，那个观点必须高远到使他可以忽视一个个别社会个别文明的特殊情境的程度。人类学者是"杞人忧天"的一群，他们总是理想主义者，这种理想就是对人类终极前途充满着

---

　　*　朱炳祥，武汉大学社会学院二级教授，人类学研究所所长，研究方向为文化人类学。

关怀。人类学者总是从"现实性"中发现"可能性"，并为追求"可能性"而自觉地工作。

看到青年学者的迅速成长以及他们的丰硕成果，我在欣喜之余也深感惭愧，觉得自己多年来工作懈怠。我虽然算得上一个勤于田野的人，却是一个懒于写作的人。就"田野工作"而言，我自1995年去摩哈苴彝族村起开始自觉、系统的田野工作，或者说早在20世纪60、70年代就已经开始"准田野工作"。仅就大理周城白族村而言，我自1999年底至2019年暑假，持续了20年的田野工作，有1000多天的时间。2000年在田野中度过了一个完整年，其后几乎所有的寒暑假都在田野中度过。我的田野工作录音资料整理打印的共有70多本，1000万字左右，还有许多录音磁带没有整理出来。就"写作"而言，多年来我一直没有撰写民族志著作。到了暮年，突然警觉剩余的时间不多，于是开始撰写《对跖人》系列民族志。我将民族志看作一种"人志"，围绕着"主体民族志"的理念进行工作。《对跖人》第一辑共六卷，由中国社会科学出版社于2018年出版了前三卷，2021年出版了后三卷。不过，还有更多一些书稿远远没有写完。当然，我对个体研究的局限性有着深刻的理解，并不认为我那些无论是写出来的还是没有写出来的东西有什么重要性，但是，材料本身的重要性远大于民族志者的解释，当地人的讲述应该得到尊重，并应该将之交给社会。资料在我面前所显示的是一个个活生生的摩哈苴彝族人、周城白族人、捞车土家族人等。他们似乎时时刻刻都在看着我的工作、催促我努力。当很多人期盼你替代他们完成某一件事的时候，你就不仅仅是一个人。所以，后边的工作我还要继续去做，继续撰写《对跖人》系列民族志第二辑。现在正好有《新生代人类学家之路》各位青年学者在这里，我希望以他们为榜样，并与他们并肩结伴、同道而行，用他们的勃勃朝气冲掉我的沉沉暮气，激发起我的热情进而完成我的工作任务。

桑榆之光，理无远照；但愿朝阳之晖，与时并明。祝愿新生代人类学者在田野之甘露、心灵之渊泉的共同润泽下，创造出更高质量的、具有思想突破力的、出自独智的学术成果！

——2021年2月26日于武汉

人类学：代际相传治学路

徐新建[*]

摘要： 人类学传入中国已年过世纪，从"物竞天择，救亡图存"到"科学国史""多元一体"，到"学科本土化""整体人类学"，一代代扎根中国大地治学的人类学先驱和前辈对"前喻文化"的代际相传，历久弥新。伴随21世纪人类学多分支的"新生代"崛起，前喻、后喻、并喻三种文化思潮的涌动交织，引发了当代对人类学深耕治学和学术代际相传的深刻反思。

关键词： 人类学　前喻　后喻　并喻　代际冲突　代际传承

20世纪60年代末期的世界动荡不安，包括学界在内的社会大部分成员被矛盾冲突困扰着。就在那时，人类学家玛格丽特·米德（Margaret Mead）出版了新著《文化与承诺——一项有关代沟问题的研究》。书中描绘说：

> 即使在不久以前，老一代仍然可以毫无愧色地训斥年轻一代："你应该明白，在这个世界上我曾年轻过，而你却未老过。"[①]

这训斥展现了老一辈的威权与自负。然而面对这样的训斥，年轻人的回答却是："在今天这个世界上，我是年轻的……而你却永远不可能再年轻。"[②]

米德的描写勾画了影响深远且广受关注的代际冲突——"代沟"

---

[*] 徐新建，四川大学文学与新闻学院教授，博士生导师，研究方向为文学人类学。

[①] 〔美〕玛格丽特·米德：《文化与承诺——一项有关代沟问题的研究》，周晓虹、周怡译，河北人民出版社，1987，第74页。

[②] 〔美〕玛格丽特·米德：《文化与承诺——一项有关代沟问题的研究》，周晓虹、周怡译，河北人民出版社，1987，第74页。

（generation gap）。依照当时的一种观点，随着时代发展和知识更新，青老年间的代沟非但不可避免甚至应视为社会进步的标志。由此一来，各地开始盛行藐视传承、鼓励竞争，对前辈传统无情摒弃的新潮流，不但在东亚涌现革命小将的"激情造反"，西欧亦出现扫荡校园的"五月风暴"。这样的景象，用米德的人类学表述来形容，叫作"后喻文化"，意思是时代的风潮改由青年主宰而不是由老辈主宰。

如今数十年过去，世界的情形又如何呢？冲突接踵而来，代沟前仆后继，网络甚至涌出"前浪死在沙滩上"的自嘲或欢呼①……人们对前景的预测，喜忧参半。与此同时，抉择的途径似乎也潜伏了更多的可能和挑战。这一点，对于人类学在中国的演变而言，也是一样。

如果从严复译介《天演论》的那一代算起，人类学的中国队伍已经历了好几届代际传承。其中的表现可以说，既有过追随典范亦步亦趋的前喻时期，亦出现过对前辈全盘否定的后喻类型（如 20 世纪 60 ～ 70 年代）。改革开放后，随着人类学的解冻复活及"臭老九"们的重新解放，学术和学术人士赢得了社会的应有尊重。为了摒除自身的无知轻狂，年青一代再度掀起了向长辈学习致敬的热潮。于是，恢复高考后的校园内外，呈现出万物复苏的新气象。

也正是在被称为第二次春天的中国"新时期"，我进了大学，成为引以为豪的"新三级"一员，并在毕业后的实践中随西南多民族研究的需要渐渐步入了重焕青春的人类学研究行列。自那以来，在我堪称自学式的"走向人类学"路途中，几乎没离开过长者的帮助。正如与徐杰舜主编对话时的回顾那样②，从早期在贵州社会科学院做比较文学时得到北京大学乐黛云、汤一介教授和台北中研院张朋园先生指点，不断将视野扩展到跨

---

① 2020 年 5 月 4 日，哔哩哔哩网站推出的短片《后浪》引发网络热议，相关论争可参见许纪霖主持的网络专题《谁是后浪？何为后浪文化》。出场嘉宾强调的观点之一是"后浪拒绝被代表"。引自个人读书会，2020 年 7 月 24 日：https：//mp. weixin. qq. com/s？ src ＝11 &timestamp ＝1616245211&ver ＝2958&signature ＝9ZXxz7BXZhvlVB2Z2plqtSxJWRye ＊dj28Pn0 RwLTrQtdBqFKJJc0tm7DpUHg3DYAhLP6BNTma37HrejV0HGY3fRJR ＊PHa4bqSnOh6Rc8G － V5cFQGlvlHnKWCJTdxsWHz&new ＝1，最后访问时间：2021 年 9 月 1 日。另可参见叶雷《前浪在什么条件下可不死在沙滩上》，《上海证券报》2014 年 6 月 10 日，第 7 版。

② 徐杰舜、徐新建：《走向人类学——人类学学者访谈之二十九》，《广西民族学院学报》2004 年第 5 期。

文化比较的纵深领域；转向人类学后参加在昆明和厦门举办的高研班、研讨会听到林耀华、费孝通、田汝康等先生的经验传授，直至后期获得李亦园、乔健、王秋桂等前辈关照，参与了两岸人类学团队的多项合作；90 年代后期调至四川大学工作，在李绍明、冉光荣等教授的扶持下，又得以同石硕、徐君等同辈一道创建"藏彝走廊人类学论坛"……可以说，我自己的学术成长，就深深地受惠于多学科前辈的关爱、提携。

还记得在"新时期"上上下下激情洋溢的岁月里，日子漫长得似乎已经停滞，每天、每周、每月乃至每年打算做的事那么多，数都数不完；无论走到哪里，被人叫出的称呼里几乎总会带个"小"字，似乎永远是青年。而在一个个学识渊博、待人如亲的长辈面前，自己每每沉浸其中，巴不得做到当时流行的时代口号那样——永葆青春，乐于做一个不再成长的青年。

然而不变是做不到的，不成长也不行。春夏秋冬，新陈代谢。转眼之间，就在自己步入中老年行列之时，学生辈的后来者一批批成长起来。他/她们便是业界所称的"新生代"；我则不知不觉成了应邀作序的前辈老人。于是在应诺撰写之时，不得不认真思索学术领域的"代际"问题。

接下来需要辨析的是，倘若学术代际是客观存在的话，相互间的界限该如何划定呢？在我看来，学术的代际是自然与社会结合的双重产物，既与成员们的生理年龄相关，更与学理内涵的沿革联系。说到底，学术代际当指内在的学术年代而非表面的辈分师承。由此而论，自晚清以来，就我个人的经验而言，人类学的中国代际可大致概括为承前启后的四个代际——

第一代：严复为代表的"物竞天择，救亡图存"

第二代：李济为代表的"科学国史"及费孝通为标志的"多元一体"

第三代：新时期人类学复兴后的"学科本土化"[①] 与"整体人类学"[②]

[①] 参见徐冶、徐新建、彭兆荣、纳日碧力戈、郭净《研究中国　建设中国——人类学本土化五人谈》，《广西民族学院学报》（哲学社会科学版）1997 年第 19 卷第 4 期；罗布江村、徐杰舜主编《人类学的中国话语》，黑龙江人民出版社，2008。

[②] 徐新建：《回向"整体人类学"》，《思想战线》2008 年第 2 期。

第四代：21 世纪人类学多分支的"新生代"崛起

相比之下，第一代至第三代各具特色，彼此间的代际区分和联系较为明显，目标与局限也相对清晰；反倒是正在崛起的第四代稍显分散和单薄。从都市人类学、文学人类学、历史人类学到艺术人类学、医疗人类学、政治人类学乃至人类遗传学、媒体人类学、网络人类学等，新兴分支层出不穷，阵容壮大，但标志性的年代特征似乎还在成型中。其中的缘由交错复杂，值得探讨和细说。不过无论如何，第四代的出现已毋庸置疑，忽视这一点，无论就其关联的客观现实还是主观认知，都意味着重大偏差和遮蔽。

以上述脉络为参照，再来翻阅本文集中诸多熟悉而亲切的回顾篇章，备感欣慰。例如现今已是昆明理工大学教授的巴胜超，2008 年起在四川大学读博，师从彭兆荣教授，同时在我任教的课上听讲。他还记得我对学生发言的评议"不留面子"，令大家坐立不安，"面红耳赤"，但最终的感受是不虚此行，收获良多。① 生动的文字记录了课堂上的微观历史，并以"后田野"的方式反馈了代际传递的另一半回声。虽谈不上刻意的专业深描，但以倒叙式呈现的互动镜像，已助我辈获得了难得的反观镜像。借用费孝通的比喻来说，便是成全了"我看人看我"② 的另一种自知：从中不但见到摄影的后生，同时窥见被拍的自己，而彼此的内在认同足令镜中承前启后的教书之人无有挂碍了。我们通过读书、听讲及拜访前辈获得人类学的各种知识，继而在课堂上和实践中把所知所获传授给后继者，这样的方式不就是学术进程中的代际传承么？

又如王璐回忆的台北访学经历，其间 90 岁高龄的张朋园先生亲自赠送资料、王明珂教授在自己课上悉心指点、林淑蓉教授则邀请参加专题发言，因讲述民族志话题而苦读英文文献数百页；③ 2011 年还在乔健、徐杰舜和周大鸣的提携下出席人类学高级论坛在杭州举行的特别会议，以青年

---

① 巴胜超：《@阿诗码：寻找阿诗玛的颠倒梦想》，《文学人类学研究》2019 年第 2 期。

② 费先生的比喻源自阅读别人对自己的评述。他用文章向评论者致谢，因为对方给了自己像照镜子一样认识自己的机会。参见费孝通《我看人看我》，《读书》1983 年第 3 期。

③ 王璐：《我的文学人类学之路》，2021。

代表身份登台发表概括论坛十年发展的专题报告①。罗安平记录的代际相承，跨越大洋且连接异国他乡，呈现了赴美访学时在马克·本德尔（Mark Bender）教授牵线搭桥下参与对阿帕拉契亚民俗文化的田野考察，并由此收获了对"地方感"与"集体记忆"等人类学概念的习得和体认，② 回国后不仅发表了与此相关的专题成果并且申报获批了国家社科项目。③

凡此种种，无不展现了人类学薪火相继的生动场景。更重要的是，通过"新生代"们的真切陈述，让世人见到了跨越辈分、突破区域的代际互重与根脉连接。④

2004 年，李亦园和乔健作为李济的弟子返回大陆，结伴前往夏县西阴村遗址，探访李济当年开启科学考古的故地。"在土坡的南面，静静地立着三块写着'西阴遗址'的石碑"，乔健记述说：

> 我和李亦园先生手抚着石碑，心中百味杂陈：一半是得偿所愿的欣慰，终于亲眼见证了先师李济先生当年的成就；一半却生出一种莫名的叹惋，为西阴村遗址的落寞而怅然所失。⑤

引起弟子惆怅的是遗址的落寞，伴随的欣慰是终于见证前辈辉煌，而使彼此互映、前后生辉的则是师生情感的深切连通与学术代际的继往开来。

由此便又回到了米德所言的代沟讨论。通过世界性的普遍分析和比较，历史的选择看来更倾向于代际均衡，而非在青年或老年之间偏重一

---

① 王璐：《人类学的开放平台——中国人类学高级论坛十年报告》，《广西民族大学学报》2011 年第 5 期。
② 罗安平：《我的非典型人类学之路》，2021。
③ 罗安平：《葆育地方感——美国阿帕拉契亚的民俗实践》，《民族文学研究》2019 年第 4 期。
④ 也有的人比较过分地强化了代际间隔，不仅无视相互间的衔接传承，甚而用"终结"来形容前辈的退离，把 20 世纪 60 年代前出生的一辈称为"知青年代"产物，特征是"所受教育不完整不连贯"，同时把"70 后"描述为"受过完整教育"的主流，由此简单粗暴地抹杀了同一年代的内部区别，且人为地形塑了代际之间的刻板印象。见项飙《中国社会科学"知青时代"的终结》，文化纵横公众号，2015 年 12 月 4 日，https://mp.weixin.qq.com/s/KYkgtq_1fIMIbKVCwZRYZg.
⑤ 徐新建、李菲等：《民族文化与多元传承——黄土文明的人类学考察》，中国社会科学出版社，2016，第 33 页。

方。借用米德的分类来说，便是居于折中的"并喻文化"，亦即代际之间不相抵牾而是并行互动的均衡类型。米德说过：

> 那类能够充分利用并喻文化，使青壮年们投身于题目从未涉足的心性群体的社会，在适应新的文化方面往往具有高度的可塑性。①

虽然在 20 世纪 70 年代的场景下米德本人并不完全赞同文化的"并喻"，但其后的经验教训表明，无论人类学关注的是世界现实还是人类学的学科自身，多元互补的对话式承继看来更适应人类群体的未来前景。以此为前提，对于崛起中的"新生代"而言，真正的关注不是担忧他/她们是否会忘记前人；恰恰相反，应是更多关心后来者能否成为自己、展现标志学术年代的独特话语，继而做出名副其实的"新生代"贡献，使年过世纪的人类学中国队超越本土化，参与全球化，融入人类化。

人类学研究不同的世间文化，更反省人类的每一个个人。地质学意义上的"新生代"指 6500 万年前开启的地球年代，② 其中的特征包括恐龙灭绝及阿尔卑斯山脉和喜马拉雅山脉的崛起，③ 直至以大规模工业化为标志的"人类世"④ 出现及网络数智所派生的"后人类"降临。⑤ 在此，"新生代"之新，仅表示时间序列的先后而已，并无高低优劣之意。世界演化的每一阶段均包含各自的利弊短长。如若摒除各种自我中心的偏见，在客观中立的价值上，未来之新未必胜过以往的旧，而无论是福是祸抑或福祸相依，正是无数之旧孕育了无数之新。日月山川运动不止，生命细胞时刻更替。所有旧皆含新，一切新终将旧。

说到底，前喻和后喻，皆可叫文化；后浪推前浪，奔流成长江。

---

① 〔美〕玛格丽特·米德：《文化与承诺——一项有关代沟问题的研究》，周晓虹、周怡译，河北人民出版社，1987，第 70 页。
② 参见保国陶《新的显生宙地质时代表》，《海洋地质译丛》1996 年第 4 期。
③ 杨理华、刘东升：《珠穆朗玛峰地区新构造运动》，《地质科学》1974 年第 3 期。
④ Paul J. Crutzen, "Geology of mankind", *Nature*, Vol. 415, 3 January 2002.
⑤ 〔美〕弗朗西斯·福山：《我们的后人类未来》，黄立志译，广西师范大学出版社，2017。

我的文学人类学之路

杨　骊*

摘要： 本文回顾了作者学习文学人类学的心路历程，从对文学人类学价值观的体认到对文学人类学学科价值与使命的探索，回忆了博士论文选题的曲折以及田野考察的"卧底"经历，分享了在博物馆理解物质文化的心得以及参与"玉帛之路"系列考察的收获。

关键词： 文学人类学　证据法　田野考察　博物馆　"玉帛之路"

2020 年 11 月，我趁着去徐州开文学人类学理事会的机会，从山东、江苏、河南、陕西一路考察下来，一口气跑了十多个博物馆，揣着将近 20个 G 来之不易的考察照片打道回府。不知情的朋友看见我发的朋友圈以为我的工作就是日常旅游，表示羡慕嫉妒恨，其实，只有我自己才知道，人类学的田野之路有多少酸甜苦辣。幸运的是，与文学人类学相伴而行十余年，回首来处，我无数次扪心自问，庆幸自己选择了一条虽然迂回曲折却无怨无悔的学术道路。

一　"去我执"与"它心通"

我和文学人类学的结缘，说起来有点曲折。我的考博经历特别复杂，在遇见文学人类学之前考了不同学校的四个专业，从西方哲学、政治哲学到现代文学、通俗文学，其实我自己也在寻寻觅觅，我到底想学什么。

我读硕士学的是哲学，还一直是个文青，对文学念念不忘。因为偶然

---

* 杨骊，四川省社会科学院神话研究院副研究员，研究方向为文学人类学理论与方法、玉文化与文明探源。

的机缘结识了四川大学的徐新建老师，才知道有一个学科叫文学人类学。经过考博的各种试错，我终于成了 2009 级四川大学文学人类学博士生。机缘巧合，我的导师是叶舒宪老师。然而，叶老师只是四川大学的外聘博导，并不驻校上课，跟我的交流多是通过电子邮件。在读博期间，指导我日常学习的是徐新建先生。长久的考博磋磨之后，我突然被幸运大礼包砸中了，一下子得到了两位老师的指导，两位老师不同的学术风格和理路都对我产生了极大的影响。

2009 年冬天，我读博士的第一学期，正好叶老师要去陕西师范大学讲学。于是，我到西安去见导师，也是我第一次当面听他讲课。刚一见面，叶老师就带我去吃西安的特色美食羊肉泡馍。他说："这是关于异文化的人类学初试。"那满满一大海碗油光四溢的羊肉泡馍放在面前，对我来说实在有点多。不过，为了给导师留一个好的第一印象，我这个四川妹子终于拼着老命吃完。然而，叶老师扫了一眼碗底的汤，笑着说道："泡馍吃完了，还不错，但是剩了汤没喝完呢，只能得 80 分。"

叶老师讲的是比较神话学，但完全不是我以往听过的文学课讲法。他从神话研究的各种流派讲到了当代的神话研究，极大的信息量早已溢出纯文学的范畴，如知识的巨浪铺天盖地奔涌而来，让我沉溺其中，既敬畏又欣喜。身边听课的硕士生和本科生听不太懂，甚至窃窃私语说叶老师讲的不是文学课。然而，我被深深地打动了，原来文学还可以这样研究!!! 那种纵横开阖令人脑洞大开的学术视野，在我面前打开了一个美丽广阔的新世界。

西安之行，叶老师还送了我一本《现代性危机与文化寻根》，是他在"非典"时期闭关写的。书中反思了现代性危机，探讨人类精神家园如何重新找回与宇宙自然的和谐状态。现代性问题是我一直关注的，我的硕士论文写的是《尼采哲学在中国》。虽然中国的思想先哲们都把尼采当作建设现代性的思想资源，但实际上，尼采对现代性有着深刻的反思和批判，他罢黜的不仅仅是宗教的上帝，还有理性的上帝。现代性所衍生出来的工具理性同样可怕，科学主义正在成为第二个上帝。所以，在尼采推倒的那一片价值废墟上，他想让生命不再被奴役，迸发出强力意志，让生命的多元价值自由舞蹈。正因为我比较认同这种多元文化价值观，所以才被人类学吸引。

　　但是，对人类学价值观产生深刻体认，真正训练出自觉的人类学思维，于我则是一个渐进深入的过程。某天课后闲聊，徐老师问我，如果让你去选一个宗教田野点，你会选什么教？我想了一下说，"也许是佛教或者基督教，感觉比较高大上"。徐老师了然地一笑："不会选伊斯兰教对么？""是啊，似乎感觉不太好。""你看，你的文化偏见又来了！"我惊出一身冷汗。难怪徐老师说学人类学需要重新进行自我启蒙，这个启蒙首先就是清零我们的文化中心主义。我读硕士时对弗朗西斯·培根的四假象说印象尤其深刻，这四种人类认知的假象包括"族类假象"、"洞穴假象"、"市场假象"和"剧场假象"。"族类假象"和"洞穴假象"就是典型的文化中心主义。有道是知易行难，纵然我接受了人类学的价值观，原有的思维定式依然有强大的裹挟力。

　　徐老师是我见过的人类学者中非常有哲思和道性的一位，他经常在课堂上讲一些天马行空的形而上思考，也经常用各种匪夷所思的方法因材施教地点拨学生。有一天，徐老师建议我去了解中医和佛学，说是训练人类学思维的好办法。我半信半疑地跑去听宁玛派僧人讲经，还跟朋友学习中医，甚至尝试了中药辟谷……乱七八糟地学了一圈，有一天突然福至心灵，发现佛学与人类学竟有相通之处。佛家所讲的"去我执"，不就是人类学提倡的多元文化主义吗？无处不在的"我执"（自我中心主义）阻碍了我们对大千世界的观照，想要改变"我执"，就必须换一种方式来看世界，"他者之眼"就是跳出"我执"的视角，换言之，人类学的"他者之眼"不就和佛家所谓六神通之一的"它心通"殊途同归么？有了人类学思维之后，我骤然发现无数伟大的智慧都有相通之处，如同月映万川一般，一轮明月当空朗照，在大千世界的江河湖海映射出不同的色相，不同的表述其实都指向同一个宇宙真理。大到婆婆世界，小到个人学问，一旦执着于自我中心主义，都难免偏狭。解决办法就是跳出"我执"，拥有"它心通"。有了这样的认知，当后来叶老师提出文学人类学反对"三大中心主义"（文本中心主义、中原中心主义、汉族中心主义）① 时，我接受起来没有丝毫隔阂，简直就是于我心有戚戚焉。

---

　　① 叶舒宪：《文学人类学教程》，中国社会科学出版社，2010，第95页。

学习人类学之后，曾经性格内向的我，竟然变得越来越"open"。有趣的是，我的身体也开始"去我执"，在田野里，吃百家饭，睡百家床，逐渐爱上人类学的田野生活。2011 年深秋，叶老师给我布置任务，要我去汶川考察到底有没有《山海经》里所记载的"白岷"，跟金沙、三星堆的玉器是否有关联。这次田野考察更像是探险，我一个人背着背包去陌生的汶川羌人谷。对于女性来说，田野考察的安全问题确是无法回避的。当时有报道说前不久一位单身女驴友在稻城被摩的司机杀害，费孝通的第一任妻子也是在田野中遭遇不测的。看了《天真的人类学家》之后，作者的田野经历，让我不免生出各种负面想象。去之前，一位朋友得知我竟然没有采取任何保护措施的时候，发来淘宝网相关救生和自卫用品的链接，让我赶紧去网购。但终因时间来不及，我只好拿出探险的精神赤手空拳地上路了。好运再次眷顾了我，我先后两次踏上寻玉之旅，一路上遇到不少热心淳朴的人，误打误撞竟然找到了羌族采玉人，拿到了十多种玉石样本，亲眼见识了传说中的"龙溪玉"①，完成了任务。我在回家的路上想，心无挂碍，路就没有阻碍。萨特说的"他人是我的地狱"，也许应该换个说法："有我执，他人才是我的地狱；去除我执，这世界就是我的家"。

二　文学人类学何为？

刚开始读博士时，同学们集体陷入了一种学科合法性的迷茫。文学人类学是什么？文学人类学何为？20 世纪末，萧兵、方克强等前辈进行了文学人类学的探索。最早从理论上探讨文学人类学的是叶老师当年的博士论文《文学与人类学》，出版于 2003 年，但这本书中更多是引进西方理论，一些本土独创性因素才初露端倪。文学人类学界的"三驾马车"：叶舒宪、徐新建、彭兆荣，他们自己的学术也经历了一个渐进探索的过程，这和2010 年前后文学人类学研究理论与方法的逐渐成熟是大致同步的。作为学生，我幸运地见证了这一学术史进程。

---

① 杨骊、段宇衡：《三星堆及金沙玉器的玉源初探——四重证据法的实验》，《百色学院学报》2015 年第 3 期，第 24 ~ 31 页。

　　我印象最深刻的是 2010 年，徐老师申报国家重大课题"文学人类学的理论与方法"，我作为学术助理参与其中，这时候师生们才对文学人类学外延和内涵进行了系统厘清。文学人类学的研究视角可以用三组词来表达：文学的人类学、人类学的文学、文学与人类学。2010 年，叶老师中标立项国家重大课题；第二年，徐老师和彭老师也同时立项国家重大课题。那段时间大家都很振奋，觉得这是文学人类学理论与方法影响力重大突破的标志之一。再后来，叶老师进入学术爆发期，先后提出了"大小传统""N 级编码""玉成中国"等理论，在学界引起了不小的关注。

　　我曾经和刘壮师弟从西方的古典学讨论到为什么文学人类学会在中国兴起，我们为什么要研究历史。他说，你别忘了，中国是文献大国，不就是一个巨大的文献田野富矿么？没有文学，我们如何能进入文献田野。我突然领悟到，对我们的研究来说，异文化不仅仅是共时性的，更是历时性的。除了面对当代的异文化，当我们凝眸历史时，历史也同样是异文化。

　　徐老师组织过一次对斯诺的"两种文化"说的讨论。斯诺指出：现代性知识范式导致了科学与人文的隔绝，这样一来造成我们认知世界的困境，这是整个西方的问题。斯诺认为弥合这种分裂是非常必要的[①]。后来叶老师又组织我们读沃勒斯坦（也作华勒斯坦）的《否思社会科学》和《开放社会科学》[②]，这两本书也对现代社会科学范式和学科制度造成现代知识体系的诸多偏狭和学科分割进行了深入的批判，指出当代需要建构一种"整体性的科学"。一通学习之后，我在读硕士时的朦胧认知逐渐清晰起来了。我们现代人受困于这种分裂久也！我的求学经历从文学到哲学再到人类学，也许在冥冥之中为我那个呼之欲出的"求打通"的学术理想埋下了很多伏笔。

　　那么，如何打通学科壁垒实现文化通观？20 世纪末各大学科都出现了人类学转向，出现了历史人类学、医学人类学、音乐人类学、体育人类学、文学人类学等，这不是一个偶然的学术风潮。究其原因，人类学理论

---

① 〔英〕C. P. 斯诺：《两种文化》，纪树立译，生活·读书·新知三联书店，1994，第 46 页。

② 〔美〕伊曼纽尔·沃勒斯坦：《否思社会科学——19 世纪范式的局限》，刘琦岩、叶萌芽译，生活·读书·新知三联书店，2008；〔美〕伊曼纽尔·华勒斯坦著《开放社会科学：重建社会科学报告书》，刘锋译，生活·读书·新知三联书店，1997。

中非常重要的一个哲学核心就是考察异文化的"他者之眼"，这是实现文化通观、打通学科壁垒的重要方法论。在某种程度上，这跟西方哲学后来兴起的主体间性哲学思潮，消弭主客之间的二元对立不谋而合，这也是我后来把四重证据法的方法论价值定位为"在实证与阐释之间"的思想基础。

三　证据法？证据法！

2020 年初，得知我和叶老师编著的《四重证据法研究》一书获得国家社科基金中华学术外译项目立项的时候，我不禁感慨万千，回想起研究证据法的酸甜苦辣，宛如昨日。

记得刚进师门不久，同样在川大读博的祖晓伟师姐就找到我，跟我一番长谈，中心思想就是转达叶老师的意见：因为我硕士学的哲学，所以博士论文选题最好选方法论，也就是文学人类学的多重证据法研究。然而，证据法研究对我绝非易事，每一重证据都涉及不同的学科，尤其是民俗学和考古学证据，等于要重新进入新的学科，我才刚有一点人类学学习的心得，跨学科的学习对我而言，难度太大了。

更何况，我当初对灾难人类学很感兴趣。2009 年，电影《2012》上演之后，"2012 现象"异常火爆，勾起了我中学看《诺查丹玛斯大预言》时萌生的救世情结，就跃跃欲试想去研究"灾难与末世"的文化现象。徐老师得知我的想法之后，鼓励我做一次讲读，讲讲自己关于灾难与末世的思考。可惜那次讲读做得并不成功，师姐们和老师的点评意见惊人的一致，选题不错，但我的准备不够。我沮丧了一段时间却并不死心，直到有一天做了个梦。梦中看见叶老师两只手各拎了一条蛇，一大一小，一黄一黑，他意味深长地看着我说，你选一条去驯养吧。我左右掂量，选了一条小的，心道这条小蛇不会咬人吧。刚战战兢兢地接了小蛇，我就被蛇咬了一口。我惊叫着从梦中醒来，辗转反侧之间领悟了梦境的暗示：常言道"条条蛇都咬人"，在学术的道路上，大概没有捷径可选吧。于是，我认命般地拿起了多重证据法研究的选题。

20 世纪初，王国维提出的"二重证据法"翻开了中国古史研究新篇章。其后，郭沫若、郑振铎、闻一多、顾颉刚、徐中舒、孙作云等人运用民俗学、神话学、人类学的理论和方法研究古史与文学问题，成为"三重证据法"的早期实验。20 世纪 80 年代，饶宗颐、杨向奎、汪宁生等从各自的历史学和民族学领域对"三重证据法"进行了理论和实践的推进。90年代，叶舒宪将"三重证据法"明确提升到方法论的高度。21 世纪初，叶舒宪将"三重证据法"发展为"四重证据法"。"四重证据法"是指采用传世文献（第一重证据）、出土文献（第二重证据），人类学、民族学的田野材料（第三重证据），以及考古和图像证据（第四重证据），整合成证据链和证据间性视角重新进入历史与文化研究。我很庆幸这个选题给了我一个梳理中国现代学术史的机缘，从二重证据法到四重证据法，勾勒出了中国学者在一代又一代学术思潮中建构本土方法论的努力，也让我由此反观中国学问与世界潮流的联系与差异。

中国文学人类学的"四重证据法"是一种"求打通"的方法论。我萌生出对"四重证据法"的这一认知，是在 2010 年。那一年，文学人类学研究会在南宁召开年会。会前，叶老师要我围绕证据法来发言，那时我才博士一年级第二学期，压力颇大。我憋了很久，终于在一天凌晨 4 点给叶老师发去邮件，结结巴巴地讲述了我的年会发言思路，最后一段是这样写的：

> 四重证据法在知识范式转型中，无疑开启一条文化通观的希望之途，但是，在这条学术探险之路上，肯定有着无数险阻与陷阱。反观四重证据法，笔者认为有两个问题值得深思。第一，证据间性的处理。每重证据的信度效力如何？在处理证据的关联性时依据什么作出判断与阐释？这对于四重证据法实践者将是极具挑战性的考验。第二，既重实证不唯实证。对证据的追求容易导致实证主义的沉溺，在实践中应避免过分倚重多重证据的列举而忽视证据关联性的有效阐释。比如，实证科学的思维无法进入的神话知识世界，却是心证可以抵达的。笔者认为，四重证据法的价值恰恰在于其创造了实证与阐释之间的巨大张力。

清晨 7 点坐在去南宁的飞机上，关手机前几分钟，心情忐忑的我收到叶老师给我的回邮：

> 以你的短文看，最后四行字，最具有原创性，也是很重要的理论问题，值得就此写成两万字来。人文学被人诟病不是科学，不可信、不可验证，就是因为缺乏实证的说服力，而纯粹科学又解释不了人文问题，心灵和信仰问题，谁都希望调和人文主义和科学主义的矛盾，但是口号多，而实绩稀少，难免空疏。我们之所以少谈理论而用心做案例，就是以实践积累为先，避免空谈。四重证据法的学术追求，已经被你看出来了，那就锲而不舍，深究下去。

四 我的"卧底"经历

自从选定了多重证据法研究的博士论文题目之后，摆在我面前的首要问题就是如何去理解第四重证据——考古学证据。然而，对于一个文科生来说，对考古学的了解比看《盗墓笔记》好不了多少，一通考古学教材看下来，我觉得晕头转向，什么地层学、类型学，怎么我看着那些瓶瓶罐罐都长得差不多。有学者把当今各自为阵互不通气的学科门类比喻为"学术部落"①，那么，我要解决问题就得去"考古学部落"卧底。

幸运的是，我结识了四川省文物考古研究院的高大伦院长。我向高院长毛遂自荐，要求去考古队做义工，借此一探"考古学部落"。2011 年，我先后三次赴宜宾糟坊头酒坊遗址发掘工地进行田野考察。整个田野考察亲历了考古发掘的最主要阶段：从清理浮土到布方发掘、发掘完成以及全国专家论证会，参与了一个较完整的考古发掘过程。田野期间，我起早贪黑地跟着考古队，既协助管理探方发掘，又参与文物采集清理和田野资料整理，还全程观摩了全国专家关于遗址的发掘论证会。刚开始考古队的小伙伴们都不理解我跑到考古队来做什么，到后来我跟他们结下了深厚的友谊，连考古队长都夸我：你比我们队员还敬业。通过一系列参与式观察，

---

① 〔英〕托尼·比彻、保罗·特罗勒尔：《学术部落及其领地》，唐跃勤等译，北京大学出版社，2008。

我总算对考古学方法论有所了解，认识到考古学证据作为第四重证据的实证意义。

此间，还有一个特别的收获，让我对第三重民俗学证据的价值理解更深了。我发现糟坊头遗址发掘出的陶瓷酒坛酒罐不多，倒是各种碗碟杯盏不少，那么以前的人们用什么来装酒呢？这个问题在我去当地酿酒车间考察时找到了答案。车间主任拿出一个布满灰尘的竹篓子给我看，"二十多年前我们都是用这个装酒的。"因为宜宾地区盛产竹子，所以当地人就地取材，用竹子编成酒罐，里面用多层草纸，用蛋清、米汤等物作糨糊，非常结实，这样一个酒篓子可以用很多年。我大开眼界，感叹古人之聪明之环保，同时恍然大悟：民间的"酒篓子"一语，也许就由此而来吧。想当年，顾颉刚先生就是在黄河岸边看见人们制造渡河的牛皮筏子，从而领悟了"吹牛皮"一词的来历。我也算是亲身体验了第三重民俗学证据以今证古的作用。

我的另一个卧底经历就是为了学习玉文化知识"混"进古玉收藏圈。跟着叶老师读博士以来，叶老师用了各种办法，软硬兼施地"逼"着学生们学习玉文化。用叶老师的话来说，玉文化是华夏文明的特征之一，是一部中华民族的"物的民族志"，是中华文明探源的一把钥匙。

2013年6月，我完成毕业答辩之后接到叶老师的飞邮传书："榆林会议，考古界盛会，学习机会难得！"原来，老师要我去参加在榆林市召开的中国玉石之路与玉兵文化研讨会。参加会议的人一半是古玉收藏界的大咖，一半是考古界的"各路诸侯"，一派"玉林大会华山论剑"的架势。叶老师风尘仆仆地赶到会场，永远都背着一个超大的双肩包，一副老田野的样子。他犀利的眼神把学生们扫了一遍，然后，把目光停在我脖子上挂的翡翠小玉坠儿上面，一脸嫌弃的样子："戴什么新玉？没文化！要么别戴，要么好好买块古玉来戴！"我跟叶老师读了四年博士，对他那种吹毛求疵的风格早已见怪不怪，便没心没肺地回了一句：我就喜欢这个……

多年之后，我也结识了不少古玉收藏界和玉学界的朋友，当我写作《玉路心史——玉文化田野考察》一书时，回想起当初的情景，不觉莞尔。在那种藏家云集的场合，我敢于大大咧咧地戴着个翡翠小玉坠儿，这种无知无畏的心态也真够强悍。因为按照古玉收藏圈的游戏规则，你身上戴的东西就是你的身份证和级别证，明眼人一看就知道你是什么段位的藏家。

吃晚饭的时候，叶老师指点我："看见了吗？旁边吃饭那一桌美女都是富婆收藏家，身上戴的东西都不错，你多跟她们交流交流！"我暗自佩服叶老师，他的眼睛真是雪亮，瞄一眼就知道人家身上戴的东西值多少钱。更让我佩服的是，叶老师为了学习古玉文化，上至顶级藏家，下至地摊小贩，都混得像老朋友一样。他说："古玩市场就是我们的田野点，学习古玉等于从零开始，一定要放下身段，虚心学习。"

开会期间，叶老师兴致勃勃地召集学生和朋友赏玉。有个甘肃文玩商，拿出一对齐家文化大玉璧，叶老师反复摩挲，连称好货，然而一问价钱却要 5 万元，把我们三个博士生惊得连连咂舌。叶老师犹豫再三，终究还是没有出手。古玩商又拿出几件马衔山料的齐家玉残件，每件报价几百元。叶老师满怀期待地看着我说，你跟他讲讲价，便宜点，可以买两件回去做研究样品啊！我苦笑一下心想，好吧，反正叶老师早晚要把学生拉下水的，今天终于逃不脱这个"下水仪式"了。不过话说回来，如果真要进行古玉文化研究，没有真金白银地投入又怎么可能深入其境呢？于是，我生平第一次花钱买古玉，"两千大洋"买了玉璜、玉斧、玉芯各一件，从此走上了研究玉文化的"不归路"。最近几年，我手头日渐宽裕，买起玉来也有点大手大脚。叶老师却再三告诫我要谨慎下手，别给古玩商宰了，还给我推荐了一些物美价廉的古玉网店。

五 "博物馆控"养成记

完成了博士论文，我的文学人类学之路才刚刚起步。四重证据法是新生的方法论，其效力和边界还需要到实践中去运用和检验，而第一步则是要大量采集证据。新中国成立以来，一系列考古发现给了当代学者重新深入历史渊薮的机缘。20 世纪末 21 世纪初，全中国如雨后春笋般建立的博物馆则为我们提供了空前丰富的物质文化证据。文学人类学研究方法透物见人，恰好可以弥补自傅斯年以来考古学证而不疏的传统弊端，① 用四重证据法把立体释古的效力充分发挥出来。

王国维的时代还没有现代考古学，虽然他当初在提出二重证据法时，刻意用"证据"二字体现出当时中国学界对科学实证思潮的一种接受和向往。但那个时代只给他提供了从地下发掘出来的甲骨文、金文一类文献材料，而其他的地下物质材料，他没有机会看到。所以，我才在《四重证据法研究》一书中感慨，20 世纪下半叶在四川出土了不少汉画像百戏砖和汉代说唱俑。这些材料的出土，印证了王国维在《宋元戏曲考》中关于古代倡优与戏曲发端的论述。只可惜王国维在写《宋元戏曲考》时，主要采用的是文献资料，如果王国维能看到现在发掘出来的汉画像砖和说唱俑，想必会有更精彩的论述吧。②

2015 年，叶老师出版了《图说中华文明发生史》。这本书给了我很大的触动。书中数百张照片，从国内到国外，从博物馆到民俗现场，绝大部分出自叶老师之手，如此扎实的田野功夫让人不得不服。从那时起，我就暗自发誓：也许终我一生都达不到叶老师的博学，但我至少可以学到叶老师的勤奋。不管三七二十一，背起背包，田野目标就是博物馆！这些年下来，我还真成了名副其实的"博物馆控"。

从最北面的内蒙古赤峰博物馆到最南面的广州南越王墓博物馆，我在全国 300 多个博物馆里留下了足迹，收集文物照片多达 400G 以上，十多万张。我最痴迷博物馆的时候，曾有一个月参观 20 多个博物馆的记录。从长江下游的上海市博物馆一路跑到长江上游的泸州市博物馆，结果还真把鞋跑坏了一双。无数次的博物馆考察，有时是我先生陪着我自驾，有时也与同门姐妹结伴，但更多的时候还是做独行侠。考察博物馆真是体力活儿，又观察又拍照，一天下来经常累得腰酸背疼。如果遇上有的博物馆正好装修，不得其门而入无疑是最大的田野悲剧。2017 年，我去开封参加中国比较文学学会年会，不幸遇上河南博物院和虢国博物馆都在装修，直到三年后才有机会登堂入室。

---

① 杨骊、叶舒宪编著《四重证据法研究》，复旦大学出版社，2019。
② 杨骊、叶舒宪编著《四重证据法研究》，复旦大学出版社，2019。

让我欣喜的是，观千剑而识器，器物看多了就会慢慢培养出一种感觉。跑多了博物馆，中国的玉文化版图也逐渐在我眼中从模糊混沌变得立体清晰起来。每个时代的器物，都有自己的独特神韵，无言地讲述着那个时代人们的精神生活。虽然时空阻隔，却可以通过不同时代的遗物去触碰不同时代的精神脉络。那是一种很奇妙的感觉，当我隔着玻璃静静地凝视那些红山文化玉龙或者良渚文化玉琮的时候，我似乎真的有了一点"它心通"，对远古的异文化精神世界有了更多的感应。

为了完成我的教育部课题"文学人类学视野下的商代玉文化研究"，我开始了对全国商文化遗址的考察。一遍遍对比商周玉器之后，从商代玉器的巫气氤氲到周代玉器的天子之象，我终于从器物上印证了王国维先生所言的"殷周之变"①。经由玉器的造型、纹饰研究，与王国维相遇在历史的拐角，这大约就是物质文化田野考察的魅力吧。在写《玄鸟生商：商代玉文化三千年》时，书中的 200 多张图片百分之八十都是自己跑博物馆考察所得，交稿的那一刻，我终于在心里升起一点小小的成就感，天下真没有白跑的博物馆！

六　玉路千里从头越

除了博物馆田野考察，我的另一个田野功课就是跟着叶老师的团队进行"玉帛之路"考察。从 2014 年起，叶老师先后组织了十五次"玉帛之路"考察，堪称八千里路云和月，踏遍中国的千山万水，用文学人类学的理论与方法重绘中国玉文化地图，进行文学人类学的中华文明探源。我有幸参与了其中四次，受益匪浅，终生难忘。

2017 年 8 月底，叶老师、《丝绸之路》的冯玉雷主编和我在玉门市参加完学术会议后，踏上了去敦煌的第十三次"玉帛之路"考察旅途。敦煌当地的线人就把我们接上一辆越野车，一路向西，朝着沙漠狂奔。我到了车上，才知道这次神神秘秘地是要去考察敦煌三危山沙漠里的一个玉矿。

---

① 杨骊：《从商周玉器管窥"殷周之变"——以象生玉器、人形玉器为文化读本》，《百色学院学报》2020 年第 3 期。

很可能是古玉矿！

我们的线人董杰是敦煌当地的画工。他指着一处峡口说，这就是著名的旱峡，是历史上敦煌与西域之间的要道。再往里走，路没有了，这是真正的无人区，一望无际都是起伏绵延的戈壁沙丘。烈日当空，沙漠里的风把沙子呼呼地刮到脸上，这世界单调得只听见风声和我们的喘气声。叶老师已经60多岁，我和冯主编都怕他在烈日暴晒下中暑，然而他看见玉矿十分兴奋，手舞足蹈的，精神头儿比我们还足。一个下午的踏勘，我们看到了玉矿洞穴，找到了碧玉料、白玉料、黄玉料、戈壁玉料（石英石）、陶片以及打制石器。

顾颉刚先生在《西北考察日记》中就曾提及：相传西域道路未通，和阗玉未能尽量东运时，中国之玉皆酒泉所产，盖美石之次于玉者；雍州"贡球琳琅玕"即此。① 叶老师指出，"早在《尚书》的《尧典》和《禹贡》里记载出自三危'球琳琅玕'，应该就是三危山的地方玉"。其实，敦煌三危山旱峡一带产玉在民间早有传说，却鲜有学者进行实地踏勘，以至于古书的记载被我们完全遗忘。田野归来，我们分别写了考察记发表在《丝绸之路》上，成了关于旱峡玉矿最早发表的田野考察②。

后来的考古发掘证实，这里的古玉矿年代上限距今4000年③，对于研究河西走廊地区史前"玉帛之路"具有重大意义。2020年，甘肃敦煌旱峡玉矿遗址入选"中国考古十大发现"。回想当年经历，我还曾因过敦煌石窟不入而抱憾，现在看来，却在不经意间涉足了一个重大考古发现。

2019年4月，我参加了叶老师组织的"玉帛之路环太湖考察"，旨在调查长三角地区的史前玉文化。没想到，一个关于蚂蟥的考察花絮让所有的成员都震撼了。

考察团成员之一汪永基老师是新华社的高级记者，也是骨灰级的玉文化发烧友。我们在赵陵山遗址田野考察的时候，一只蚂蟥钻到汪老师的脚

① 顾颉刚：《西北考察日记》，甘肃人民出版社，2002，第256页。
② 叶舒宪：《玉出三危——第十三次玉帛之路文化考察简报》，《丝绸之路》2018年第1期；冯玉雷：《三危藏美玉 光耀映敦煌——第十三次玉帛之路文化考察》，《丝绸之路》2018年第1期；杨骊：《三危山古玉矿考察纪实》，《丝绸之路》2018年第1期。
③ 旱峡玉矿的考古调查参见陈国科、丘志力、蒋超年、王辉、张跃峰、郑彤彤《甘肃敦煌旱峡玉矿遗址考古调查报告》，《考古与文物》2019年第4期。

里，他回到酒店才把它挑出来。不幸伤口已经感染发炎了，汪老师为了不给同队的女孩子造成心理阴影，一直谎称感冒发烧，直到最后考察总结时才说出真相。

大家知道后又是震惊又是感动，叶老师却分享了一段他自己更为惊心动魄的隐秘经历。那是叶老师还在海南大学执教的时候，海南大学举办了一场诗会，会后大家一起去登五指山，叶老师不幸跟大部队走散了！天色将晚，叶老师无奈之下在原始森林里凭着野外生存经验爬到了一棵树上。然而，因为穿着短裤和短袖，脚上和手上都爬满了旱蚂蟥。终于等到天蒙蒙亮，他听到远处有汽车开过来的声音，才凭着最后的意志跌跌撞撞地跑到山路上求救。当满身是血的叶老师倒在公路上时，可真把司机吓坏了。叶老师被救起来之后一个多星期才恢复。这段经历叶老师从来没在圈子里讲过，被汪老师触动才说出来。他笑着说："自从经历了那一劫之后，我从此就不怕死了！"

大家一边听得后背冒冷汗，一边又被叶老师点燃了学术激情。望着他清澈雪亮的眼睛，我终于明白叶老师做学问为什么总有一股舍生忘死的劲头——这一双看透了生死的眼睛，才有穿透历史的犀利。

中国社会科学院考古所的王仁湘老师接过话头，不紧不慢地说，其实对于做田野考古的人来说，被蚂蟥叮咬是太平常的事情了。但是要注意，被叮上之后千万不能硬拽，越拽它越往里钻。年近七十的王老师说得轻描淡写，他这一辈子都在田野考古，经历了太多的事情，已经到了举重若轻的境界。在湖州小结的那晚，王老师同样轻描淡写地告诉我们，一个人做学问，当你觉得孤独的时候，你就成功了一半；孤独之后，还能找到同行者，那你就成功了大半。他的话引起在座同行的深刻共鸣：这就是所谓的"大道不孤"吧。叶老师最后总结说，"玉成中国"——玉这个中国文化里最美好的象征物把大家聚集在一起，一群比德于玉的君子，共同为了探源中华文明的事业而行走……

追随着师长们的足迹，这条探源中华文明的学术之路对我来说还很长很远。行无尽处，学无止境，士不可以不弘毅，任重而道远！

我的非典型人类学之路[*]

罗安平^{**}

摘要：在求学与治学之路上，笔者的每一次学术出发，都期冀于带着人类学的透镜看世界。有了人类学眼光，学者并非就能看到一个所谓的世界全景图，但至少，能少一点自我中心主义，获得跨文化知识的支持，自觉确认人类社会的多样性与多元化，从而推动各自审查自己的价值观和行为模式。

关键词：礼失而求诸野　人类学透镜　地方感文学　人类学　传媒人类学

六月的阳光下，菜地里的莴笋叶绿油油的，泛着清新光亮。菜地一端，是我爷爷奶奶的墓地。今天这里很是热闹，因为我们在"装修"祖父母年久失修的墓地。风水先生——我的堂哥们背地里笑称的"科学家"——严谨认真地测方位看时辰，同时指挥村民安墓石，装新土，立新碑。亲戚们和本村老少陆续聚拢过来，像朝贺邻居装修家宅一样悠闲欢快，全无半点墓地前的阴沉之气。

人们聚在一起开始聊家长里短，我也饶有兴致地问东问西，看似漫不经心却下意识地想着不妨趁机做个家乡田野呢！自从1985年父亲率我们全家离开农村搬迁到县城——此后又到省城，三十多年过去，这是我第一次见到如此众多的老家亲戚和乡亲。村里颇有威望的一位大爷，许是见我一天都跟他们待在一起，一会儿撮土一会儿拍照，冷不防夸了我一句："安平，你们知识分子，对这些事还挺有兴趣？嗯，没说我们在搞迷信，看来

　＊　本文系国家社会科学基金项目一般项目"新媒体语境下城市少数民族流动人口社会共识及应对研究"（项目编号：17BMZ086）阶段性成果。
＊＊　罗安平，西南民族大学新闻传播学院教授，研究方向为文学人类学、传媒人类学、新闻传播学。

你还不是忘本的人。"

时光闪回，2009 年我在四川大学攻读文学人类学博士学位。记得在第一次课堂上，徐新建老师向我们抛出一串问题：如何理解"礼失而求诸野"？真实的生活如何离我们而去？如果"礼"是人类追求和建构的一种规矩、一种文化，那么规矩与文化最初是否来源于民众的日常生活，来自与天地相通的精神实践？当我再次忆起徐老师的一连串追问，我深知，"不忘本"里，确乎蕴藉着"礼失而求诸野"的况味。这句来自家乡长辈的称赞很厚重。

那一天，我站在土埂上，看着墓前新立的碑，上面题刻着我一个堂兄自拟的碑联：

先贤留青山常青
后俊守秀水永秀

祖坟被菜地环绕，菜地边缘是几排翠竹，竹林后面，有一条荒芜了的下山路。放眼望去，在对面一座山的山脊间，我辨认出了一条也被灌木覆盖着的山路。山顶平坝上，有一所插着国旗的小砖房。小学一、二、三年级，我就读于此。那时，村里小孩每天的上学路正是此刻的目力所及：先下一座山，蹚过山脚小溪，再爬上另一座山。父母带我们进城读书之后，这条下山又上山的路我再也没走过，近年来村里修通公路，山路也被村民们弃之不用了。

但这条山路从没在我的记忆里消失，它是我构建意义之网的起点与象征。

一 读博：文学人类学

遍布地球的道路网，既是大自然的鬼斧神工，也是人类对未知世界无休止探索或征服的结果。不同的人，为着不同的目的，在森林里披荆斩棘，海洋上泛波扬帆，陆地上开山辟途，天空中翱翔展翅。每一次出发，脚下的道路便将一个文明与另一个文明相连，一个族群与另一个族群相系。道路与视野一同延伸，新世界亦在地平线之外渐次扩展①。

考博选专业时，从新闻传播学转到文学人类学，我的未知世界随即开出一条新路，道路与视野豁然转变，我遇见了不同寻常的风景。这首先要感谢我的导师曹顺庆。曹老师致力于中外古今文学与文化的比较研究，而比较的要义在于知己知彼，所以这就要求学者既能立足本土，更要放眼世界；要回应当下，须首先返身传统并着眼未来，换言之，做学问如同穿行于时空隧道，对异质时间与空间中的人类智识进行鉴别学习与思考。读博期间，曹老师给我们开了三门必修课：《中华文化元典》、《历代文论选》与《文学理论导论》（Literary Theory：An Introduction），在课上不仅系统诵读"十三经"，还要背诵刘勰《文心雕龙》、陆机《文赋》、司空图《二十四诗品》、严羽《沧浪诗话》等典籍的部分篇章。

曹老师的教育理念呼应了严羽在《沧浪诗话·诗辨》中的开篇之旨："夫学诗者以识为主：入门须正，立志须高。"在最近接受媒体的采访中，曹师也讲到，在各种概论和空论大行其道的大环境下，实实在在的经典阅读太少，所以老师的用心，"就是试图作一个教学改革尝试，让同学们直接进入元典文本，获得实实在在的知识与智慧，而不是大讲空论，凌空蹈虚。"② 时光荏苒，十年过去，虽然记忆或已不逮，但当初背记过的大珠小珠，已经一点一滴浸润到我的学术与生活中。

记得当年我最喜欢背诵的，其实是司空图的《诗品》，"大用外腓，真体内充。返虚入浑，积健为雄。""落花无言，人淡如菊。书之岁华，其曰可读。"这些诗论，与其说是在论诗，何尝不更意在品评人生？雄浑，典雅，绮丽，缜密，这难道不是人生的不同境界与气度？我在学习传统文学理论的时候，不意间却似乎借得了看人间的一面透镜。

而人类学作为另一面透镜，实实在在地启明了我的求学之心。美国人类学家詹姆斯·皮科克把人类学明确称为透镜，论述极为精到。在他看

---

① 罗安平：《杜鹃花与弓弩手：民国时期美国国家地理杂志里的中国西南》，花木兰出版社，2016，第167页。

② 张杰、徐语杨：《四川大学杰出教授曹顺庆：加强美育，诗意栖居》，https://www.sohu.com/a/450701328_120952561，最后访问日期：2021年9月11日。

来，透镜类似于视角，两者都是想要确定一个人看到了什么，只不过一个是光学上的，一个是思想上的。如果用摄影学来比喻，对人类学有指导意义的图像，应该是强光和柔和的聚焦，要寻求视域的深度，包括前景、背景和对象自身。皮科克说："人类学会柔和地而不是猛烈地，也不是狭隘地聚焦对象，而是会让对象和周围环境之间的界限变得模糊些，以便不仅包括对象，也包括它的背景、边景和前景；对整个背景的感知我们称为整体论。"①

每次读到"整体论"这个词，我都会有一种特别的内在认同。想来原因应该在于，我的老师徐新建教授倡导的"回向整体人类学"。入门时我们便已知，与西方知识谱系相对应，人类学在起源时即大体分为三大范式或面向，即生物人类学、文化人类学和哲学人类学。徐老师特别警惕的是，在中国语境中，离散的人类学将使这个学科跌入被实用主义者任意肢解的陷阱。无论是主张召回失落了的哲学人类学②，还是对"自我民族志"表述范式的建构③，整体人类学希望冲破仅对于中观族群或社会的聚焦，将目光转向作为整体的人类和作为个体的自我，激发对整体与终极之"人"的讨论。

对于从新闻学跨学科考博的我而言，要想尽快掌握人类学的整体论思维与方法，谈何容易！虽然几乎所有学科都宣称要重视历史与理论，但毋庸讳言，新闻学的确是更加注重当下、前台、冲突性与反常性的信息获取与处理，对于社会热点自然更为敏感，而人类学需要我沉下心来关注日常、恒常、背景乃至"边缘"社会。如何实现学科思维的转变呢？徐老师布置的一次次工作坊式学习任务让我渐悟门道。

记得入学不久，徐老师布置的一次专题是"国族建构"，我分到的任务是领读沈松侨的三篇文章：《我以我血荐轩辕：黄帝神话与晚清的国族建构》、《振大汉之天声：民族英雄系谱与晚清的国族想象》以及《近代中国民族主义的发展：兼论民族主义的两个问题》。这三篇文章虽然不是典型的人类学作品，但它们带给我的文化震撼至今仍记忆犹新：我第一次了

---

① 〔美〕詹姆斯·皮科克：《人类学透镜》，汪丽华译，北京大学出版社，2009，第10页。
② 徐新建：《回向"整体人类学"：以中国情景而论的简纲》，《思想战线》2008年第2期。
③ 徐新建：《自我民族志：整体人类学的路径反思》，《民族研究》2018年第5期。

解到民族主义可以是人为建构出来的文化产物！由于我们采用的是 Seminar 方式上课，除了领读主讲，其他同学还要评议与提问，所以我花了很多时间来梳理"国族建构"的关联知识。当我做完阅读报告，徐老师夸了我一句：你现在算是华丽转身了。不经意而夸张的一句表扬，极大地鼓舞了我。我也更加明白，其实只要关注的是基本性问题，很多学科都是相通的，正如我读的是文学人类学，却经由历史这一入口，旁涉了族群、建构论、根基论、主位客位等人类学的经典概念，后来读《想象的共同体》《写文化》等著作时，就轻松多了。而且当我再次拿起塔奇曼的《做新闻》，此前看不懂的这本新闻学名著一下也晓畅贯通起来。

二 博论：《国家地理》与中国西南

运用人类学的整体论思维，从多学科门径对研究对象及其背景进行"强光与柔和的聚焦"，这样的方法论对我写作博士论文启发极大。我的博士论文是研究美国《国家地理》杂志的中国西南表述。这份在西方世界里非常重要的文化地理期刊自 1888 年创刊至今，对中国的报道文章有三百多篇，而西南一隅即达 40 篇以上。在浏览完相关报道文本后，我将杂志对中国西南的表述分为四个主题：花卉王国、西南道路、香格里拉和多样族群。每一个主题，可以说都涉及生态、地理、文化甚至政治与经济等学科，涉及地方性知识与全球化浪潮的交会，涉及自我与他者的跨文明相遇，不把各个主题的整个语境纳入进来，又怎能看清这一百多年里东西方道路上的你来我往、台前幕后呢？

举例来说，比如"花卉王国"这一主题，关注的是 20 世纪初期，一些西方植物猎人在中国的行走考察、植物采集与文化书写。当其时，来自世界各地的植物漂洋过海，到欧美大地落地生根、春华秋实。这场浩浩荡荡的植物奥德赛之旅，正是西方列强海外殖民势力的生动隐喻，这一时代的世界舞台大背景，即探索发现、殖民掠夺、博物科学与文化帝国等，都是需要重新检视的话语与修辞。然而当植物猎人们（被称为园艺学里的哥伦布）行走在异国他乡的农田旷野、街头巷陌，他们对于自己的所遇所见所思，是否都必然带着自己身后拖曳的那个世界，是否全然都投射出东方主义的眼光呢？采花领事乔治·福雷斯特卷入怒江民族政治考察与中缅边界之争，但他在《国家地理》（1910年第2期）上留下了最早的弓弩民族身影，成为弥足珍贵的民族志档案。同时期的约瑟夫·洛克，与纳西族、木里王、卓尼喇嘛等的不解之缘，是他自称"人类学家"的资本。而博物学家欧内斯特·威尔逊，正式提出"中国——园林之母"的论断，奠定了一个植物王国的形象生成。

转换一下视角，我们再看一下威尔逊1913年出版的著作《一个博物学家在华西》。这本书有一个长长的副标题——《带着采集箱、照相机和枪支，对花卉王国偏僻地区十一年的旅行、探险与观察的描述》。① 采集箱、照相机和枪支，既是看得见的实物，又是看不见的象征，它们既是植物猎人的装备，但更可被视为帝国权力的隐喻——采集箱代表的是科学，有了它，全世界的植物才能在西方帝国花园里绽放，由此建立的博物科学话语却使原住民知识患上失语症；照相机代表文化，通过帝国之眼（或上帝之眼）给人类建立民族志档案，却又在进化的阶梯上将之各置其位；枪支，不言而喻，它是帝国主义的权力源泉，是征服他者的威胁与强制力。当所有这些图像交织重叠，在西方海外殖民扩张的大背景下，我们看到植物猎人与花卉王国这一组兼具征服性与浪漫性的意象，恰好构成了跨文明相遇的一体两面——文明与野蛮。

用人类学的透镜看世界，我们并非就能看到一个所谓的世界全景图，但至少我们能少一点自我中心主义，获得跨文化知识的支持，自觉确认人类社会的多样性与多元化，从而推动我们审查自己的价值观和行为模式。这样的学术研究何尝不是在助益我们构建一种更为理想的生活？

三　访学：在美国做田野

2017年，我获得国家留学基金委的资助，到美国俄亥俄州州立大学的民俗研究中心进行访学。为期一年的访学经历，把我的记忆匣子装得满满

---

① E. H. Wilson, *A Naturalist in Western China*, *with Vasculum*, *Camera*, *and Gun*, London：Methuen & Co. LTD. 1913.

当当，其中的学术收获，我还需要用很长时间去消化吸收。

我的访学导师马克·本德尔（Mark Bender）教授，是俄亥俄州州立大学东亚语言文学系的主任，也是研究中国民间文化与民族文学的专家。近十年来，他每年都带学生到我校（西南民族大学）进行国际交流与合作，跟彝族诗人阿库乌雾（也是我的博士师兄）的友谊如兄弟一般真挚浓烈。我受惠于此，在美国期间，受到马克教授的热情接待，他为我安排了很多学习与考察活动。马克教授多年来关注亚洲边地的文化、地方与诗歌，他的研究方法也是集文化学、地理学、生态学和人类学等于一体。见证了多年来全球范围的生态变化和文化变迁，马克教授提出了"地方胜任力"（Place-competency）这一概念，以研究当地人吸纳地方知识与经验，与其栖居之地的环境依存与文化适应能力。① 马克知道我童年生活在中国西南一个小县城，从小被山间氤氲所沐浴，对山地文化有特殊的亲切感，所以力荐我参加了民俗文化中心的一门地方建设田野课。

这门课程实际上是一个长期田野调查项目：俄亥俄阿帕拉契亚的地方建设（Place-Making in Appalachia Ohio）。项目由两位民俗学教授牵头，以学生团队为基础，浸入式地记录一个社区在面临经济、环境与文化变迁时，表达并葆育地方感的方式。阿帕拉契亚地处美国东部山区，幅员辽阔，在美国人的认知图式里却算"另一个美国"，总体带有贫穷、传统、保守等标签。近年流行的一本畅销书《乡下人的悲歌》，② 书中讲述的乡下人即美国阿帕拉契亚人。放眼全球，哪个国家又没有自己的"阿帕拉契亚"呢？能参加对该地区的田野调查，我很兴奋，这样的地方感调查对于理解我们身处的时代与社会很重要：在变迁社会里，人们对地方感有怎样的需求？地方感的意义何在？如何葆育地方感？

我们的实地田野调查以"服务-学习"田野合作项目（Service-learning Projects）为主，师生驻扎在阿帕拉契亚的一个县里，连续10天，每天跟随联系好的社区合作人，边协助其工作，边学习与记录。而我的任务即是与我的田野伙伴弗兰克一起，跟随护林员乔什，每天去林中巡山，

① Mark Bender, *The Borderlands of Asia*：*Culture*，*Place*，*Poetry*，Amherst and New York：Cambria Press，2017，p. 13.
② 〔美〕J. D. 万斯：《乡下人的悲歌》，刘晓同、庄逸抒译，江苏凤凰文艺出版社，2017。

同时写日记、做访谈、建网页等。

乔什的工作范围包括巡查 11 个自然保护区，清除林中入侵性物种，诊查林木健康状况，整饬林中道路，清理污染垃圾。除了每个月定期写巡查报告给上级主管部门，他必须要能独自处理管辖区内的日常维护和突发状况。乔什与自然环境的直接关联培育了他强烈的地方感。在阿帕拉契亚的山谷里，他对我说了这样的话：

> 你回到中国，当然可以把你拍的照片与家人分享，甚至每个人都可以在网上看到成千上万的风景照。但是你看，你拍下的那个洞穴，瀑布，那块岩石，仅看照片，怎么能闻到它呢？它清凉的温度呢？怎么会有触摸感？俗话说，一图胜千言，但是生活，生活才是四季更替，可感可触，恒常且新的。①

3 月中旬的北美大地，仍处在冬春之交，天气乍暖还寒。林子里树木萧疏，浅雪覆盖落叶。而在黄叶与白雪中，青草已经冒出了头。在巡山的过程中，乔什总能一眼辨认出早春的各种野花，雪延龄草、报春花、雪割草，还有各种各样的地衣与青苔，因为它们是环境气候变化的征兆，所以乔什更加留意它们。

十来天的密切接触使我认识到，乔什的地方感体现在对自然环境的直接感知、理解与行动几个层面，其关键点在于亲身经历与身心卷入。经历不仅是个体的，也是社会性的，如果当地人的参与感与分享感被剥离掉，没有事件、集体记忆与情感可以储存，则很难积极主动地葆育地方感。

地方感的葆育在全球化的当今有何重要意义？人文地理学家段义孚用"空间"与"地方"两词的差异道出其中奥妙，他认为空间意味着自由，地方意味着安全。② 既可自由驰骋于广阔空间，又能诗意栖居在安全家园，这难道不是人最基本的需要与追求？

---

① 笔者对乔什的采访录音，见俄亥俄州州立大学民俗中心电子档案：Anping Luo, Frank Isabelle, "Working Tour with Josh Deemer in Nature Preserves", https：//cfs. osu. edu/archives/collections/ohio－field－schools/working－tour－josh－deemer－nature－preserves. 最后访问时间：2021 年 9 月 11 日。

② 段义孚：《空间与地方：经验的视角》，王志标译，中国人民大学出版社，2017，第 1 页。

四 新课题：媒介化社会与流动的认同

然而，时代在变，空间与地方的观念也在变。

那些曾让我们念兹在兹的"地方""家园"在这液态社会里似乎也已流动不居难以停驻了。栖身于闪闪发亮的电子空间，也许反而能给现代人更多安全与自由感？媒介学者曼纽尔·卡斯特多年前就预言过，网络社会崛起引发新的社会变迁形式，在另类的电子网络里，新的认同力量已经崭露头角，现代人有了另一个"共同体的天堂"。①

这是一个什么样的"天堂"？又有怎样的认同呢？

三年前的一个冬日，我和两位朋友在学校附近一家藏族风味餐厅吃饭，遇到餐厅里的服务员阿依姆，一位二十岁不到的藏族姑娘，有点害羞的样子，但很快就在我主动的攀谈中和我热络起来。那天正好是藏历年，所以阿依姆邀请我们饭后参加她们餐厅里的"新年晚会"。阿依姆与餐厅的老板、厨师、服务员们一起，身着绚丽的藏服，唱歌跳舞，还有人表演藏族传统戏。观看表演的藏族男女老少，无不跟着或大笑或叹气。看着阿依姆和伙伴们开心的笑容，我记录下这一刻，心里想，有来自共同体成员的相互庆祝仪式，共享一段段家乡的歌声和笑话，这样的共同体，是否足以慰藉这群"城市里的陌生人"②？

然而，两个月前，阿依姆回去了，回到了她有蓝天白云的丹巴老家，在那里进了一家藏餐厅，继续做服务员。她最终没有在这个城市留下来。对此我倒也不惊讶。从阿依姆的微信朋友圈，早已看出端倪：

> 没回你微信的那个人，可能也在等别人微信，所以愿意搭理你的人秒回，不想理你的人，看不见你的消息。

> 希望生活有惊喜，希望喜欢有回应。

---

① 〔美〕曼纽尔·卡斯特：《认同的力量》，曹荣湘译，社会科学文献出版社，2006，第419页。

② 此命名来自人类学家张鹂研究流动人口的著作——《城市里的陌生人：中国流动人口的空间、权力与社会网络的重构》（江苏人民出版社，2014）。

如果微信朋友圈可以视为阿依姆向外人呈现的情感空间，那么在这个空间里，她的等待与期盼，更像是一种喃喃自语。但是在同一条街上的藏族男孩塔瓦，在我认识他的两年内，先后开过茶餐厅、卖二手车、卖虫草，现在他干的事情是开车送货，在成都与他的家乡甘孜之间来来回回。在抖音里，他经常一边开车，车里放着藏歌。很多视频，总有一个个成都街道的路标一闪而过：棕竹街、红牌楼、洗面桥……他也在朋友圈里说，"生活掌握在自己手中，而非让生活来掌握你！再见2020，你好2021！"

在我认识阿依姆和塔瓦们后，我申报了国家课题"新媒体语境下城市少数民族流动人口社会共识研究"。然而两年过去，我感到更多的挑战与不确定。在媒介化社会里，我的"研究对象"的情感与生活飘忽不定，他/她们的"认同"或"共识"，也如其在朋友圈设置的"三天可见"，在电子空间中闪现，隐匿，流动，液化，熔炼……网络共同体的天堂中，须臾不再能见永恒，每个人似乎都承受着不可承受之重。

> 在"流动性"的状况下，一切都有可能发生，但一切又都不能充满自信与确定性地去应对。这样就导致了不确定性，同时导致了无知感（不可能知道将要发生什么）、无力感（不可能阻止它发生），以及一种难以捉摸和四处弥散的、难以确认和定位的担忧、一种没有靠山却绝望地寻找靠山的担忧。[1]

齐格蒙特·鲍曼在《流动的现代性》里这段话，不仅适用于我的研究对象，更是直戳我心。这就是我们时代的普遍状况，或曰特征，谁能确保幸免？即便如此，在不确定性中，人，一种"待完成的生命"，总是要重新悬挂于自己编织的意义之网上（不断掉落不断悬挂）。下山，再上山，那条童年的上学路，既是起点，也是象征。做研究的目的与乐趣，难道不正是回应新时代的新问题？拿起人类学透镜，对新的社会现象、学术观念与研究方法，调整聚焦，延伸视角：数码人类学、网络民族志、虚拟社区、城市新空间、媒介化社会、流动的认同、情感研究……

---

[1] 〔英〕齐格蒙特·鲍曼：《流动的现代性》，欧阳景根译，中国人民大学出版社，2018，第12页。

五　在路上：慢慢学习

2018 年 5 月，我在美国俄亥俄州州立大学访学时，结识了在该校攻读民俗学博士学位的田纳西女孩西德尼。我们成了好朋友。西德尼邀请我去她家度夏假，她家就在美丽的大烟山里。到了家，西德尼带我参观各个房间，上到二楼，我不禁惊叹起来，一个小型动物陈列馆！墙上、扶梯与房梁上，白尾鹿、麋鹿、浣熊、黑熊、郊狼、土拨鼠、红尾鹰等动物的标本，或悬挂或站立，栩栩如生，琳琅满目。原来西德尼的父亲是一位打猎高手，也酷爱制作标本。在各种动物饰品里，我看到一顶浣熊皮做的帽子，便拿起来戴在头上，让西德尼帮我照相，然后笑问了一句："你看我像不像 Davy Crockett？"

西德尼的爸爸此时正上楼来，听到我的话，很惊讶，"你竟然知道 Davy Crockett？！"

大卫·克罗克特是 19 世纪早期一位美国民间传奇英雄、边疆将领和政治家，他的典型形象便是手持长猎枪，头戴一顶浣熊皮帽。克罗克特的传奇故事至今还在偏保守的中西部中老年人中流传，但年青一代可能很多不知道他了，所以当我将克罗克特的逸事摆出来时，我和西德尼的父亲便一下找到了共同话题，拉近距离简直得来全不费功夫。

感谢大卫·克罗克特，感谢文学人类学，感谢徐新建老师！在我们读博的时候，很多人对"文学人类学"有学科怀疑，于是徐老师找来一本英文原版选集：*Literary Anthropology*：*A New Interdisciplinary Approach to People*，*Signs and Literature*，[①] 让我们每人认领一篇翻译出来，了解这门新的跨学科，对于研究人、符号与文学有着怎样的方法与视野。

我翻译的正是由 Lucy Jayne Botscharow 写作的《大卫·克罗克特和迈克·芬克：关于文化延续性及其变迁的阐释》。[②] 这篇文章采用结构分析

① Fernando Poyatos, ed., *Literary Anthropology*：*A New Interdisciplinary Approach to People*，*Signs and Literature*，John Benjamins Publishing Company Amsterdam/Philadelphia，1988.
② 〔美〕露西·杰恩·波兹嘉柔：《大卫·克罗克特和迈克·芬克：关于文化延续性及其变迁的阐释》，罗安平译，《文化遗产研究》第八辑，科学出版社，2015。

法，从横组合轴与纵组合轴两重维度，综合考虑民族志语境与历时情境变迁，讨论个人与社会的关系，以及关于文明与野性的四组范畴（野蛮、文明、过度文明、低度文明），互为对立又辩证转换的关联。这篇论文并非人类学的经典大作，但作者在文本田野与历史情境中的迷人穿梭、对研究对象既理性又感性的分析讨论，让我心有戚戚，心向往之。

博士毕业后，我依然回到我的西南民族大学，在新闻传播学院教学生新闻学的课程。我从未以一个"人类学家"自居过，因为我没有"固定的田野点"，也没有拿得出手的人类学成果，把自己拔高一点，我也只能以一名"非典型人类学者"自称（嘲）一下。

但有一次，一名新闻学学生，在记者节那天写了一篇对我的报道，里面有一句话，让我无比感动：

> 我没接触过别的人类学家，但她常常给我一种笃定的"人类学家的气质"。多元的、温和的、好奇的，很多。

大千世界，感谢相遇。溢美之词，受之有愧。好在这条路还长，我还可以慢慢学习。

追寻人类学家的写作之路[*]

——我的文学人类学历程

王　璐[**]

摘要：文学人类学作为新兴学科，在西方提出已五十多年，在中国兴起也已近三十年。文学人类学在中国之所以能够兴起并迅猛发展，跟人类学民族志的革命性变化即"写文化"的兴起有着重要的关联，"写文化"的核心就是关注与文学相关联的民族志生成。本文主要通过我个人文学人类学的研究回顾，来呈现我如何追寻人类学家的写作之路。

关键词：文学人类学　人类学民族志　文本研究

追寻人类学家的写作之路，简直有点妄想！但当人类学家格尔兹将列维–斯特劳斯《忧郁的热带》看作思维的万花筒时，他解读的文本又是那么迷人。它还诱惑你总想重走书中之路。因为列维–斯特劳斯还在这本伟大的书结尾写道：去闻一闻一朵水仙花的深处所散发出来的味道，其香味所隐藏的学问比我们所有书本全部加起来还多。我想，就是这样一种文本的力量，吸引我从文本中来，到田野中去，推动我进入跨学科之门——文学人类学。十年来，我还在追寻人类学家如何写作的过程中。受邀于徐杰舜老师的征文，我有些忐忑地呈上自己的心路历程，在人类学还处于发展之中并需要再扩展的情况下，就算把自己作为一面镜子，期望照会同时代的有缘人吧。

一　跨入文学人类学

可以说，与人类学的相遇是我学术人生中最重要的事了。我硕士学的

* 本文系西南民族大学引进人才科研启动金项目（项目编号：RQD20211108）阶段性成果。

** 王璐，西南民族大学教授，硕士生导师。

是文学，由于徐新建老师经常出席文学相关的会议，因此有缘得见。2001年的时候，我的硕士导师徐其超教授与罗布江村等主持编撰了《族群记忆与多元创造——四川新时期少数民族文学》，首次提出"族群记忆"与"多元创造"等许多原创性观点，当时似乎在民族文学界影响很大。徐新建教授写了一篇研究阿来《尘埃落定》的文章被收入其中，观点颇为人类学，题目叫《权力、族别、时间：小说虚构中的历史与文化》。[①] 2003年11月25日是巴金诞辰100周年纪念日，当时在西南民族大学举办了研讨会。徐新建老师在会上称《族群记忆与多元创造》为第三度写作，给我印象很深。他的观点新颖，思维活跃。不过当时的我还完全没有进入学术状态。毕业后，觉得工作无聊又想继续读书。一次偶然的机会，我读到徐杰舜老师采访徐新建老师的《走向人类学》，[②] 其中的观点于我心有戚戚焉。我极其赞同他说大学就是社会里的文化孤岛，光读文学文本，无论理解什么都是不够的。随后我又看到徐杰舜老师采访叶舒宪等老师的一系列文章，兴趣大增，决定负重前行。[③] 那个时候我女儿还不到一岁，我却开始了紧张的复习生活。四川大学要考古文原典，需要大量时间背诵。人类学的书我也要从零开始，英语更需复习。还好，坚持了半年，我终于考上了徐老师的博士。人类学简直有一种神奇的力量，现在想来还能感觉到当时的热血沸腾，但我其实毫无积淀。

第一年的课程极为紧凑，任务很多，主要是要读的书太多了。学习简直如打仗一样繁忙，对于我们在职学生来说更是如此。每一门课程启动，徐老师都会提前布置一堆阅读书目和每次的讨论主题。这还算比较轻松的了，按照这个程序来貌似也很顺利，但是任务远不止此。徐老师经常"多变"，常常在灵感触动的地方随时甩给我们要增加的讨论话题，有时在上课前一两天，很多时候是上课的头天晚上甩给我们，我们常常挑灯夜战来应对。我是个很容易失眠的人，这下更要失眠了。好不容易睡着还常常梦

① 徐新建：《权力、族别、时间：小说虚构中的历史与文化》，《西南民族大学学报》1999年第4期。
② 徐杰舜、徐新建：《走向人类学——人类学学者访谈之二十九》，《广西民族学院学报》2004年第5期。
③ 徐杰舜主编《人类学的世纪坦言》，黑龙江人民出版社，2004；荣仕星、徐杰舜编《人类学世纪真言》，中央民族大学出版社，2009。

到徐老师的 QQ 头像在闪动（那时候基本上都用 QQ 联系）。每一个人在课堂上都要轮流当主持、评议、主讲，每堂课上每个人都有明确的任务，所以你要是想偷懒，门儿都没有。徐老师上课特色鲜明，学生中有专门写过有关"文学人类学工作坊"。[1] 不过课外他都很随和，我们有时当面抱怨他多变，但他说："你们错了，我根本就没有定过，所以谈不上变。"我们只得哗然。但说实话，现在非常感恩徐老师的强迫与督促。

除了上课，文学人类学点上搞得很成功的是讲读会，常常是硕士、博士一起搞，讲读会的收获很大。每位同学的研究进展都被放在那里供同学、老师审读批评，言辞从不客气，讨论气氛热烈。徐老师只要没出差几乎都参加，他激情的点评与总结也具特色，常常让楼下关门的大爷很恼火，只有声嘶力竭吼一声"关灯了"才能阻止他。这是川大文学人类学非常好的传统和风格。望江校区文科楼的 251 会议室是我们的学科据点，那里是思想碰撞的地方。在那里我们还得到了川大其他老师，如曹顺庆、段玉明、赵毅衡、李祥林、李春霞等老师，以及校外的乔健、叶舒宪、彭兆荣、王明珂、徐杰舜、王建民、彭文斌、蔡华、杨煦生等学者的智慧启迪。

第二年开始，我们就经常会出去田野考察了。一次是 2010 年 1 月 22 日去西昌调查"团结话"，当时参与的有师姐安琪、罗安平和我，最后形成了一本厚厚的《凉山地区双语使用（团结话）情况调研资料》。记得去西昌跑了好几个地方，在喜德县待的时间较多。我们一共找了 25 个重要的相关人进行调查，白天访谈，当晚就整理录音，很忙很充实。同时也非常开心，因为带我们找访谈人的彝族小伙子一路上给我们讲了很多团结话的笑话。有时我们的师兄罗庆春也一起参加，他本来就是彝族诗人，西南民族大学的教授，所以相当于在田野中给我们上彝族文化课。田野课程真是生动难忘。

另外一次是 7 月 31 日开始的普格火把节调查。我们分开行动各有任务。主要任务是通过彝族火把节的发源地普格的普通民间火把节的个案，

---

[1] 刘维邦：《"剧场设计"到学术空间——四川大学"文学人类学工作坊"的参与观察》，《文学人类学研究》2018 年第 1 期。

提供"现时"火把节的分析和研究。具体目标是了解目前民间对传统"火把节"的认知情况，考察彝族"火把节"在现代化进程中的原生性与变异性，然后根据田野内容形成有主题的考察报告。我是去普格老乡的家里住，除了全程参与观察西洛的火把节和普格的火把节外，印象最深的就是找毕摩访谈。当时为了搞清楚火把节时间的选择缘由，就找到了当年算时间的吉木，他曾经干（凉山彝族人很多动词都用"干"，意为"做"）过毕摩。但访谈完觉得信息还不够，又请他带我去找更老的毕摩。我们翻山越岭去找他，终于在一个山坡上找到了正在放牛的他。遗憾的是，我的录音笔装满了，天又下起了雨，我没办法打开电脑导出去，我也没录到他们关于星象的一些彝语对话，只得匆匆记录。当时觉得田野真的很难，找人难，突发情况无法预料。但我也算领略了田野生活，总结了一些经验，当然离人类学要求的田野功力还差得太远。

我的博士论文选题是导师命定的，有关 20 世纪中国西南的民族志研究。这个题目很大，开始我很蒙，民族志有哪些我都需要寻找，更别提如何研究了，何况 100 年的，但导师觉得是一个很好的题目。一切如他所言，这就是一个学术宝库，人类学现有的西南研究几乎都囊括进去了。开题后我的研究框架还是很模糊。适逢我工作单位成都信息工程大学要求在读博士报国家课题，我一心只想着博士论文怎么做，于是就将博士开题的一部分，民国时期的西南民族志研究取出来申报。我第一次申报国家课题青年项目，没想到居然中了，感谢当时学院蓝鹰院长的英明"逼迫"。这下好了，我借着国家课题的理由跟导师商量，要求把博士研究题目缩小，先做民国时期的，他同意了。徐老师自己对民族志与西南研究都有深刻的思考。在他看来，20 世纪中国的民族志还是在国族建构的框架下。20 世纪90 年代初，他就参与"西南研究书系"的策划，他的《西南研究论》的西南视角启发了我的研究。在徐老师的指导下，我开始关注对同一个田野点本族知识分子与中原知识分子表述的差异性问题。最后我的目标就是在西方"表述危机"与"写文化"的学术语境下，探讨中华民国时中国知识分子在西方科学理念下如何利用现代民族学、人类学知识，去发现和表述西南的少数民族与文化，以及这种表述对于认知当时中国的重要作用。本土知识分子又是如何借用民族志来抗争与妥协的。

这个题目以文献文本为重，兼及相关的人物访谈。于是我首先开始搜集各种资料。我在川大图书馆查询了一个月报纸，又在川大港台图书馆、川大博物馆、四川省档案馆、民研所等搜寻资料，云贵各省相关机构也去了，但还是不完整。民国时期关于西南少数民族的官方调查，主要是当时中研院史语所牵头。但国民政府迁台时，带去了大批文物图书，当时的故宫博物院、中央博物院、中央图书馆和中研院史语所四家机构所藏物品全部装箱，由李济负责押运到台湾了。整个中研院就史语所所长傅斯年最积极，史语所资料全部迁走（但人员并没有全部迁台，另外还有半个数学所也搬到了台湾），因此去台湾找资料是最好的办法。

二　台湾与民族志文本体例研究

机缘巧合，2012 年 4 月 7 日，四川大学中国藏学研究所邀请了台湾中研院史语所的王明珂研究员来讲座。王老师的《羌在汉藏之间》《华夏边缘：历史记忆与族群认同》在人类学界影响很大，所以讲座很受欢迎，座无虚席，我们都站着听。听完以后我挤上去问了关于黎光明《川西民俗调查记录》的资料，随后萌生了想去台湾访学的愿望。于是我回家给王老师写了邮件，希望跟着他学习并查资料。他回信欣然同意。我工作单位的蓝鹰院长也很支持，于是我申请了学校的一个海外访学项目。入台手续办起来比较麻烦，几经周折总算成行。但原本去半年的，结果只剩下三个月。

当时王老师正在台中的中兴大学任文学院院长，我一边等他帮我申请台北中研院住宿，一边听他的课。过了一个月左右，我到了中研院，开始争分夺秒查资料。中研院非常开放，只要你有身份证，所有资料，除了容易损坏的需现场阅读外，其他的都可以借走，任意拍照复印不收取费用。在中研院的时间有限，我常常看不过来，晚上只得把书抱回去在宾馆的卫生间里拍照，因为那里灯亮一点。每天晚上拍得腰酸背疼，倒头便睡，也不失眠，第二天吃过早餐又去图书馆。最后我的资料搜集算是比较满意。

其间我得到了很多人的帮助。一位是中研院近史所资深研究员张朋园先生。张先生祖籍贵州，主要研究梁启超，曾被我的导师请到川大讲座。①
当时他已近九十高龄，但还带我去研究所查资料。我完成出书之后，寄赠
给他。他还帮我审读修改，着实让我感动。

另外一位是跟着王明珂老师做博士后的王鹏惠女士，她是台大谢时忠
老师的学生，研究民国时期的西南影像民族志，博士论文写的《失意的国
族/诗意的民族/失忆的族/国：影显民国时期的西南少数民族》。鹏惠与我
一起谈了很多有关西南的民族志，并与我分享自己的资料和思想，实在友
善慷慨。最后必须要说到当时去拜访学习的几位前辈，何翠萍、陈器文、
林淑蓉、潘英海老师。何翠萍老师做西南景颇族研究。她短发、干练、美
丽，气质像我喜欢的演员秦海璐。她很客气，请我吃饭并接受关于西南研
究的访谈，使我很受启发。陈器文老师很优雅，一边兴奋地给我讲如何喜
欢莫言作品《红高粱》（那年莫言获诺贝尔文学奖），一边给旁边的学生讲
大陆现在如何好。林淑蓉老师研究侗族，她邀请我去台北"清华"大学参
加课堂讨论"身体与性"，逼我读了好些英文资料。在美丽的暨南大学校
园，潘老师抽空给我讲了好几个小时的诠释人类学。每位老师都非常亲近随
和，还坚持请我吃饭（令人痛惜的是，林淑蓉、潘英海老师现在已经离世）。

在访学期间，我不间断地参加各种学术与考察活动。台湾的学术活动
非常多。总的感想是台湾学者的学术个案做得极细、极认真，相比之下大
陆学者更喜欢宏观思考。另外就是开会几乎中午都是简餐、便当，有荤、
素两种选择。中午吃饭加休息一般一个小时，吃完后马上开始，很紧凑。
中兴大学的讲座很多。杨南郡与他妻子徐如林讲古道探险很精彩，听后是
一种折服和崇敬的心情。资料搜集得差不多的时候我就开始考察。一起听
课的龙如凤师姐带我们访问学者到高雄左营眷村、最南端的垦丁、卑南文
化遗址公园、前历史文化博物馆，几乎跑了半圈台湾。印象最深刻的是参
加学校组织的雾社考察，非常受益。当年上映的电影《赛德克·巴莱》，刚
好说的就是雾社事件。正好一路跟我们讲解的郭明正老师是赛德克族人，族
名为 Dakis Pawan，是导演魏德圣选中的电影顾问。《赛德克·巴莱》播放

---

① 张朋园，生于 1926 年。曾任台湾中研院近史所研究员、所长，台湾师范大学历史系教
授等。著有《梁启超与清季革命》《立宪派与辛亥革命》《梁启超与民国政治》等。

后，他更被台湾人熟知。他写了还原电影历史真相的《真相·巴莱》。我一路跟着他，听他讲自己的身世，觉得颇为传奇，后来忍不住想写出来。回来完成毕业论文后，我整理出录音资料并借鉴了中兴大学为我提供的讲座录音完成了一篇《雾社考察记》并发给郭明正老师审阅。他为我纠正了一些族称，还写邮件感谢说：我从来没想过懂得历史（虽然只一点点）竟让我如此的沉重……不论如何我代表自己以及我的族人感谢您（报道本族的历史）！

当然，最重要的收获是跟着王明珂老师的研究生一起听他的课。有人称王老师的研究是历史人类学（他自己认为与西方的 historical anthropology 是有所区别的），他的历史课跟一般的历史课不同。他重视在历史文本中做田野，与传统的史学研究很不一样。他分析《史记》的文本体例，讨论为什么会出现这样的书写框架而被后世模仿，分析《华阳国志》作为志书的体例及成因。王老师很会讲田野故事，他课上的案例很多都是有关西南研究的，所以对我的启发很大。他也随时解答我的研究困惑，我非常感激他。可以说我的研究框架是在听课的过程中逐渐形成的。我没有将要研究的文本进行类型研究，而是就民国时期的典范民族志文本如《湘西苗族调查报告》的体例开始进行研究，讨论当时民族志的结构是如何形成以及为何形成的问题，也是受他的影响。

我博士论文的主体部分就是讨论为何当时的典型民族志体例有异于英国皇家学会编写的《人类学的询问与记录》内容，以族源追溯、地理交通、文化记录等内容为主。我认为溯源研究承袭了方志传统，在民族志表述中带上了中原史观，并与民族史相结合，目的是重建一种纳入少数民族的中国历史，这是从时间上的西南认知。同时，他们通过地理、交通等客观知识来对被调查对象进行初步分类并识别，这是从西南的地理空间解释他们的差异性，这种差异性表述其实是为了与中原汉族相区分。最后重要的是民族志的文化记录，民族调查中的宗教、服饰及少数民族婚恋观表述，目的是纳"他族"于"我族"。宗教体现了"拯救"他们成为"新国民"的思路，而女性的思想观念却体现了他们具有成为"我们（中国）"的"新国民"之可能。在讨论过程中，我也不排斥广义的民族志（对异族异文化的描写均为广义的民族志），并加入本族"自表述"与上述的"他表述"进行对照，讨论各自的立场与诉求。我的分析也跳出民族志文本，从与民族志文本有关的日志、行纪感谢、相关时评、照片等副文本入手分析作者的表述动机。总的来说，当时的民族志在田野实践中本应该有这样的面向：文本规范，科学方法以及对他者的认识论。但是在当时的情势下，文本中隐含或表征着不时游离出上述规范之处，随处可见作者的主观判断。这样的表述正是引向了一个中心的议题，即（西南）民族与国族建构问题。这是我探索人类学家如何写作的一次努力。

三　美国访学与多重视野认知中国西南

从台湾访学回来后，我又花了一年时间写博士论文。终于在 2013 年 12 月顺利通过了博士毕业答辩。第二年，国家课题也如期结题。适逢台湾花木兰出版社要出一套《民国历史与文化研究》丛书，四川大学李怡教授在川大文学人类学点向徐新建老师征集，徐老师推荐了我的博士论文。2015 年 9 月，《民国时期的西南民族志研究》（上、下）出版（后来我在此研究基础上又在中国社会科学出版社出版了《文学与人类学之间——20 世纪上半叶西南民族志表述反思》）。至此，我的博士研究暂告一段落，五年多时间也过去了。课题结题以后我又开始按单位要求申报国家课题。心里还记挂着博士开题报告的另一半，加之写博士论文的时候看到资料也注意收集，于是接着申报出乎意料又获得国家西部项目资助。这个项目助我在 2017 年评上了教授。两申两中，看来我与人类学的缘分还得再续下去。

这个时候学校单位鼓励我们出国访学，想到我课题计划的一部分是国外对中国的西南研究，于是我联系了一起听课的王明珂老师的项目合作人，美国华盛顿州州立大学的王秀玉老师。他是美国卡内基·美隆大学（Carnegie Mellon University）苏堂栋教授（Donald S. Sutton）的学生（我在彭文斌老师编的《人类学的西南田野与文本实践海内外学者访谈录》中看到过一篇访谈他的文章），王老师主要研究晚清中国边疆及西康，著有《中国最后的帝国疆域：四川藏族边地在晚清的扩张》（*China's Last Imperial Frontier：Late Qing Expansion in Sichuan's Tibetan Borderlands*）等。他治学严谨，我写博士论文时也曾请教过他，他给我提供了好几本对我有用的英文资料，对我很有启发。王老师同意当我的访学接收人，于是 2017 年我到了美国。华盛顿州州立大学就坐落在华盛顿州温哥华市的半山腰上，悠远、广阔，远处可见雪山，一年四季风景极美。这里是四季常绿的美国西部，人口不多，环境舒适宜人。王老师的妻子也是华裔美国人，所以跟他们交流起来很方便，衣食住行方面的问题他们都帮我解决得非常好，我很快就适应了。

王老师是一个非常有计划的人，他为我规划了每学期的讲座及学习任务。我 2 月份到，他就在学院帮我申请了一场 3 月底的学术讲座。当时我非常紧张，英语也不好，更没有用英文演讲过，我拟了一个题目给王老师，他最后修改为 "The Rise of Hybrid Ethnography and Modern Minority Representation in China，1912–1949"。题目定好后，我就一边看书一边抓紧时间准备。我的讲座以民国时期对少数民族女性的调查为例，讨论调查者如何通过描述她们的服饰、举止等来表述他们的婚恋观。与过去方志相比，他们对女性婚恋观的表述极为不同。民国之前以汉族男女授受不亲的思维将其描述为"淫乱"，民国之后受西方影响将其描述为"自由恋爱"。从"淫乱"到"自由恋爱"，这标志性的"历史翻转"，这种翻转正是因为主流社会对文化或文明认知发生了变化，导致了女性行为从一种被表述到另一种被表述，隐含着调查者表述目的的转换。从前的淫荡，被修正为现代。现代意味着进步，意味着可以将其团结为新国民。而开放的婚恋观，正是当时中国现代化努力的方向之一。① 讲座时来了很多人，教室后面都站着老师。还好，在王老师的帮助下，讲座顺利完成。讲座之后我迫使自己每天必读英语资料，但无奈语言就是这样，年龄大了提高很慢。不过第二次讲就没那么紧张了。

王老师在暑假前后到中国做田野，安排我给他的学生上课。王老师上的中国历史研究，于是我以 1964 年新中国成立 15 周年之际献给国庆庆典的大型音乐舞蹈史诗《东方红》为例，讲中国的多民族是如何第一次在舞台上展演的。我主要与学生讨论了有关时间的叙事如何放入有关空间的舞台、舞台上如何将文化元素进行政治阐释，以及如何通过这样的表演展示

---

① 内容参看王璐《传统服饰与观念表述——民国时期民族志中的西南少数民族女性表述之考察》，《民族文学研究》2017 年第 2 期。

各民族融合达到国家整体形象认同等问题。美国学生上课期间都是很认真的，只要选修了这门课就会很认真地对待并力求通过，而且他们确实也感兴趣。老师的课程计划提前准备得非常充分，比如我要给王老师的学生上课，是开学前就写入计划中的。每个学生都非常明确这一学期需要读什么书，讨论什么问题，老师全部会提前发给学生准备。有的老师会把所有资料和计划放在网页上，比如我上过 Edward H. Hagen 的人类学课"Sex, Evolution and Human Nature"，每一节课的讨论都会根据提前布置的任务进行。

除了学习，还有田野考察。作为民族志的研究者，必不可少的是读地方知识。我开始以 Chinook 为线索，作了一个当地较为完整的考察。去部落遗址，翻阅美国西部探险的历史资料。利用暑假时间，我寻找到一些路易斯和克拉克当年探险到过的地方，我也去看过美国大峡谷（Grand Canyon）国家公园里美国西南的原住民表演。并开始有意识地思考美国东西部差异与中国东西部差异的问题。指导老师告诉我上课的穿着也不必刻意，与东部不同，西海岸地区的生活方式更加随意。从与当代人的交往与体验中感知，美国人的精神价值认同体现在美国西部，那种精神就是查尔斯·曼恩（Charles C. Mann）在《1491：哥伦布时代美洲启示录》中所言的原住民文化中的自由、民主、随意。① 而美国的东部，更像菲茨杰拉德在《了不起的盖茨比》中所描述的那样，它是扭曲的，它毁灭了盖茨比。在中国，经历过 20 世纪上半叶从西南到西北去的热潮，再到 21 世纪的西部大开发，中国东西差异与美国东西差异的认知异同很值得对比探讨。

在美国的收获除了上课之外，我有了更多的时间读人类学的书，查阅研究资料，并跟老师汇报讨论西南研究，这是一个非常难得的学习机会。回国之前，我明确了新课题的研究框架。这次的研究用以前的方法就不合适了。20 世纪下半叶民族志的情况更为复杂。中华人民共和国成立之后，中国共产党史无前例地将少数民族与汉族并列，并提出"各民族一律平等"。这一时期形成的各类文本是之前民族志文本范式的变体，并不符合人类学民族志规范，但却是中华民族共同体意识形成的重要依据。在此基

① 〔美〕查尔斯·曼恩（Charles C. Mann）：《1491：哥伦布时代美洲启示录》，胡亦南译，中信出版社，2014，第 1000 页。

础上，所有民族对照着五种社会形态，进行了社会性质的认定。民族志成为认知中国境内族群的有效新工具，代表了受苏联模式影响的重"民族问题研究"的民族志特征。新时期之后到20世纪末，人类学重新在中国大陆复兴，学科本身的建设与发展得到关注。这一时期中国一方面总结消化大调查时期的民族资料，另一方面重视西方理论的学习，紧跟西方，消化西方理论，同时也探讨人类学本土化。这一时期的民族志文本形式较为多元，西南也得以从多重视野进行认知。这部分我是从三个方面分析。一是中西对话。如国外人类学家郝瑞、路易莎等西方学者是怎样在中国进行田野调查，如何与中国学者进行了一定程度的对话。二是前后对照。讨论民国时期的民族志与后辈学人对同一田野点进行回访后产生的民族志有何异同。三是学科的关联。尤其是"写文化"之后的民族志变化，中国人类学界开始讨论"主体民族志""自我民族志"① 等话题，20世纪下半叶的新兴学科文学人类学对此是如何讨论的。确定了基本思路，回国就是田野调查和写作了。回国之后，我重点在四川凉山及云南芒市进行了课题相关的田野调查。但由于回国教学的繁忙以及工作的调动，加上疫情的突如其来，还有一些回访仍未完成。

四　人类学高级论坛与我的学术之窗

2009年我刚进入川大博士学习就参加了8月在内蒙古召开的第八届人类学高级论坛，规模很大，人很多，将近一百人。记得有一次吃饭的桌子巨大，感受到了在草原上吃饭的广阔气势，很震撼。后来才知道这是民间发起的论坛。2010年6月，中国文学人类学第五届年会在广西南宁召开。在会前，导师安排我和安琪师姐去访谈论坛发起人徐杰舜教授，说是有一个关于人类学高级论坛十年报告的项目让我们去做。但那次访谈后安琪师姐就到英国去了，所以后面的事情由我接着做。徐杰舜老师说打算在人类

---

① 朱炳祥：《反思与重构：论"主体民族志"》，《民族研究》2011年第3期；朱炳祥：《三论"主体民族志"：走出"表述的危机"》，《民族研究》2014年第2期；朱炳祥：《事·叙事·元叙事："主体民族志"叙事的本体论考察》，《民族研究》2018年第2期；徐新建：《自我民族志：整体人类学的路径反思》，《民族研究》2018年第5期。

学高级论坛举办十周年的时候出一本书，要作一个很好的总结，收入书中。我领了任务，开始关注这个论坛。

虽然只是一个总结报告，却是开启了我了解中国人类学动态的一扇窗。由于总结需要，我访谈了很多历年参加论坛的学者，如王明珂、彭兆荣、周大鸣、关凯、范可、邓启耀、孙九霞等教授。通过这次总结，我对中国人类学尤其是新中国成立之后的整体状况有了初步了解。乔健先生称人类学高级论坛为"脑力激荡的平台"。我认为这一论坛凝聚了一个学术共同体，将中国东西南北有志于人类学研究的学者聚集到了一起，并且链接了两岸三地及国外的学者。论坛还出了文集多册，书目多种。最后总结报告《人类学的开放平台——中国人类学高级论坛十年报告》写完后，我在杭州举办的研讨会上向乔健等专家学者汇报，听取他们的意见，报告最后收入 2012 年出版的《中国社会的文化转型：人类学高级论坛十年论文精选》。① 因为有这次报告，2019 年徐老师又让我继续写了《广西民族大学学报》一个名栏"人类学研究"的考察，后写成《人类学的评论与反思》一文发表。可以说，徐杰舜老师给我的任务使我迅速地获取了中国人类学当下研究的很多情况，对于我目前的研究起到了非常好的铺垫作用。学术交流也让我有幸访谈到了西南研究的很多专家，比如庄孔韶、何明、王明珂等教授。徐杰舜老师是一个有魄力的实干家，他说要干的事情他一直会坚持完成，绝不半途而废。我也很佩服徐老师等的人类学开放精神，能把中国人类学高级论坛做得比 1981 年成立的中国人类学学会、1995 年开始举办的北京大学社会人类学高级研讨班规模更大、时间更久。参加论坛会议感触最深的是老师和前辈的学术激情，他们常常为一些学术问题与学术策划讨论到深夜，让我们这些年轻的后辈汗颜，但也鞭策着我们前行。

五　十年研究与感悟

真可谓林花谢了春红，太匆匆。一晃十年已过。回望相伴我十年的人

---

① 徐杰舜、关凯、李晓明主编《中国社会的文化转型：人类学高级论坛十年论文精选》，民族出版社，2012。

类学民族志研究，归结起来就是我在做关于民族志者的田野，关于人的田野，从中我一直追寻一个问题：人类学家如何写作，以及他们为何要如此写作。

研究民族志就是要在三层民族志文本中不停转换、对比补证。按照格尔茨的观点，人类学的书写本身就是解读，而且是添加的第二层和第三层的解读（按照定义，只有"本土人"才能做第一层次的解读，这是他们的文化）① 如果将民族志看作第二层解读的话，我做的工作就是第三层的解读（这里的"三"也意味着"多"）。阅读从田野归来的民族志，要不时回到第一层，还要对照别人对其解读的第三层，再深入对比第二层的文本呈现，不断反复出入，力求理解研究对象。

读民族志就是要把民族志读活。方法是通过读人，读过去的人类学家如何读人。我不知道有几个人会认为民族志文本是引人入胜的。马林诺夫斯基在做民族志的时候就天天躲着看小说，然后内心自责没好好写田野考察。在我最开始接触人类学民族志时，我对那些文本不知所措，那些像方志一样的文本，排列着一些民族的来源、地理位置、文化习俗，它们哪里像小说一样充满着悬念？然而，在这十年的民族志阅读与研究中，尤其受"写文化"的影响，我的想法发生了变化。我认为民族志是活的。我想我为何钟情于人类学，大概是因为曾经被民族志深深地吸引过，除了呆板的记录，里面也有作者非常美妙的体验、刺激和惊险。在里面，我看到鲜活的人的情感。我曾经在专著里举例的《水摆夷风土记》及《广西猺山两月观察记》，还有徐益棠的报告，对调查过程的记录很生动，这些文本常常让我忍俊不禁。读现在的人类学家就是读有关人类学的访谈以及自己对人类学家的访谈。我的研究是总结性的，带有学术史的味道，我觉得做好太难，因为要越过前辈"高山"的视野，所以我只能通过一个个的学术访谈，不但可以慢慢建立起学术发展的时代脉络，更重要的是可以鲜活地呈现人类学家的情感、痛苦、挣扎与奋斗。我常常被前辈、同行的人生经历震撼，被他们的学术热情、责任与担当感动。

另外是民族志里读人也读己。我最大的收获是通过民族志的学习提升

---

① 〔美〕克利福德·格尔茨：《文化的解释》，韩莉译，译林出版社，2014，第19页。

了对自我的认知。我想大多数人也会认同：从广义来讲，田野是无处不在的。人类学就是生活，就是生活的艺术。民族志也绝不仅仅是文本，它是方法论、认识论。它让我们反思西方、重新发现东方的智慧。它是孔子的"己所不欲勿施于人"，它启发我们领悟惠能在《坛经》中云：若轻人，即有无量无边罪。它是智慧的贯通。人类学与文学都是关于人的学问，这也是我导师说的文学人类学的精髓就是"使人成人"。

民族志本身就体现了学科的综合性，自然它也是文学人类学的。从20世纪晚期的跨学科提倡，到目前的新文科建设，我相信文学人类学将再次沐浴发展的希望之光。人类学也将继续启发各个学科的发展创新，推动跨学科繁荣。

写到最后，我发现写自己的同时其实也是在写别人。明月照我行，他们就是明月，送我至人类学这个有趣的学科中。但十年勤学习，仍在半道中，实地田野仍是我最大的不足。还好人类学是一生的事业，行的乐趣永远都在诱惑我走人类学之旅。感谢导师徐新建教授的严厉与鼓励。他认为每个人自身都有佛性，所以他教学生的厉害之处在于像发现佛性一样发现每个人的潜力。再就是他在忙碌之中也保有生活与学术热情的感染力，深刻地影响到我们。感谢徐杰舜教授用人类学高级论坛的开放视野来接纳分支学科里的文学人类学。在已开满朵朵红花的人类学界里，我当回衬托他们的绿叶，感觉也极快哉。

人类学入门记

赵　靓[*]

摘要： 这篇"入门记"像一份"忏悔录"，记录笔者在文学人类学路上始终不得入门的故事。十二年的记忆，既包括本科、硕士、博士阶段在四川大学文学人类学专业的学习、田野、实践经历，又涉及赴云南大学、中山大学、台湾交通大学、台湾清华大学等人类学院系的访学见闻。我期待，用讲述和写作的方式，引导自身敲开人类学之门，以此回应文学人类学长期倡导的观念：文以成人。

关键词： 文学人类学　人类学暑期班　文以成人

十二年前，我第一次在四川大学徐新建教授的课堂上听到"人类学"这个词，一种相见恨晚的悔意涌上心头：我要学人类学，一刻也不能耽误。

本科·庆洞：扔进田野

大三那年——2009 年，9 月，午后。我带上了所有本科课程的笔记和在读期间发表的文稿，忐忑不安地与几位同级保研学生一起，拜访徐老师，希望能够跟随他学习。

老师的回复是约法三章："跟我学要做到：说方言，每周还课，读到博士"。

说方言、学方言、思方言，是徐老师对每一位文学人类学专业学习者

---

* 赵靓，四川大学文学人类学博士研究生，四川大学图书馆馆员，主要从事文学人类学研究。

的忠告。在他的课堂上，少数民族同学占多数，用家乡话发言才算正统。但凡想象一下：人类学家"弗雷泽""格尔茨""马林诺夫斯基"的尊名，用四川话、贵州话、闽南话、浙江话，用藏语、彝语、英语、法语等各地腔调花式表达时，多少有些对牛弹琴。但我正是从那一刻开始领会：每一句"言"的背后是为无数个"方"的开启，文学人类学注重语词与世界的关联，认为人是在表述中自我成为的。①

我试图讲述的正是这样一个故事。

文学人类学，在全国仅四川大学一家拥有博士授位点。我们的课程从比较文学向跨学科方向拓展，内容涉及人类学理论、田野调查方法、民族志写作、多民族文学与文化、少数民族语言文学、民俗学、民族学等。在徐新建、李祥林、阿库乌雾、梁昭、李菲、李春霞等老师组成的教学团队及校外叶舒宪、彭兆荣、汤晓青等教授引领下，我们小心翼翼地从文学迈向人类学，从二维书本走向多维田野：图书馆的地方志、成都市的博物馆、寺庙与教堂、古镇与林盘、碉楼与茶馆、剧院与酒厂……当年像跟屁虫一样，缠在罗安平、王璐、杨骊、张颖、付海鸿、龙仙艳、刘曼等博士生背后，前辈宣称"要做不浪费的人类学"，让生活所见之处，充满田野的光韵。

每每此刻，徐老师会要求："还课！"在我的导师看来，人文社会科学的学习与训练，当如作家练笔、音乐家练琴、舞蹈家练功一般，反复、琢磨、坚持、不舍。老师把课堂比作"剧场"，把作业视为"作品"，要求我们如同"乐团"，期待琴瑟合成"交响"。记得 2019 年，王明珂先生应邀赴四川大学讲学，忆起与徐老师的台湾往事，开玩笑说："你们徐老师啊，可能是一位被人类学耽误了的艺术家。"

经导师推荐，我以川大本科生身份参加了云南大学、大理州政府与云南省社会科学院策划主持的"中国白族百村影像民族志"项目，开启了第一次真格的"田野"——不是成年礼，而是下马威。

---

① 文学人类学"文以成人"观点参见：徐新建《表述问题：文学人类学的起点和核心——为中国文学人类学研究会第五届年会而作》，《西南民族大学学报》（人文社会科学版）2011 年第 1 期。徐新建教授指出："表述"是人类学的根本问题，是人类世界的起点和核心。表述的实质就是生命的呈现和展开，也就是存在及其意义的言说。

田野点庆洞村，坐落在苍山脚下喜洲镇旁，行政归属于云南省大理白族自治州。初到庆洞，本想在村委会官员面前充大胆，没料，聊了几个回合，就如泄气皮球般原形毕露——一问三不知。于是，端正态度，多方请教，恭敬称呼"大爹""大妈""叔叔""娘娘"，参与观察春节、绕三灵、火把节等节庆仪式及交往日常。惭愧身在田野中，才开始阅读英国皇家协会编写的《田野技术指导手册》、奈吉尔·巴利的《天真的人类学家》等专业书，在田野一线体会着人类学所谓"成年礼"背后的尴尬、焦虑、孤独、无助，慢慢觉察到我的到访可能给当地人带去的打扰、妨碍、麻烦及伦理问题。

如果说，四川大学文学人类学的专业训练是我的第一课堂，那么，庆洞村的经历与困难则成为我接触人类学的第二课堂，以此为基础，我的本科论文出版为田野专著《中国白族村落影像文化志·庆洞村》①。在田野里，老村支书记赵光宗成了我的老师，红白喜事主持人段德元、驻村大学生村官何凤萍成了我的同路人，还有无数关心、支持、给予我帮助和理解的庆洞村人。在文稿写作阶段，要感谢的人也很多：导师徐新建教授悉心指导，邓启耀、范建华教授提供出版机会，杨远梅编辑耐心细致地工作，杨丽娟博士全程参与和协调。这部专著凝结着太多人的心血才得以顺利完成。

硕士·新竹：探索四方

在四川大学攻读文学人类学硕士学位期间，凭借人类学丰厚的学术资源与学习机会，我尝试以成都为坐标，前往云南、四川、广东、台湾等地交流访学，对学科、学人、学问的认知也构成了"一点四方"。

2009年，春，昆明。第四届"云之南"纪录影像展，郭净老师在现场，由他创建的"云之南"已是国内极具影响力的纪录片盛会。② 影展不仅邀请有国内外知名纪录片导演的作品展映，同时专设"社区单元"播放

① 赵靓：《中国白族村落影像文化志·庆洞村》，光明日报出版社，2013。感谢大理州委、大理白族子洲县人民政府、大理州委宣传部和云南省社科联组织实施的"中国白族村落影像文化志"课题的提携资助。
② 参见尹绍亭主编《我们这一代：滇云人类学者访谈集萃》，学苑出版社，2020，第376页。

村落乡民自行拍摄、剪辑、制作的影片，名为"乡村之眼"。① 虽然我是生于昆明、长于春城的云南人，却从未认识到地方之上还有如此一个"云之南"：她是我的故乡，是滋养多民族文化生机勃勃的土壤，是连接中国与东南亚的边疆，其独特魅力在纪录片的光影中细细述说、静静流淌。

2010 年，秋，汶川。地震两年后，由德国艾伯特基金会、四川省人民对外友好协会资助的川渝两地大学生"重走汶川地震灾区，见证岷江流域恢复重建"实地科学考察从成都出发，由成都信息工程学院黄萍教授带队，汇集了川大、西南民大、成都理工、重庆文理学院、西华师范大学等高校师生。早在 2008 年汶川地震发生时，四川大学文学人类学团队已经分组多次前往受灾地区，用文学治疗观念与民族志方式记录下灾难与重建的第一现场，成果集结为专著《灾难与人文关怀——"汶川地震"的文学人类学纪实》②。此番回访考察，路线途经都江堰、汶川、茂县、松潘、平武、北川，形成一道环线。作为"文化"调研组成员，我的分工是针对"重建标语"进行考察，以拍照方式收集资料。我不仅震撼于沿途"标语阵""标语海"所形成的文化景观，而且见识了文学人类学专业"透镜"下呈现的标语表述世界。基于那次考察发表的论文《"官话"与"民声"：汶川灾后重建标语表述研究》③ 入选重庆大学人文社科高等研究院主办的"灾难人类学：环境意识与历史记忆"工作坊，我也得以了解黄萍、彭文斌、王晓葵等教授及灾难人类学的前沿理论与研究方向。

2012 年，夏，广州。一年一度，由中山大学、云南大学、北京师范大学等举办的人类学、民族学、民俗学专业暑期学校，曾是我们最为期待的"朝圣地"。7 月的广州，热浪滚滚，由中山大学人类学系主办的"田野调查与海岛民族志"汇集了全国各地高校 120 名学员，总策划人麻国庆教授在致辞中以"九零年代人类学高级研讨班"作比，希望为新一代人类学人开阔视野、交流学习搭建平台。在理论学习阶段，庄英章教授以台湾汉人

---

① 郭净：《用牧人的眼睛看这世界》，《文化遗产研究》2011 年第 00 期，第 169～181 页。
② 徐新建：《灾难与人文关怀——"汶川地震"的文学人类学纪实》，四川大学出版社，2009。
③ 赵靓、付海鸿：《"官话"与"民声"：汶川灾后重建标语表述研究》，《电子科技大学学报》（社科版）2015 年第 5 期。

社会研究为例，阐释史学与人类学的合流；蒋斌教授以燕窝为切入点，讲述砂劳越的跨族群贸易；张展鸿教授讨论湿地保护和环境整治问题；刘志伟教授分享了珠江口水上人家疍民的故事；傅宪国教授以华南沿海地区的史前考古展开漫谈；范可、沈关宝、王向华等几位教授则针对田野调查的定位、方法、步骤、伦理等进行专题讲解……①学员分组，每组十人左右，每日完成田野笔记和晚间讨论。我所在小组有来自中山大学的容岩、弗吉尼亚大学的彭馨妍、厦门大学的戴珍荣、云南大学的王颖、云南民族大学的张晗、首都师范大学的高寒等，我们在珠海市唐家村练习做田野，把合影印在了 T 恤上，听朱健刚老师亲自传授经验："田野回来是先做笔记，还是先洗澡？"众人答："洗澡。"老师说："笔记！"

2013 年，冬，新竹。在中山大学见过庄英章教授后，我申请了四川大学赴台交换访学项目，在台湾交通大学客家研究院族群研究所度过了为期半年的访学时光。幸运的是，李亦园先生亲自创建的台湾"清华"大学人文学院也坐落于新竹，与台湾交通大学之间有"清交小径"相连，共享诸多学术资源，因而我的访学选课也跨越两所高校，分别是：庄英章、陈中民教授开设的"汉人社会与文化"，林淑蓉教授开设的"人类学方法论"，庄雅仲教授开设的"族群理论"。

庄、陈二位先生的课堂是对话式的，诙谐幽默，总有说不完的故事，内容涉及汉人社会中的婚姻、家庭、宗族、信仰、地方组织、社会阶层、关系网络、地方乡约等专题，旨在揭示汉人社群的文化结构，传授汉人社会的研究方法。在台期间，恰逢"族群、社会与历史：台湾在地研究的实践与开展暨庄英章教授荣退研讨会"在台湾交通大学召开，学者们以庄英章教授的学术脉络为线索，探讨台湾的族群关系、客家社会、华南族群、东南亚华人研究等议题，以示对庄先生学术贡献的敬重和推进。② 陈中民老师保持着课堂上一贯的风格玩笑道："我很不喜欢庄先生退休，因为他退了，离我就不远了。"

---

① 参见中山大学人类学与社会学系《田野调查与海岛民族志活动手册》，内部刊物，未出版，2012 年 7 月。

② 参见张维安、连瑞枝《族群、社会与历史：庄英章教授荣退学术研讨会论文集》，新竹：台湾交通大学出版社，2015 年 11 月。

　　林淑蓉教授是一位语气平和、面容严肃、作风严谨的学者。她在课上逐字研读文献，琢磨字段，我甚至能清晰记起她讲述民族志理论时夹杂着的微微喘息。每当遇到与大陆相关的话题，林老师会慎重地看着我问："赵靓，对此你怎么看？"弄得我十分紧张。令人无限惋惜的是，2014 年冬天，我在大陆听闻林先生病逝的噩耗，眼泪不住滚落。想来不过一年，人类学高级论坛与台湾"清华"大学合作主办的"2013 首届海峡两岸人类学论坛"似乎刚在新竹落幕，与会学者有徐新建、彭兆荣、周大鸣、赵旭东等教授。[①] 离会那日，正值赴台访学最后一天，林老师问："赵靓，要不要考虑到台湾念博班？"如今我却没有机会再回答。

　　作为我在新竹的主要指导教授，简美玲教授同样给予了我莫大的鼓励和帮助。在新竹客家研究院"围屋"造型建筑里，老师们各有工作室，环绕中庭。美玲老师不仅允许我多次到她那里提问、答疑、聊天，而且她对中国西南少数民族社会与文化的研究给予我诸多启发和影响。她曾逐字逐句阅读我的论文章节，推荐我跟随同学去体验妈祖绕境盛况，田野记录后经李菲老师推荐发布在"文学人类学"公众号上，成为终生难忘的记忆……[②]

　　即将离台前，庄英章教授邀请我访问中研院，到他工作过多年的地方参观，娓娓讲述陈列展品的来历，前辈们的学术漂泊故事。在凌纯声教授雕像旁，先生提议合个影："来，我们和凌先生一起！"于我这个看尽热闹、尚未摸清门道的人类学"门外汉"而言，是何等期许。

　　于是，收拾行装，返回西南。

博士·云南：发现故乡

　　求学之路，并非顺利。

　　当我决心攻博，却考了整整五年。川大文学人类学博士点考试分为：

---

① 参见赵靓《全球与地方——2013 海峡两岸人类学论坛综述》，《文化遗产研究》2014 年 1 月，总第 3 期。
② 参见赵靓《"信"与"行"的宝岛一夜》，"文学人类学"微信公众号，2014 年 4 月 15 日，网址链接：https://mp.weixin.qq.com/s/oS1yb7kvHwsId7yR9SYsFA，感谢李菲副教授给予网络发文的宝贵修改意见。

英语、典籍、人类学理论与方法三科，同时上线才算通过，而我每年总有一科差一分，江湖名号"赵一搏"。

屡败屡战的坚持，源自老师们一直以来的慷慨激励与严格要求。在四川大学文学人类学学科点，我有机会全身心投入多种类型的学术实践：作为课程助教，参与到曹顺庆教授等主持的国家级精品课程"比较文学"的教学环节；作为刊物编辑，见证了徐新建教授、李菲副教授等创建学术刊物《文化遗产研究》（现更名为《文学人类学研究》）的全过程；作为课题成员，加入了国家社科基金重大项目"中国多民族文学与文化共同发展研究"的申报、调研及多次学术会议；作为项目助理，分别于2011年、2014年、2019年三次助力"中华多民族文化遗产与文化凝聚协同创新中心"（现更名为"中国多民族文化凝聚与全球传播协同创新中心"）在校级、省级、国家级平台的申报；应阿库乌雾之邀作为外聘教师，担任西南民族大学"文化产业研究""少数民族文化产业"等课程主讲，并带领四川大学文学人类学专业硕士生团队赴茂县考察；作为自媒体平台编辑，协助"文学人类学""艺城志"等公众号平台的创立、策划、组稿……一路走来，正因师友的信任与鼓励，引我领略到学术的艰辛与乐趣，也因追随他/她们的脚步，让我立下以学问为主业的志向。

硕士论文聚焦"香格里拉"的多重表述，这是一个极具文学人类学特点的题目，同时让家乡云南的学术价值和地方意义被不断照见。作为一个意义丰富的文化符号，"香格里拉"最早出现于詹姆斯·希尔顿所著长篇小说《消失的地平线》①，经由地理想象、旅游开发、命名争夺、信仰结合等历程，最终于2001年在云南省迪庆藏族自治州中甸县落地。香格里拉更名事件，揭示出一个地方如何经由文学表述和语词实践成为现实地点，进而参与到地方文化与群体认同地再生产之过程。

话说到此，感谢云南亲友给予的关照和帮助。经昆明同学陈耘中介绍，我的研究得到迪庆藏族自治州松涛副州长及其家人的大力支持。松叔叔的老母亲，一位八十多岁的藏族老太太，阅历丰富、敢闯敢说。当她忆起年轻时候，背着松茸，远赴东北，卖给日本，再买回貂皮帽子的故事，

---

① 〔英〕詹姆斯·希尔顿：《消失的地平线》，上海三联书店，2009，第48~49页。

充满魔幻色彩。白天我去村庄走访，奶奶问一句："咯要那么辛苦？"① 晚上回来，我同她坐在锅炉旁，喝酥油茶，奶奶又问一句："早上教你那些藏族话咯还记得？"2014 年，独克宗古城遭遇火灾，老建筑受损严重，不少尚未调研的场所化为灰烬。灾难猝不及防，提醒世人无常，导师发来四字信息：历事炼心。

2019 年，我如愿迈入博士阶段。随着徐新建教授"数智时代的人类学"② 等观点的推动，四川大学文学人类学团队所关注的前沿开始由文学向人类学、由人类学向后人类、由神话向科幻、由线下田野向虚拟世界，层层推进。我尝试探讨互联网时代和多媒介平台的地方表述与文学实践问题，以"流浪家园与移动宇宙：互联网时代的幻想表述""人手一快：凉山的网络化与在地化"等为题，在网络人类学年会和人类学高级论坛上发表，有幸与人类学界前辈同行，再续学缘。

记得博士资格考试时，有教授问："你认为文学人类学的内涵是什么？"

在我看来："十年前，十年后，我的认识，已不一样。"

本科、硕士阶段，我所理解的文学人类学，多是对神话、传说、歌谣、仪式等文化文本的单项研究，以人类学方法阐释文学实践，以文学批评反思民族志书写。博士阶段，我认为文学人类学更致力于探讨：世界的文本特性与人类的诗性基因。在此意义上，若将世界视为一个文本，不论在四川看西南、在云南关注东南亚、在广州做海岛民族志研究还是于台湾讨论汉人社会与环南海文化圈，人类学者的工作重在"读文化"与"写文化"——某个地方，某类群体，经由人类学参与和民族志写作得到更多发现、表述、构建其文化的可能。另一方面，人类具有与生俱来的文学基因。伊万·布莱迪指出"虚构是人类的本质力量"③，徐新建教授常言"饭养身，歌养心"④，文学人类学关注"写文化""讲故事""志地方"等表

---

① 咯（ge）为云南方言，表示疑问，意为"是不是""要不要""会不会"，下句同此意。
② 徐新建：《人类学与数智文明》，《西北民族研究》2021 年第 4 期。
③ 〔美〕伊万·布莱迪：《人类学诗学》，徐鲁亚等译，中国人民大学出版社，2010。
④ 徐新建：《多民族国家的文学生活》，《中外文化与文论》2013 年第 4 期。

述实践，正是表述，让我们逐步成为诸多可能中的那个被实现的"X"。①

2020 年，我重新返回"两个故乡"。一是为博士论文踩点，再访云南大理；二是成为文学人类学博士研究生，继续学业。当庆洞村段德元大哥拿出当年我与村民的合影，感慨说起各自近况，岁月相隔，春秋十载。

写下这份"入门记"，到头来，却像是一份"忏悔录"，记我在文学人类学路上始终不得入门的故事，而对于这个故事的讲述，可能正引导我敲开那扇等待中的文学人类学之门吧。

如此也算，文以成人。

① 此处有关哲学人类学及人观问题的讨论，参见徐新建《回向"整体人类学"——以中国情景而论的简纲》，《思想战线》2008 年第 2 期。

文化反思：联合国的"眉山会议"

徐新建*

摘要：当代形形色色的人类会议值得从人类学视角加以研究。2019年6月10～12日，联合国教科文组织（UNESCO）在四川省眉山市举办主题为"文化2030｜城乡发展：历史村镇的未来"的特别会议。笔者及四川大学文学人类学团队成员参与了此次会议。本文采用人类学"参与式观察"的方法，插入笔者自身的发言和观看，因此也可称为"观察式参与"，是身在其中的"自我民族志"。眉山会议将"文化"放置于可持续发展的核心。笔者认为，这一新口号后面，文化依然不是主角。如今离"人类2030"已不远，在一段被设定的日子里，文化以及为什么是文化，仍需要众人参与，再三考虑。

关键词：会议人类学　联合国教科文组织　眉山　城乡发展　观察式参与

引　言

进入城市化后的人类个体日益分散而居，越发依赖以会相聚。在此情形下，形形色色的会议便成为都市生活的日常标配和现代社会的普遍场景。即便在本属于第三世界的中国，也出现了越来越多的人"不是在开会就是在去开会的路上"之形容，乃至在现代汉语中派生出了"文山会海"的形象比喻。

这样，以一种会议人类学的眼光来观察，小到某市、某街、某行业的专题研讨或碰头会、茶话会，大至一年一度的联合国大会，如今人类的大部分群体行为可以说均已被会议所决定和指引。正如笔者此前做过的论述一样，无时无刻不以各种方式在世界各地举行的会议已成为政治、经济、

＊　徐新建，四川大学文学与新闻学院教授，博士生导师，研究方向为文学人类学。

外交及文化、艺术等各行各业的表演舞台，以语、文相兼的方式表述着各自构建的历史，"而历史本身，则被呈现为剧本、剧场与剧评的三位一体"①。如今看来，多种多样的人类会议更像表面相互关联实则彼此隔绝的知识车间。通过集会与会集，形成临时和稳定的共同体，并借此发表演讲、达成协议、颁布公约、制定法律。会议搭建的人群因为是"面对面"甚至"手拉手""肩并肩"，因而更具有人类社会的原初特征与功能。只不过会议共同体的参与成员，有的多元论争，更多则是各说各话，究竟有多少能达成共识并发挥效用，不仅需要深入辨析，还有待后续历史逐一验证。

2019 年 6 月 10～12 日，联合国教科文组织在中国四川眉山举办了一次特别会议，主题是"文化 2030 | 城乡发展：历史村镇的未来"。会议的地址不在四川省会成都，而在号称"三苏故里"的眉山市。"三苏"的代表就是著名的北宋诗人苏东坡。东坡故里距联合国千山万水，年代隔了十多个世纪，如今却因文化主题，与 2030 连在了一起。

背景：联合国的理想和现实

20 世纪两次世界大战对各国人民造成巨大的身心伤害后，人类自有理性以来试图建立美好生活的所有努力一夜坍塌，东西南北左右上下几乎全部陷于绝望。于是，反法西斯战胜国联合起来，组成新的跨国机构，试图以超国家形式解决难题，带领全体成员走出互相仇杀的困境，重建人类美好未来。联合国总部设在纽约，十多年前我曾去那里参观，进到首脑们聚集议事的大厅后，想象过各种未来蓝图如何在此通过随后又被悬搁的情景。

2015 年夏天，受成都市政府部门委托，我们参与了联合国教科文组织与中国文化部联合在成都举行"第五届世界非遗论坛"的学术筹划，与这一奇特的跨国机构有过一次实际接触。通过内部进入的角度，对其主办的会议模式有了一定了解。除了几乎提前一年就开始商议会议主题、与会者名单及研讨议程外，其间不知经历过多少次与各级部门对各类细节的无数

① 徐新建：《平行与交汇：深圳、澳门"双城记"》，《文学人类学研究》2019 年第 1 期。

遍修订，直到会议开始后还因发言内容或顺序变动不得不与组委会反复协商。

转眼几年过去。2019 年春夏学期运行至一半的时候，接到川大的校办通知，说有个会让我们报名参加，内容与城乡发展相关，由联合国教科文组织举办，有四个名额，愿意的话我们学科点的成员都可去。一方面考虑到人类学区域研究的学科需要，一方面源于我们正在启动城乡接合的空间研究，更何况已开始和大邑方面洽谈合建乡村研究院的事项，于是很快报名表示出席。随后收到的正式邀请帮助我们获知了不少会议细节，诸如主会场在眉山而非成都、会议成果与本年度在巴黎举行的部长论坛相配套亦即期间安排有多样化的实地考察等。

眉山：聚焦文化的国际盛会

6 月 10 日，我们一行四人或乘高铁或自驾驱车赶往眉山报到，在指定的会务人员接待下入住市区宾馆。次日上午提前入场，出席了在眉山五星级酒店——东湖饭店宏图大厅准时举行的开幕仪式。会场天幕呈现为一片天蓝，台上竖着联合国旗帜和中国国旗。字幕以汉语和英语并列呈现（有时还会附上法文）。发言的内容全部同传，主要是英、汉、法三种语言的对译。翻译室设在场内后方，译员有八九位，据说均由联合国教科文组织的巴黎总部调来，都是专业高手。此外，会议还为到会的重要嘉宾配备了专门翻译，例如为教科文组织助理总干事厄尼斯托·奥托尼配的，就是特地从四川师范大学法语系选拔来的一位法语教师。该教师是邱硕的中学同学及余振华的同事，正计划报考我们的文学人类学博士，于是在会间过来和我们作了交谈，介绍了会议翻译的一些情况。

开幕式于 2019 年 6 月 10 日上午九点开始。这一天是星期一，与如今大多数学界会议因要避开课时而不得不选在周末召开不一样，联合国的眉山会议选的是工作日的第一天，不仅更显政府机构的权威和正式，而且以周一开场，意味在新。开幕式不设主席台，由眉山市市长宣布开场，登台致辞者除了眉山市委书记外，都是级别不同的副职官员，连 UNESCO 派出的代表也只是助理总干事。仪式简单利落，在几位简短发言后即告结束，甚至省去了耗时费事的全体合影。

不过有一个细节值得特别一提，那就是会议开幕之前向全体与会者展映的一部宣传短片。片子由东道主精心制作，以巨幅凸显眉山历史及其代表名人苏东坡。苏东坡出生于眉山，声名显著，拥有过北宋朝廷的多种官衔，还被法国《世界报》评为12位影响世界的"千年英雄"中唯一的中国代表。[①] 因此虽时隔久远，但古今呼应，算是能请到场的杰出代表了。

本届会议以"文化"为核心，聚焦城乡发展。东道主在古往今来的方案中挑选苏东坡来代表本土文化与发展之精髓，无疑藏有深刻寓意。北宋的城乡结构，除了作为繁华都城的开封外，眉山所在的川西平原有"天府"之称。彼此对应，构成农耕为主的乡土格局。彼时的巴黎，还只是塞纳河边上的一座小城，人口不到七万，卢浮宫、圣母院和铁塔还都是遥不可及的未来梦幻。

早在一年前，为了考察落实会议举办地的各项指标，UNESCO 就派专家小组到眉山做过调研。通过与当地政府的深入合作，专家组得出了针对眉山的肯定性意见，评价说眉山不仅对于成都及其周边的农业区域发挥重要的连接作用，并且在地方政府的总体战略推动下，当地的文化和创造力正蓬勃发展，从而使"城市身份得以新定义，并有助于重建城市与乡村的联系"。[②] 专家组的意见写成了以《文化 2030｜城乡发展——眉山经验》为题的正式报告，并在会前印制出来发到了每位与会者手中。

结合与之关联的国际背景来看，该报告的主题和评价与 UNESCO 近年的政策导向紧密吻合。故如果把本次会议视为一场盛大演出的话，四川眉山的入选实质是多边参与的创作结果，从剧本、编导到演职人员，无一不经过精心布局和反复排练。说到演出，后面还会提到与本次会议紧密关联的另外几重舞台，即全体代表前往参观的"幸福乡村"和由众多明星绚丽呈现的室外晚会——《柳江之夜》。

UNESCO 的眉山会议以多重结构展开。主体是在主会场东湖饭店举行的

---

① 参见眉山会议《会议指南》第 1 页，2019 年 6 月。
② 联合国教育、科学及文化组织与眉山市政府编撰《文化 2030｜城乡发展——眉山经验》，2019，第 29 页。

全体会议。其中分为前后呼应的主题大会和与之配套的平行论坛。从6月9日的报到算起至12日的闭幕和考察，整整持续四天。上述部分都是向全体人员开放的，包括到会的志愿者和新闻媒体。但与之并行，还有不开放的另一种类型，叫作"闭门会议"。通过对会议的调研——包括多种版本的手册收集比照及与会议工作人员的访谈后获知，"闭门会议"只出现在向少部分人发放的内部文件里，同时会用手机短信的方式提前向指定人群告知。

闭门会议共有三场，内容皆以"联合国教科文组织内部会议"名之。6月10日上午，我收到指定接待人员的短信，通知参加中午召开的第二场闭门会议，议题仍是"可持续城乡发展中文化指引方针"，地点也在东湖饭店抱朴堂，只是用括弧提示了特定内容："文化促进城乡发展"。但由于与下午的幸福乡村发生冲突，组织者担心时间来不及而临时取消。另一位我认识的成都官员收到了参加第三次讨论的通知，但自动放弃了，理由是议程太满，身心疲惫，"来不起（撑不住）了"。

然而从前后三次安排及其与大会闭幕式的环节关联来看，"闭门会议"的内容才是本次会议的目的所在，那就是要通过一份联合国教科文组织关于城乡发展的"眉山文件"："Guidelines on Culture for Sustainable Urban - Rural Development"。对于"Guidelines"一词，汉译文本有时为"文化指引方针"，有时又叫"文化指南"。其中的核心是一个，即"文化"及其对"可持续"的指引。

2015年9月，第70届联合国大会在纽约总部召开。193个成员国领导或代表出席的盛会通过了引导世界未来的新纲领：《2030可持续发展议程》。根据联合国教科文组织的阐释，本项《议程》就很多领域——尤其是文化领域的可持续发展问题取得了实质性进展。[①]

就我本次现场所见，不止一位教科文组织代表在发言或主持引言中反复重申眉山会议与纽约大会的紧密关联，强调眉山会议的重大意义，在于不仅承继了联合国《2030可持续发展议程》的上述进展并且首次将"文化"放置于可持续发展的核心。一位代表平行论坛做总结的报告人把对文

---

① 参见《文化促进可持续发展》，联合国教科文组织官网，https：//zh. unesco. org/themes/culture - sustainable - development。

化的强调与 UNESCO 此前提出的"3P"政策合为一体。

其中的 3P 是指 People（人）、Place（地方）和 Polices（政策）。把"文化"（culture）加入进来并与"自然"（nature）对应后，形成看上去完整漂亮的关联模型。

然而问题依然存在。需要继续细问的是：文化是什么？把文化放到发展的核心又意味何在？针对与会者们的论述各执一端且多偏向于技术和方法层面，出于咨询与参与的考虑，我在会上作了两次发言。一次是在平行论坛向主持人提问，一次则在最后一天的大会讨论环节。6 月 12 日上午，大会在分组代表简介后进入高潮。专家组四人上台，向大会宣讲需要全体通过的《眉山文本》（草案），之后留出一点点时间开放讨论。这时我举了手，表示要发言。主席见到后示意工作人员把话筒传递给我。我先对专家组的高效率、高水准工作表示称赞，然后说把"文化"放置到发展核心十分必要，但联合国文件提到文化时习惯于将文化与遗产联系，以至于派生消极理解。汉语中的"遗产"与逝去之物关联，多指古董或遗迹，不利于积极面对，尤其不利于唤起青年人的参与。因此我建议是否考虑用"文化传统"（cultural tradition）替换"文化遗产"（cultural heritage），以突出文化的活态性和传承价值？

我的提问之后，大会主持人作了回应，解释说联合国专家对"文化"一词做过大量阐述，但其含义确实复杂，还值得深入讨论，短时间内看来还不能完全达成共识。另一位在台下的澳大利亚学者也举手发言，建议把"文化遗产"表述为"活态遗产"（living heritage）。但因已临近午餐时间，这些话题都不能继续商议，若真值得讨论也只得待以时日和机缘相遇了。

三天的会议还未收尾，媒体的各类报道已纷至登台，不是夸赞"全球瞩目"便是宣称世界"给眉山机会"①，或眉山使世界"看见（村镇）未来"，② 等等。确实，从规模、议程和排场看，会议可谓声势浩大，风头十

---

① （记者）文雅：《全球瞩目！"历史村镇的未来"国际会议在眉山顺利举行！》，四川在线，2019 年 6 月 14 日，https：//meishan. scol. com. cn/scol_ms/201906/56998710. html。

② 《这三天，世界给了眉山一个机会，眉山献给世界一个惊喜！》，眉山市政府官方微信"微眉山"，2019 年 6 月 13 日；《专访奥托内："眉山案例"让我看到了村镇未来的希望》，2019 年 6 月 11 日，https：//mp. weixin. qq. com/s？ src ＝ 11&timestamp ＝ 1563517508&ver ＝ 1737&signature ＝ s4Rf4bFQHRXSR4FFGal7JaVBthKfa3Xi6qBq － qI6tATUhQiVg05h ＊ 6Jrao2f8 W4jemWQxUoAz4JXGhd4 ＊ a8SK39BRk7E1GsgcLe9gf4k7l3Dm8mQqH1u7yxODalKz ＊ vH&new ＝ 1。

足；对眉山而言则称得上盛况空前：有全球 40 多个国家和地区的近 200 名代表与会，成员包括政府官员、社团代表、金融高管（世界银行）、学者以及 NGO 和基层乡镇的特邀人员。

然而从前后设计与内外关联的精巧完整来看，以其他的同类会议一样，眉山会议其实是一场学术与时政密切关联的大型演出，一场联合国主导、东道国各级机构紧密配合的实情演出。表面看，与会者各有身份（国别、职位、专业等），也皆能畅所欲言，实际却只是按章行事，也就是按组委会早已准备好的"会议剧本"（参考文件和会议指南）精确引导扮演不同角色——在一组精明实干班子的现场调度下，主持、演讲、评议（或一点讨论），最后鼓掌通过大会决议。

相比之下，接下来穿插其中的乡村考察和外景晚会只能称为烘托陪衬的文化表演。为了使会议代表能以眉山为例，对城乡融合的未来前景增加直观了解，作为议程的类别之一，主办者安排了两处实地考察：一处是"柳江古镇"，一处是"幸福古村"。柳江古镇在洪雅县，幸福古村位于丹棱县，一南一北，都在眉山的市属范围，皆是能体现"眉山经验"的典型场景。

于是，结合"全体会议"、"闭门磋商"到"实地考察"的各项内容，即可见出眉山会议的内在逻辑。若将其展开演示的话，此结构呈现为彼此呼应的"机翼"或"飞鱼"形态：

（1）闭门的专题预案：先由指定的专家团队——可称为"眉山专题组"——提前备好一份将提交大会通过的文案纲领，其基础即为会前发给代表的《眉山经验》，会议期间以"闭门会议"形式召集内部人员磋商，参加者由组委会指派。在最后一天闭幕式的方案通报环节上被临时邀请上台加入团队解释的韩锋女士，虽在同济大学任教，却同时兼有 UNESCO身份。①

---

① 韩锋，女，同济大学建筑与城市规划学院景观学系教授、博士生导师、现任系主任。该校网页的人物介绍突出了其在联合国机构的身份，即：联合国教科文组织（UNESCO）世界遗产咨询机构——国际古迹遗址理事会 – 国际风景园林师联合会文化景观科学委员会（ICOMOS – IFLA International Scientific Committee on Cultural Landscapes）副主席（负责亚太地区）。国际自然保护联盟 IUCN 世界保护地委员会专家（WCPA）。

（2）盛大演讲与分离论坛：会议正式启动后，表面上最热闹的是全体会议和同步进行的平行论坛。全体会议一共6场，不是各界嘉宾的华丽致辞便是重要学者的主题演讲，但与会议核心目标对照，这些都是形式渲染，不过是帮助内外暖场和造势而已。相比起来平行论坛的参与人数最多，四个议题，前后数十位代表发言，加上精干内行的主持与评议，热烈紧凑，似乎充分体现了会议的多元和平等。但由于题目分散，时间受限（每人8分钟），而且差不多都是各说各话，缺乏交集，更没见多少实质论争，与最终的决议出台的大会议案也无甚关联，故而仍只是徒有形式，过场罢了。

我参与了11日上午"平行论坛"的第二专题——《文化促进社区参与以实现本地可持续发展》，并对代表的发言作了回应。我提出本次会议标志着三个转向：文化转向、乡村转向和底层转向。后两个转向意味着对过渡城市化的反叛及乡民主体的振兴，但文化转向虽然重要却显得言之无物，文化究竟意指什么呢？难道只是美化景观设计和促进旅游开发的元素吗？对此，主持人虽作了一点回答，也因时间已到而匆匆收场，故也平行无用。

（3）各方介入的实地参观：眉山会议安排的实地参观包括对两处村镇的走访和一场文化表演的观看。表面上似乎只是现今开会通常搭配的游览休闲，其实包含了主办者精心考虑的深厚用意，不仅把会场空间延伸到地方乡镇，而且将理论蓝图与实践案例连为一体，让一同出席的代表和媒体，感受并证实文化促进城乡可持续发展的美好情景。

6月10日开幕第一天的下午，全体乘车前往柳江。柳江的古镇顺江延伸，房屋低矮错落，街景朴实幽静。四处都是错落别致的绿色，靠水的地方，竹子格外粗壮茂盛。于是，与嘈杂喧闹的市区和会场相比，即便是经过整治的乡土景色，也确实令人心旷神怡。不过同样明显的是，此行的布置无疑经过精心演练，无论景点还是路线，乃至沿街小贩的摆设装扮显然都是预先备好的。尤其是有好几位身着旗袍的年轻女性重复不断地在河边来回走动，使看似本真的景象穿了点儿帮。不过对大会组织者来说或许这也没什么，因为会议手册早已写明白了，此行目的不叫考察而叫参观。考察的本义是"考证查实"，参观则只是"参与观看"。

最有意思的是，就在会议代表步入古镇好奇参观的同时，镇上百姓（乃至周边村民）同样蜂拥而至，睁大双眼反复打量这群不知为何而至的国际稀客。此时的现场情景，像极了人类学家费孝通形容过的"我看人看我"。①

然而倘若前往古镇的目的仅只为了让学者官员与地方民众相互观看的话，如此兴师动众且舟车劳顿地往返前行意义何在？效果又是什么呢？

参观丹棱"幸福古村"的情形大体相近，差不多也是提前操练好的现场表演。不过望见顶着烈日在田地间表演农作、采茶或养殖的村民，情景令人心疼。当一种文化（传统）蜕变为表演形态，也就是农民需要演成农民、村庄需要扮作村庄之时，裂缝便已出现。

与此对比，倒是在柳江举行的夜景演出可另当别论，值得再提。因为那些节目本身即由演员装扮，所演内容也都明确告知是艺术的虚拟展现而已。

演出于6月10日当晚在柳江举行。场地设在江边，舞台延伸到水面上，在星空和灯光的映照下显得既自然清新又扑朔迷离。晚会主题紧扣会议宗旨，叫作《文化体验之夜》。请来做主持的是凤凰卫视明星周瑛琦。她的解说以流畅的英汉双语开场，上来就提到本次大会的聚焦所在——"历史村镇的未来"，凸显了演出和研讨的相互呼应。她先提示说历史有一种非常特殊的储存方式，然后问大家："那是什么呢？"当然不用等待回答，她直接解释说，那就是在大地上真实存在的遗存：从古代民居到驿站、桥梁和村落，其实都储藏着丰富的历史信息和祖先的温度。这是我们可以摸得着、感受得到的历史。

主持人面对现场全体与会代表（以及观看直播或录播的电视观众），转身指向身后已成为背景的柳江民居，继续述说道：大家身后的这些房子呢，我们看得到的都有千年的故事了。……现在，月亮升起来了，古老的羌族的祖先们此刻还很年轻，他们对月亮唱起了他们的歌。

---

① 费孝通：《我看人看我》，《读书》1983年第3期，第99~103页。费先生文章的题意是回应国外学者对自己经历的评论。此处转用来指不同主客体之间的相互对看（打量）。

音乐声中，演员们缓缓登台，表演宣告开场。然而如此隆重的聚会观赏，重点又是什么呢？

主持人作了解释。她说：

> 今天，我们就要和千年的先人们在一起，和全世界有古老村庄的先人们在一起，聆听他们的故事，感受他们的生活、劳作和欢愉。①

此处强调的两个"在一起"，意在连接不同时空的文化类型，力图通过虚拟的艺术场景，使人类从村落出发的历史、理论和梦想再度关联。

反思：文化引出的疑虑和分歧

总体而论，眉山会议将"文化"放置于可持续发展核心的努力无可置疑。透过眉山会议引导参观的两处村镇展演，不难看到文化已在蜕变，不单单是血肉源自本土实际的生产动力与生命根基，当文化只是景观、村落变为景点之时，发展或许会得到短暂推动，但要想可持续就很难。因为，文化的本质不在于被观看、被展演，而在于创造和传承。

最后，倘若可以把以上提过的所有联合国文件统称为《联合国报告》的话，本文的自我定位则可叫作《报告联合国》，采用方法基本还是人类学的"参与式观察"，不过由于插入了笔者自身的发言和观看，又使之多少变成了"观察式参与"，从而写成了身在其中的"自我民族志"。②

由此引出了人类学的新问题：既然笔者同时充当了观察者和报告人，谁又是本文的"他者"或"对象"呢？仅指联合国教科文会议的筹划者和主办方，还是指所有的参与者及报道宣传者？若包括后面两类的话，笔者就在其中，亦即也是他者和对象。放大来看，若把联合国当作地球

---

① 有关演出实况的简介，可参阅《"历史村镇的未来"国际会议文化体验之夜在柳江古镇水上开演》，《四川日报》2019 年 6 月 13 日：http://sc.cnr.cn/sc/2014jiaodiantu/20190613/t20190613_524648910.shtml。博士生赵靓协助整理此处的报幕词，特此致谢。

② 有关"自我民族志"的书写讨论方兴未艾，值得关注。笔者就此做过论述，可参见徐新建《自我民族志：整体人类学的路径反思》，《民族研究》2018 年第 5 期，第 68~77 页。

村，人人都是其中的村民。村里举行会议，村主任可以召集主持，村民亦都可参与。在其中，个个皆是主人，人人也都互为主体。世界就是这样构成的。

然而这样一来，对于"自我民族志"的文本而言，怎样才算"主位"与"客位"？谁才是真正的表述主体？话说回来，在以往那些被对象化了的民族志里，又能找出多少可严格区分的主客？即便在不被书写的现实世界，人人都可能是别人的主和自己的客。

对笔者而言，对"眉山会议"的参与和写作有偶然和碰巧的一面，却也蕴含了特别用心。我想，对于事关全体的社会事务，还真不能过于"局外"，否则报告再多，最终也等于零。

2019 年 11 月 14 日，联合国教科文组织文化部长论坛按期在巴黎举行。会议围绕"文化与遗产：促进对话与和平的不竭动力"等议题展开讨论。中国媒体报道的会议亮点是："与会各国文化部长通过互动交流分享观点，介绍本国文化政策中的优先事项和对未来的愿景，以积极应对当代社会面临的挑战和机遇。"[①]

与此同时，文化"遗产"作为大会术语在继续使用，说明我们在眉山会议上表达的意见和建议并未生效，看来也难以生效。不过到了 2021 年 9 月，中共中央办公厅和国务院办公厅联合发布《关于在城乡建设中加强历史文化保护传承的意见》，[②] 明确提出要重视文化在城市与乡村建设中的关键作用及其保护传承，则在本土实践的基础上做出了对联合国会议与公约的回应与衔接。

会议连着会议，文件对接公约。如今离"人类 2030"已不远了。在一段已被设定的日子里，文化以及为什么是文化，仍有待众人观察、参与、实践。

回到眉山，凝视本地。一千多年前由眉山出走的苏东坡终生都在书

---

① 《联合国教科文组织文化部长论坛在巴黎举行》，2019 年 11 月 21 日，中华人民共和国文化和旅游部官网，https://www.mct.gov.cn/whzx/whyw/201911/t20191121_849010.htm.

② 《中共中央办公厅　国务院办公厅印发〈关于在城乡建设中加强历史文化保护传承的意见〉》，中华人民共和国中央人民政府官网，http://www.gov.cn/gongbao/content/2021/content_5637945.htm，2021 年 9 月 3 日。

写，以文章解惑，用诗词达意。他知道明月不会时刻都有，醒醉须问青天。

这意境借助巨幅招牌投射在眉山会议的代表眼前。两相映照，文化又在哪里呢？

——2019 年 7 月记于眉山，2021 年 10 月改于成都

学术盘点：2021 年文学人类学研究十件大事

张逸云[*]

摘要： 中国的文学人类学研究由世界性跨学科潮流催生，经历了从早期作为一种跨学科研究范式到当今作为一门独立交叉的新兴学科之演变。本文通过历时性勾勒的方式，对 2021 年中国文学人类学研究十件大事进行学术盘点。2021 年中国文学人类学研究延续了往年一贯的反思性和创新性，线上与线下交会，学理和实践并进，在学科主体整合的基础上继续跨界互联。在世界学术领域中，当今中国文学人类学学科的前沿探索展现出本土文化理论构建的中国气派和中国风范。

关键词： 文学人类学　学术史　文学人类学研究会

引　言

　　2021 年是值得关注的一年。新冠肺炎病毒通过多种变异在全球持续蔓延，"病毒界"和"人类界"继续交锋，由疫情引发的焦虑滋生出了新一轮的社会性精神危机；与此同时，"元宇宙""后人类"话语裹挟着巨大的力量，混杂着新技术和新名词，试图给世人的既往认知造成颠覆性冲击。对于人类的免疫系统而言，当下的种种挑战也迫使人体构筑全新的防御方法，包括研制新的抗体以及产生种种新的免疫反应。

　　2021 年中国文学人类学研究继往年之学，会当今之变，针对疫情时代和数智时代涌出的种种现状做出了密切跟踪和审慎反思。虽受疫情侵扰，许多计划中的重要活动不是停摆便是取消。然而各地同人合作努力，仍做

---

* 张逸云，四川大学文学与新闻学院 2021 级硕士研究生，专业方向为中国少数民族文学。

出了不少可圈可点的学术研究与实际践行，为中国本土文学人类学理论的构建和发展注入了源头活水。本文仅对其中的十项做了大致复盘，挂一漏万，仅供参考。①

一 文学人类学网络直播

2020 年末 2021 年初，四川大学举行的文学人类学专题演讲在网上直播，文学人类学的学科知识从线下走入线上，迈向网络。

叶舒宪教授以"中国文化理论建构——文学人类学视角"为题，从文化大小传统再划分的命题切入，聚焦文化文本的符号编码解读，以宏阔的视野对文学人类学的中国理论建构问题进行了综合阐释。他以本土考古的新发现为依据，以万年文化大传统为新知识视角，试图突破文献史学传统的有限知识结构，重审后起的文字和文献知识所带来的认知启悟，进而拓展出一种不光依赖于文字和文献的综合性文史研究范式。基于本土国学原有的 20 世纪新方法论"二重证据法"，中国文学人类学派逐渐深拓出了"三重证据法"（1993 年）、"四重证据法"（2005 年），进而延伸出文化大小传统再划分以及文化文本整合性等命题，由此也奠定了文学人类学一派构建本土文化理论体系的重要基础。现场直播过程中，叶舒宪教授通过具体案例为线上参会者提供了阐释中国文化深度编码的精彩示范，展示出中国文学人类学派在"四重证据法"这一历经十余年尝试的跨学科方法论基础上的新近探索成果。

该讲座由中国比较文学学会文学人类学研究分会秘书长梁昭副教授主持，副会长谭佳研究员评议。

二 审美人类学、艺术人类学与文学人类学交叉对话

2021 年 1 月 6 日，当代艺术人类学论坛第 17 期举办题为"审美人类

---

① 本文写作得到徐新建、梁昭、邱硕老师的指导，引言部分亦在老师们拟定文字的基础上修订而成，特此致谢。

学与艺术人类学：问题与方法"的线上讲座，邀请王杰教授主讲，方李莉教授和徐新建教授参与对话。此次论坛试图通过理顺中国现阶段审美人类学、艺术人类学与文学人类学等近邻交叉学科研究的共通与相异之处，以推动这些与人类学"联姻"的复杂交叉型学科的发展。

5月22日，三学科继续以"边界与融合：审美人类学、艺术人类学与文学人类学的交叉对话"为题进行对话，相关成果发表于《贵州大学学报》（艺术版）2021年第5期上。

6月17日，浙江大学当代马克思主义美学研究中心发起"问题与方法：文学、艺术、审美与人类学"工作坊，围绕"跨学科视野：文学、艺术、美学与人类学"核心议题进行深入探讨。四川大学文学人类学团队参与其中，徐新建教授以"文学、艺术和审美：迈向人类学的多元整合"为题作了主题发言；分论坛环节，与文学人类学相关的汇报分享如下：梁昭副教授"新媒体与新文类：文学人类学新前沿"、赵靓博士"抖音大理：文学人类学的双线并置"、卢婷博士"喜乐之美：审美人类学视域中的嘉绒'达尔尕'"。此工作坊的开设旨在促进学科交流和对话，推动学术共享与发展，廓清文学人类学、艺术人类学与美学人类学的问题与方法，以求发掘出新的学科生长点。

三　神话与科幻：学术规划暨两院合作

2021年2月4日下午，"神话与科幻：学术规划暨两院合作"茶话会在成都举行。茶会活动由四川省社会科学院神话研究院与四川大学科幻研究院共同主办，四川省社会科学院文学研究所艾莲所长与四川大学徐新建教授共同主持，四川省社会科学院向宝云院长、四川大学文学与新闻学院李怡院长出席茶会，并对神话与科幻的并置研究发表了意见。

向宝云院长从学术研究服务地方发展的智库角度出发，就两院合作的平台共建、人才交流等事项做出阐发。李怡院长从"新神话"与"大文学"概念出发，强调当今神话的概念已超越了仅代表原始蒙昧的认知，有待和科幻相结合；科幻的发展也日益超越了仅反映技术演进的阶段，开始进入追溯生命本源和世界本源的想象。徐新建教授从文学人类学视角出发，提出"新科幻"与"新神话"互为前提，共在拓展，重申了"神话是科幻原型，科幻是未来神话"的观点。

与会学者围绕两院合作的工作设想展开讨论，商议达成了下列意向：建立两院联席的学术委员会，共同制定神话与科幻的学术规划；2021 年起共同举办"神话与科幻学术双联会"；就两院相关学术集刊的科幻与神话专题进行组稿合作；围绕科幻与神话的联通互补进行联合调研，为地方和产业发展提供智库报告。

此外，近年来文学人类学研究者针对神话与科幻关联的学理问题已做了较多论述。从 2019 年中国比较文学学会文学人类学研究会第八届年会暨学术研讨会试图从"幻想"层面打通神话与科幻，[①] 到 2020 年文学人类学研究会再次举办专题会议，继续聚焦数智时代的新文类、神话与科学、神话民族志等前沿话题，[②] 皆表明文学人类学对神话与科幻互通碰撞等话题的高度关注与持续跟进。

四 《凉山扶贫研究》课题进入后期阶段

2021 年 2 月 20～22 日，四川大学"扶贫报告文学课题组"成员赴凉山州甘洛县开展地方手工艺项目传承调研。课题组由文学人类学专业师生组成，梁昭副教授带队，罗燕、赵靓、郭一璇等参与，围绕"非遗传承与乡村振兴"内容进行纪录片拍摄。考察团队走访了甘洛县彝学学会、吉日坡文化中心、普昌镇、斯觉镇，了解皮胎漆器制作的过程、历史和文化特色，调研和拍摄阿木李富坚守家乡、传承民族文化的事迹。

在脱贫攻坚转向乡村振兴的大背景以及当地彝族文化学会支持下，四川大学扶贫报告文学团队以文学人类学的理论方法为基础，继续关注凉山彝区的社会发展，积极推动彝族文化的传承与创新。

---

① 赵周宽：《"文学民族志"与文学人类学的"人类学性"——文学人类学第八届年会暨学术研讨会侧记》，《国际比较文学》（中英文版）2020 年第 1 期。

② 邱硕：《古今并置的文学人类学——文学人类学研究会 2020 理事工作会综述》，《徐州工程学院学报》（社会科学版）2021 年第 1 期。

五 "文学民族志" 理论继续推进与扩展

2021 年彭兆荣教授完成专著《文学民族志》（将于 2022 年由中国社会科学出版社出版发行）。"文学民族志"概念的提出，是将文学文本解读与人类学田野作业方法进行深度融合的尝试。在传统文学"源于生活、高于生活"的基础上提出"回于生活"的主张。"文学民族志"形制包括文学文本（即"文学作品"）、参与观察、现场取证、乡土知识；即在精读文学文本的基础上，到作品的发生地去做深入的了解，体察作家在作品中"从生活中来"的细节，以及所"收藏"的生活本真，尽量还原"乡土知识"与"民间智慧"的本来。

作为"文学民族志"的理论推进与扩展，2021 年彭兆荣教授团队还出版了《丹砂庇佑：龙潭古寨乡土景观绘本民族志》① 和《乡土社会的人类学视野》② 两部专著，在探讨人类学"诗学"审美的入口与限度的同时，力图以人类学的方法论解释和呈现中国特有的文学之道。

六 成都举办 "生活美学"、"科幻成都" 与 "元宇宙" 跨界对话

四川大学文学人类学专业着眼于成都的未来发展，在第 31 届世界大学生运动会（2022）和世界科幻大会（2023）即将在成都召开之际，积极会同各界开展跨学科对话。

2021 年 10 月 29 日，四川大学文学与人类学研究所与四川省社会科学院文学与艺术研究所、成都大学天府文化研究院四川省创意产业协会联合主办成都生活美学论坛。论坛以"探索生活灵感，让美发声"为主题，在成都第 31 届世界大学生运动会场馆所在地——东安湖举办，旨在发扬与传承天府文化，探索成都生活美学的理论逻辑和践行路径。徐新建教授以

① 张颖、彭兆荣：《丹砂庇佑：龙潭古寨乡土景观绘本民族志》，中国社会科学出版社，2021。

② 彭兆荣：《乡土社会的人类学视野》，中国社会科学出版社，2021。

"基于文学人类学的生活美学阐释"为题发表了演讲，从专业的角度阐释了"生活不立美学，美学不离生活"的观点，期待实现从"审美"主体到"立美（创美）"主体的转变，在感性、理性兼具的气质中，生长出更具"灵性"的成都。

12 月，四川大学文学与人类学研究所联合四川大学图书馆、四川大学科幻研究院、华润置地未来之城等各单位举办系列科幻读书会。读书会先后以"如何用学术玩转科幻""科幻不设限""元宇宙与超人类：万物互联与万物有灵"为主题，旨在以人类学的视角回应"元宇宙""超人类"的挑战、打通科幻与神话，同时助力成都 2023 年世界科幻大会成功申办。文学人类学学科点师生参加了读书会，并分别担任主讲、主持和评议。

七　"人类学与数智文明"文集出版

2021 年 10 月，《数智文明与永续发展：人类学高级论坛 2020 卷》① 面世。文集系人类学高级论坛在成都举办的第 19 届年会成果，由黑龙江人民出版社出版，徐新建参与主编。文集主题聚焦"数智文明"，内容包括互联网人类学、虚拟社区、线上乡村、网购展演、数字文旅以及赛博空间、科幻未来等。文学人类学学者的入选文章包括徐新建《人类学与数智文明——回应"后人类"挑战的学科思考》、姜佑怡《赛博空间里的赛博格——人类身心关系的科幻启示》、王苑媛《算法感性与数字美学——以数字影像为例》、卢婷《机器模拟与形神交融：再造身体的跨界比较》等。此外，"媒介与科幻"栏目亦由文学人类学学者负责，刊载文章有梁昭《以"文学"思考"游戏"：网络小说中的"游戏"想象》、黄悦《试论科幻文学中科学与神话的共生关系》、李菲和黄书霞《从飞车到激光：新中国科幻文学的"科学"想象与意象重构》、完德加《科幻与佛学的未来展望》、邱硕《城市与科幻的双向赋予：科幻文学的成都书写》、赵靓《"流浪家园"与"移动宇宙"：文学幻想的时空表述》、王艳《跨媒介叙

---

① 黄萍、徐新建、韦小鹏主编《数智文明与永续发展：人类学高级论坛 2020 卷》，黑龙江人民出版社，2021。

事——数字时代的〈格萨尔〉史诗》等，从多个方面展示了文学人类学的前沿成果。

八 《光明日报》推出文学人类学专版

2021 年 12 月 18 日，《光明日报》① 推出文学人类学专版文章。

中国比较文学学会文学人类学研究会荣誉会长叶舒宪发表《玄玉时代：华夏文明的曙光》，引介"玉成中国"系列著作，阐发"玄玉时代"考察成果及研究愿景。

中国比较文学学会文学人类学研究会副会长、中国社会科学院文学研究所研究员谭佳发表《人文化成：从中华文明特性看传统优秀文化的当代价值》，以北京中轴线申遗为例，指出从器物到文字、从制度到经典、从祭祀到景观，在"人文化成"观念的主导下生生不息。

中国社会科学院文学研究所、西藏自治区社会科学院民族所副研究员王蓓发表《多元一体中华文化对世界文明的贡献——从〈格萨尔〉的口语文化性质谈起》，指出《格萨尔》等活态口头史诗传统是中华文化对世界文明多元性的重大贡献之一。

九 "创世神话与中华文明探源"论坛顺利召开

2021 年 12 月 20 日，中华创世神话研究工程 2021 年度论坛——"创世神话与中华文明探源"在上海社会科学会堂举办。② 此次论坛由上海市社会科学界联合会召集，上海市社会科学创新研究基地——中华创世神话、上海交通大学神话学研究院主办，华东师范大学社会发展学院协办。论坛以线上和线下结合的方式举行，来自上海市社会科学界联合会、上海交通大学、华东师范大学、中国社会科学院、上海社会科学院、四川省社

---

① 《光明日报》2021 年第 13 期，光明网，https://epaper.gmw.cn/gmrb/html/2021 – 12/18/ nw. D110000gmrb_20211218_1 – 11. htm，2021 年 12 月 18 日。

② 《"创世神话与中华文明探源"论坛顺利召开》，微信公众号"文学人类学"，https:// mp. weixin. qq. com/s/ Yb93fvePEDxJWC4OUxCMbg，2021 年 12 月 24 日。

会科学院、复旦大学、上海大学、上海政法学院、山东理工大学、上海人民出版社等单位的负责人参加了此次论坛。

举办期间，论坛向公众展示了中华创世神话研究工程实施以来已出版的 16 部著作（6 部研究专著，8 部神话文献资料汇编，2 部田野调查报告）。其中，上海交通大学神话学研究院团队撰写的"中华创世神话考古研究·玉成中国"系列著作，目前已出版了 5 部专著，分别为《玄玉时代：五千年中国的新求证》《禹赐玄圭：玉圭的中国故事》《方圆一体：玉琮的故事五千年》《盘古之斧：玉斧钺的故事九千年》《祖灵在天：玉人像与柄形器的故事五千年》。这 5 部专著依据中国考古出土的文物为研究对象，连续举行十四次玉石之路田野考察，以文化大传统知识为背景，贯彻文史哲打通的研究原则，努力重建出甲骨文汉字产生以前的深远历史主脉，在"万年中国"的新材料证据链所构成的宏大视野中，揭示玉文化基因对催生华夏文明国家的重要作用，并努力落实到每一种重要玉礼器的神话观念解读和文化传承探究。

中华创世神话工程的研究成果生动诠释了中华五千多年文明"多元一体、兼容并蓄、连绵不断"的特征。它将给未来的文化创意产业提供宝贵的本土知识资源和 IP 符号，也将给中国文科的学术创新提供一种交叉学科的研究案例。

十 《文学人类学——迈向人、符号和文学的
跨学科新路径》译著出版

2021 年 12 月，《文学人类学——迈向人、符号和文学的跨学科新路径》① 出版。

本书是国际学术界最早以"文学人类学"命名的著作之一，具有开拓性和首创性。该著缘起于第十一届国际人类学和民族学大会的专题讨论，共收录来自人类学、文学、社会学、哲学等多学科领域学者的十四篇前沿

---

① 〔加拿大〕费尔南多·波亚托斯等编著《文学人类学——迈向人、符号和文学的跨学科新路径》，徐新建、梁昭、王文蒲等译，中国社会科学出版社。

性专题论文。包括四个独立又相互关联的部分：符号，文化和文学；文学人类学理论探索；国家叙事和族群叙事；乡村世界的文学人类学；文学人类学的研究方法。本书以打通多学科的方式对文学及文化进行研究，适合文学、人类学、哲学、民族学、社会学等相关专业学生阅读，也适合从事人文社科工作的人员参考，在与文学和人类学相关的领域具有很好的市场潜力。

尾声：灾难与人文关怀：文学人类学回应现实语境

2021 年 12 月 31 日，文学人类学公众号推出聚焦灾难与人文关怀的特别文稿，作者叶舒宪教授以"封城隔离又如何——文学人类学的反思与解决方案"[①] 为题，针对西安因疫情封城的现实境况，再度呼吁学界针对现代性危机进行学术回应。推文承继了叶舒宪教授由 2003 年"非典"隔离经历所引发的相关反思，以及 2009 年初版、2019 年再版的著作《现代性危机与文化寻根》[②]，力图重新落到坚实的地表，以切实的体察及丰富的经验对现代性危机的必然性和不可预测性进行深度透视和积极反思。

自 1996 年中国比较文学学会第五届学术年会期间"文学人类学研究会"成立至今，中国文学人类学团队在努力构建本土学理言说的同时，始终立足于广袤的田野实践，积极发挥"文学治疗""文学禳灾"等相关理念的引导作用。无论是在 2008 年汶川地震灾难现场，"文学人类学救灾工作组"积极开展人文救援行动，[③] 还是在新冠疫情肆虐时期，文学人类学研究者们针对疾病叙事进行密切跟踪与回应，都凸显出这一学术团体所共有的人文关怀和实践品格。

综上观之，2021 年文学人类学研究延续往年，成果颇丰。相关研究既有持续的学术深耕与掘进，又有敏锐的时代回应与开拓，充分彰显出文学

---

① 叶舒宪：《封城隔离又如何——文学人类学的反思与解决方案》，微信公众号"文学人类学"，https://mp.weixin.qq.com/s/Xpofrk8khBtXgUOkGffO6w，2021 年 12 月 31 日。

② 叶舒宪：《现代性危机与文化寻根》，陕西人民出版社，2019。

③ 徐新建：《灾难与人文关怀——"汶川地震"的文学人类学纪实》，四川大学出版社，2009。

人类学本土化理论的多元实践。由此可见，"文学"与"人类学"的跨学科"联姻"不仅意味着作为一门独立交叉新兴学科的"文学人类学"之诞生，更是激活了邻近学科的相互联动，一并连带着更多跨界互联潜能的敞开，以及对象域和问题域的进一步扩大。一方面，文学人类学的跨学科视角必将在未来勾连出更多新时代的课题；另一方面，文学人类学的前沿探索亦需要针对研究现状的即时总结和以今通古的研究启示。新时代正在召唤作为整体的文学人类学出场，以其对历史的反观、对现实的回应以及对未来的前瞻特性示人。只有在历史长流的全景视域中，才能更好地贯通古今，迈向未来。针对 2021 年中国文学人类学研究十件大事的学术盘点正是在立足于过去、当下和未来的交接点上做出的回应。当前人类正处于前所未有之大变局中，文学人类学在反思的基础上又将如何肩负新使命，应对新挑战，有待学界同人继续共同掘进。

图书在版编目（CIP）数据

文学人类学研究. 第六辑 / 徐新建主编 . -- 北京：
社会科学文献出版社，2022.9
ISBN 978 - 7 - 5228 - 0305 - 0

Ⅰ. ①文… Ⅱ. ①徐… Ⅲ. ①文化人类学 - 研究
Ⅳ. ①C95

中国版本图书馆 CIP 数据核字（2022）第 109758 号

文学人类学研究（第六辑）

主　　编 / 徐新建

出 版 人 / 王利民
责任编辑 / 张倩郢
责任印制 / 王京美

出　　版 / 社会科学文献出版社·人文分社（010）59367215
　　　　　 地址：北京市北三环中路甲 29 号院华龙大厦　邮编：100029
　　　　　 网址：www. ssap. com. cn
发　　行 / 社会科学文献出版社（010）59367028
印　　装 / 三河市龙林印务有限公司

规　　格 / 开　本：787mm × 1092mm　1/16
　　　　　 印　张：19.25　字　数：300 千字
版　　次 / 2022 年 9 月第 1 版　2022 年 9 月第 1 次印刷
书　　号 / ISBN 978 - 7 - 5228 - 0305 - 0
定　　价 / 98.00 元

读者服务电话：4008918866